"十二五"职业教育国家规划教材
经全国职业教育教材审定委员会审定

21世纪高职高专精品教材·财政金融类

投资银行实务

Touzi Yinhang Shiwu

（第四版）

张丽华 主编

东北财经大学出版社
Dongbei University of Finance & Economics Press
大连

图书在版编目（CIP）数据

投资银行实务 / 张丽华主编. —4版. —大连：东北财经大学出版社，2017.9

（21世纪高职高专精品教材·财政金融类）

ISBN 978-7-5654-2905-7

Ⅰ. 投… Ⅱ. 张… Ⅲ. 投资银行-高等职业教育-教材 Ⅳ. F830.33

中国版本图书馆CIP数据核字（2017）第204136号

东北财经大学出版社出版

（大连市黑石礁尖山街217号 邮政编码 116025）

网 址：http://www.dufep.cn

读者信箱：dufep@dufe.edu.cn

大连图腾彩色印刷有限公司印刷 东北财经大学出版社发行

幅面尺寸：185mm×260mm 字数：345千字 印张：14.5

2017年9月第4版 2017年9月第8次印刷

责任编辑：李丽娟 责任校对：李丽娟

封面设计：张智波 版式设计：钟福建

定价：30.00元

教学支持 售后服务 联系电话：（0411）84710309

如有印装质量问题，请联系营销部：（0411）84710711

第四版前言

本版教材修订结稿时，正值首届“一带一路”国际高峰论坛在北京隆重召开，论坛的主题是：加强国际合作，共建“一带一路”，实现共赢发展。包括29位国家元首和政府首脑在内的来自130多个国家和70多个国际组织的约1 500名代表出席了这次论坛。论坛透露出重要的信息，那就是经济的全球化已得到越来越多国家的认可，其发展势不可挡。金融作为经济的血脉，也在更深地融入经济全球化的洪流，并深刻地影响和推进经济的发展。就国内来讲，金融混业经营的大趋势已然呈现，投资银行业务转型和盈利模式重构已成必然。正是在这样的背景下，我们依据资本市场理论和投资银行业务发展的实践，对《投资银行实务》教材进行了进一步修订。本次修订坚持以培养应用型、技能型人才为目标，精心整合知识结构，合理安排教学内容，注重实践教学和学生技能培养，努力突出高等职业教育的特点。

本次修订特色主要体现在以下几个方面：

第一，更新了具有时效性的内容。对教材中陈旧的内容进行了更新和替换，如结合近年来国内外投资银行发展实际，对“导入案例”“典型案例”“知识链接”等超过三年的非经典或陈旧的内容进行了更新。

第二，创新了学习形式。顺应科技进步与学生阅读方式的多样化发展，对学习形式进行了创新，本版“相关链接”和“拓展阅读”栏目将以二维码的形式呈现，以进一步激发学生学习的积极性与创造性，调动学生学习的兴趣。

第三，创新了教材栏目。依据高等职业教育人才培养模式的特殊要求，在编写体例上对教材栏目进行了创新，在“相关链接”和“拓展阅读”栏目中增加了视频类的素材，丰富了学生的阅读内容，使本教材更全面、生动。

第四，丰富了配套资源。本版教材配套了丰富的数字化教学资源，主要包括电子课件、电子教案、教学大纲、教学日历、重点与难点、课程学习指南、考评方式与标准等，其与教材同步，为教师教学和学生学习提供全面的支持和增值服务。

本书由山西财经大学张丽华教授担任主编，并负责拟订大纲及总纂、定稿。本书内容共分10章，各章的具体分工是：山西财经大学张丽华编写第1章，山西财经大学闫果棠编写第2、10章，山西省财政税务专科学校张茜编写第3、7章，东北财经大学潘丽娟编写第4章，山西省财政税务专科学校崔泽园编写第5、9章，太原学院张永刚编写第6章，东北财经大学迟美华编写第8章，山西财经大学卜晨、唐晓兵、李晓芳、王睿和任佳丽负责全书“导入案例”“知识链接”“相关链接”“拓展阅读”“典型案例”等栏目的资料收集、整理和编写工作。

本书既可作为高等职业院校和应用型本科院校的“投资银行实务”课程教学用书，也可作为投资银行从业人员的学习参考用书。

在本书编写过程中，编者参考了大量相关教材、著作和论文，在此谨向相关作者表示感谢。此外，还要感谢东北财经大学出版社的领导和编辑们。由于编者水平有限，书中书疏漏之处在所难免，敬请同行专家和读者批评指正。

编　者

2017年7月

目　录

第1章　投资银行导论 / 1

学习目标 / 1
知识结构图 / 1
1.1　投资银行的基本内涵 / 2
1.2　投资银行的业务范围 / 10
1.3　投资银行的组织结构 / 16
本章要点 / 20
问题讨论 / 20
推荐阅读 / 20
思考与练习 / 20
案例分析 / 21
实践训练 / 22

第2章　证券发行与承销业务 / 23

学习目标 / 23
知识结构图 / 23
2.1　股票发行与承销 / 24
2.2　债券发行与承销 / 33
本章要点 / 37
问题讨论 / 38
推荐阅读 / 38
思考与练习 / 38
案例分析 / 39
实践训练 / 39

第3章　证券交易业务 / 40

学习目标 / 40
知识结构图 / 40
3.1　证券交易概述 / 41
3.2　证券经纪业务 / 45
3.3　证券自营业务 / 55
3.4　做市商业务 / 62

本章要点 / 65
问题讨论 / 65
推荐阅读 / 65
思考与练习 / 66
案例分析 / 66
实践训练 / 67

第4章 兼并与收购业务 / 69

学习目标 / 69
知识结构图 / 69
4.1 企业兼并与收购业务概述 / 70
4.2 企业并购与反并购策略 / 74
4.3 企业并购业务流程 / 80
本章要点 / 87
问题讨论 / 87
推荐阅读 / 87
思考与练习 / 87
案例分析 / 88
实践训练 / 89

第5章 风险投资业务 / 92

学习目标 / 92
知识结构图 / 92
5.1 风险投资概述 / 93
5.2 风险投资的运作主体 / 98
5.3 风险投资运作 / 102
5.4 风险投资的风险及其管理 / 107
本章要点 / 109
问题讨论 / 109
推荐阅读 / 109
思考与练习 / 110
案例分析 / 110
实践训练 / 112

第6章 资产管理业务 / 115

学习目标 / 115
知识结构图 115 /
6.1 资产管理业务概述 / 116

6.2 基金管理 / 119
本章要点 / 130
问题讨论 / 130
推荐阅读 / 130
思考与练习 131 /
案例分析 / 131
实践训练 / 133

第7章 财务顾问与投资咨询业务 / 134

学习目标 / 134
知识结构图 / 134
7.1 财务顾问业务 / 135
7.2 投资咨询业务 / 143
本章要点 / 150
问题讨论 / 150
推荐阅读 / 150
思考与练习 / 150
案例分析 / 151
实践训练 / 152

第8章 资产证券化业务 / 154

学习目标 / 154
知识结构图 / 154
8.1 资产证券化概述 / 155
8.2 资产证券化运作 / 160
8.3 我国的资产证券化实践 / 164
本章要点 / 170
问题讨论 / 170
推荐阅读 / 170
思考与练习 / 171
案例分析 / 171
实践训练 / 173

第9章 金融衍生品业务 / 174

学习目标 / 174
知识结构图 / 174
9.1 金融衍生品 / 176
9.2 金融衍生品的交易 / 181

9.3 投资银行对金融衍生品的运用 / 190
9.4 金融衍生品的风险及其管理 / 191
本章要点 / 194
问题讨论 / 194
推荐阅读 / 194
思考与练习 / 194
案例分析 / 195
实践训练 / 198

第10章 投资银行的内部控制和外部监管 / 199

学习目标 / 199
知识结构图 / 199
10.1 投资银行的内部控制 / 201
10.2 投资银行的外部监管 / 205
10.3 我国对投资银行的监管 / 211
本章要点 / 218
问题讨论 / 218
推荐阅读 / 218
思考与练习 / 218
案例分析 / 219
实践训练 / 222

主要参考资料 / 223

第1章　投资银行导论

学习目标

知识目标：通过本章学习，理解投资银行的基本含义、基本功能和作用；掌握投资银行的组织结构形式、职能部门及其业务与组织创新；认识投资银行的行业特征；了解投资银行与商业银行的区别，熟悉投资银行的传统业务和创新业务。

技能目标：通过本章学习，在了解我国投资银行与国外著名投资银行经营模式的现状后，能够认清我国投资银行与国外著名投资银行的差距。

知识结构图

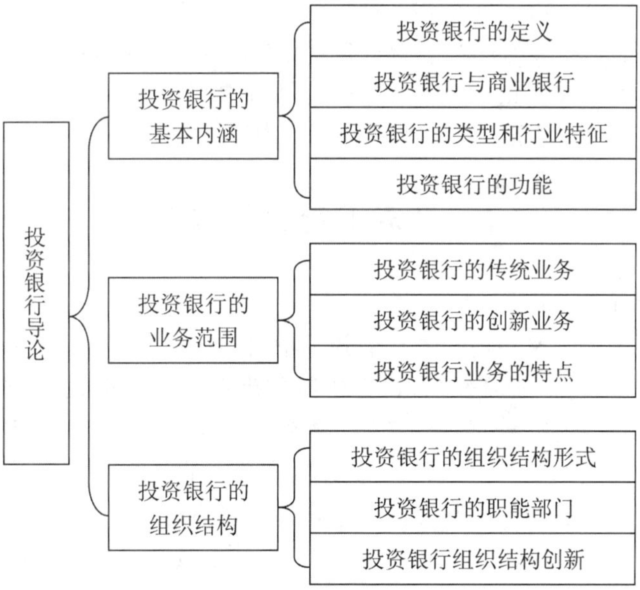

【导入案例】

高盛集团从事的主要业务

高盛集团（Goldman Sachs），是一家国际领先的投资银行，向全球提供广泛的投资、咨询和金融服务，拥有大量的各个行业的客户，包括私营公司、金融企业、政府机构以及个人。高盛集团成立于1869年，是世界上历史最悠久、规模最大的投资银行之一，总部位于纽约，并在东京、伦敦和中国香港设有分部，在23个国家拥有41个办事处。其所有运作都建立于紧密一体的全球基础上，由优秀的专家为客户提供服务，同时拥有丰富的地区市场知识和国际运作能力。

高盛的核心业务主要包括以下四个方面：（1）投资银行：为各种各样的企业、金融机构、政府和个人提供广泛的投资银行服务。（2）投资控股：高盛集团入股了中国石化、中粮集团、金龙鱼等多家大型企业，并拥有中国移动的股份。（3）交易投资：一方面，协助客户（包括企业、金融机构、政府和个人）进行交易；另一方面，通过做市、交易和投资固定收益和股票产品、外汇、大宗商品及衍生产品，用自营资金进行交易。此外，高盛还参与股票及期权交易所的特许交易商及做市活动，并在全球主要的股票、期权和期货交易所为客户交易进行结算。对于商业银行及其他投资活动，高盛既进行直接投资，也通过公司募集和管理的基金进行投资。（4）资产管理：向全球各类机构和个人提供投资顾问及理财规划服务，并提供所有主要资产类别的投资产品（主要通过分开管理的账户和符合工具，如互惠基金和私人投资基金）。高盛还向全球的共同基金、养老基金、对冲基金、基金会和高净值个人提供大宗经纪服务、融资及融券服务。

资料来源：佚名．美国高盛集团［EB/OL］．［2016-11-02］．http：//baike.baidu.com/link？url=y_WVCh5I3LNFnus4TqXU21chs7LAbLgkL_-VLu-PebRa-leAMrIXjfGRufe0v9SZQpcdakvqv9CkZU97eIa34Ukkk0qUZfsLtBjPhM3j3Fa#6.有删改。

这一案例中的高盛集团就是美国的投资银行，也是世界上最著名的投资银行之一。它不同于一般的金融机构，其业务越来越多样化，投资也越来越专业化。作为金融市场中最具活力和创新性的金融机构，投资银行被誉为金融体系的轻骑兵、市场经济中的金融工程师，它以灵活多变的形式参与资本市场的资源配置，成为资金供给者和资金需求者之间重要的联系纽带。那么，投资银行是什么样的金融机构？它有什么特征、功能和基本业务？其组织结构是怎样的？这些正是本章所要介绍的内容。

1.1 投资银行的基本内涵

1.1.1 投资银行的定义

投资银行在不同的国家和地区的称谓并不相同，如在美国叫“投资银行”，在英国叫“商人银行”，在日本叫“证券公司”，在中国香港叫“吸储公司”，在法国叫“实业银行”，在德国叫“私人承兑公司”。投资银行虽然名称里含有“投资”和“银行”，但是它本身并不从事“投资”，它不以自己的资金作为永久性的生产性投资，而仅仅协助政府或企业发行证券及使投资者获得这些证券。同时，它也不是一般意义上的“银行”。商业银行最主要的业务是吸收存款、发放贷款，而投资银行主要从事证券的发行和二级市场上的非储蓄类金融中介机构业务。

投资银行的业务常常会随着金融环境的变化而变化，它的业务范围可涵盖从传统的承销到广泛的金融咨询等各式各样的金融服务。我们可以将投资银行按其业务范围从大到小的次序定义为：

（1）最广义的投资银行：几乎涵盖了所有华尔街金融公司所从事的业务，从国际证券承销到分支机构零售交易，以及房地产和保险业在内的其他金融服务，都在投资银行的业务范围之内。

（2）次广义的投资银行：涵盖所有资本市场的活动，从证券承销、公司理财、企业并购、咨询服务、基金管理、风险投资到商人银行及金融机构非零售的巨额交易活动等皆在此定义范围内，但证券零售、房地产中介、抵押贷款及保险商品等业务不在此范围内。

（3）次狭义的投资银行：仅包括部分资本市场的活动，尤其着重于证券承销和企业并购两项业务，基金管理、风险投资、金融商品交易、风险管理等业务则未涵盖。

（4）最狭义的投资银行：也就是投资银行最传统的功能，相当于我国证券公司的业务，包括初级市场的承销业务及次级市场的经纪业务和自营业务。

最狭义的投资银行和证券公司几乎没有两样，无法对二者做出一个确切的区分，而最广义的投资银行业务又无明确的范围，故以所有资本市场的活动即次广义的概念来定义"投资银行"，其最为符合投资银行的现实状况和业务发展方向，因而是目前投资银行的最佳定义。

1.1.2　投资银行与商业银行

投资银行和商业银行是现代金融市场中两类最重要的中介机构。从本质上来讲，它们都是资金盈余者和资金短缺者之间的中介，都具有金融中介功能。

然而，投资银行的运作方式与商业银行有很大的不同：

投资银行是直接融资的中介，仅充当中介人的角色，它为筹资者寻找合适的融资机会，为投资者寻找合适的投资机会，只是从中收取手续费，投资者和筹资者之间发生了直接权利和义务关系。这种融资方式称为直接融资方式。投资银行的金融中介作用如图1-1所示。

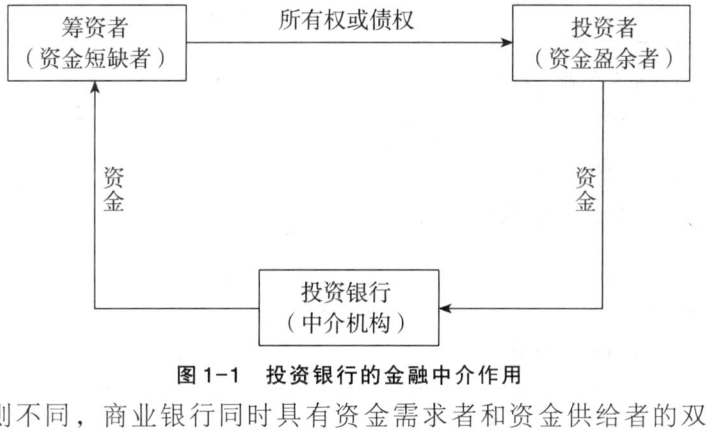

图1-1　投资银行的金融中介作用

商业银行则不同，商业银行同时具有资金需求者和资金供给者的双重身份，对于存款人来说，商业银行是资金的需求方，存款人是资金的供给方；而对于贷款人来说，商业银行是资金的供给方，贷款人是资金的需求方。可见，存款人和贷款人之间没有直接发生权利义务关系，而是通过商业银行间接发生关系。商业银行的金融中介作用如图1-2所示。

投资银行与商业银行除了上述差别外，还有其他方面的区别，表1-1对投资银行与商业银行进行了全面的比较。

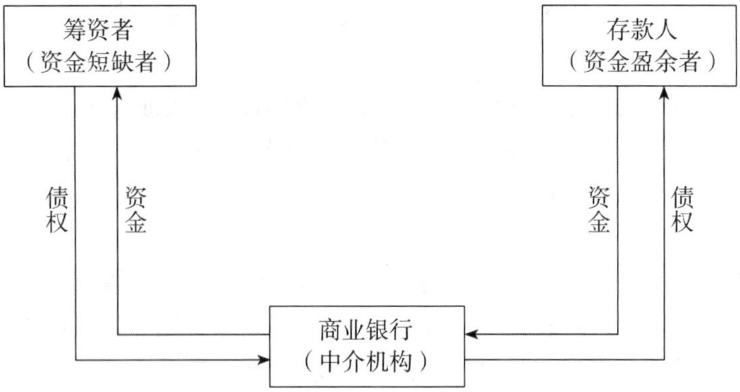

图 1-2 商业银行的金融中介作用

表 1-1

投资银行与商业银行的比较

比较项目	投资银行	商业银行
机构性质	金融中介机构	金融中介机构
本源业务	证券承销业务	存贷款业务
融资功能	直接融资，并侧重长期融资	间接融资，并侧重短期融资
活动领域	主要是资本市场	主要是货币市场
利润来源	佣金和差价	存贷款利差
经营方针	在风险控制前提下，稳健与开拓并重	追求安全性、盈利性和流动性相结合，坚持稳健原则
业务特征	价值增值链条长，业务种类多	价值增值链条短，业务种类少
风险特征	自有资本与客户资金分离。当赚取佣金时，投资人风险较大，投资银行风险较小；当为自己赚取差价时，投资银行风险较大	自有资本和客户资本混合。一般情况下，存款人面临风险较小，商业银行风险较大
监管部门	主要是证券监管当局	银行监管当局或中央银行
自律组织	证券商协会和证券交易所	商业银行公会
适用法律	证券法、公司法、投资基金法、期货法等	商业银行法、票据法、担保法等

小思考 1-1：

投资银行的本质是什么？

提示：利用虚拟资本改良现实资本。

1.1.3 投资银行的类型和行业特征

1）投资银行的类型

（1）国外投资银行的类型

美国是全球投资银行最发达的国家，我们以美国的投资银行为主，并兼顾其他国家的情况，对投资银行的类型进行研究。

①超大型投资银行。超大型投资银行在规模、市场实力、客户数量、客户实力、信誉等方面均达到一流的水平。在美国，摩根士丹利、高盛公司等是世界公认的超大型投资银行。在欧洲，投资银行和商业银行存在不同程度的混业经营，许多投资银行附属于商业银行。欧洲的超大型投资银行有瑞士银行旗下的瑞银华宝、德意志银行旗下的德意志摩根建富等。

②大型投资银行。大型投资银行是从事综合性业务的投资银行，但在资本规模、信誉、实力等方面均低于超大型投资银行。在美国，大型投资银行有普惠证券和培基证券等。

超大型投资银行和大型投资银行是投资银行界的核心，在一国或世界经济中发挥着十分重要的作用。

③次大型投资银行。次大型投资银行是指那些以本国金融中心为基地，专门为某些投资者群体或较小的公司提供服务的投资银行。这些投资银行一般规模较小，资本实力和信誉相对较差，在组织上一般采取灵活的合伙制。

④地区性投资银行。地区性投资银行是指专门为某一地区投资者和中小企业及地方政府机构服务的投资银行。它们一般以某一地区为基地，不在全国及世界金融中心设立总部和分支机构。

⑤专业性投资银行。专业性投资银行通常被称为投资银行界的“专卖店”，专门从事某一或某些重要领域的业务，发挥竞争优势。例如，那些仅承销或经营某些行业证券（如新材料行业证券、网络行业证券、生物制药行业证券等）或进行技术性承销的投资银行。

⑥商人银行。这里的商人银行与英国的“商人银行”概念不同，它是指专门从事兼并、收购与某些筹资活动的投资银行，这类投资银行有时也用自有资金购买证券。

（2）国内投资银行的类型

根据投资银行的定义和业务经营的范围，我国的证券公司都可称为投资银行。在我国，证券公司按照《中华人民共和国公司法》（以下简称《公司法》）和《中华人民共和国证券法》（以下简称《证券法》）的规定从事证券经营业务，在形式上采取有限责任公司或股份有限公司的形式。

温馨提示1-1：

《证券法》规定，我国证券公司的组织形式为有限责任公司或股份有限公司，不得采取合伙及其他非法人组织形式。

2014年8月31日新修订的《证券法》第一百二十二条规定，设立证券公司，必须经国务院证券监督管理机构审查批准。未经国务院证券监督管理机构批准，任何单位和个人不得经营证券业务。其注册资本最低限额与证券公司从事的业务种类直接挂钩，分为5 000万元、1亿元和5亿元3个标准。

①证券公司经营证券经纪、证券投资咨询和与证券交易、证券投资活动有关的财务顾问业务中的一项和数项的，注册资本最低限额为人民币5 000万元。

②证券公司经营证券承销与保荐、证券自营、证券资产管理和其他证券业务中的任何一项的，注册资本最低限额为人民币1亿元。

③证券公司经营证券承销与保荐、证券自营、证券资产管理和其他证券业务中的任何两项以上的，注册资本最低限额为人民币5亿元。

知识链接1-1：

中国投资银行

中国投资银行（China Investment Bank）是中华人民共和国向国外筹集建设资金办理投资信贷的国家专业银行，是实行独立核算、自负盈亏的国有企业。中国投资银行于1981年12月成立，总行设在北京，在上海、天津、江苏、河北、湖南、福建、辽宁等省、直辖市设有分行。

自1980年中国恢复在世界银行的席位以后，中国政府就开始考虑设立投资银行。中国投资银行作为办理世界银行中小工业项目贷款的中间金融机构，并把它逐步办成向国外筹集建设资金办理投资信贷的专业银行。经过一段时间的筹建以后，中国投资银行于1981年12月23日正式成立。

中国投资银行的主要任务是：接受国际金融机构的贷款，并通过其他途径和方式向国外筹集建设资金，对我国企业提供外汇及人民币投资信贷，为加速中国社会主义现代化服务。中国投资银行在国家建设总方针和国民经济计划的指导下，按照国家统一的金融政策和本行的各项业务制度，发放投资贷款，并办理外汇投资和其他业务。

资料来源：佚名. 中国投资银行［EB/OL］.［2017-02-10］. http：//baike.baidu.com/link?url=w_kEYwKhMhPQ9bzlzy35agsUDJmJhE0Dh6BOsavq8G-9V3qlbfCkMRZMHzchGM-6MHrkJ4kS2Ys-_QUa28x_P-8GJd7w5dijYGqacgFe_NpMotnZQ7p8HemA1b72F0wp8i0IDoMUFMzzPovBzx5g4K.

2）投资银行的行业特征

投资银行作为一个十分具有生命力和挑战性的行业，具有与其他行业不同的特点，主要表现在创造性、专业性和职业道德等方面。

（1）创造性

投资银行的创造性有“创造”和“革新”两层含义。创造是指有价值的新事物产生的过程，其实质是从“无”到“有”。革新是指将有价值的新事物转变为商业上可行的产品或服务的过程，其实质是把已经存在的事物进行商业化。投资银行的创造性表现为开发更好的金融产品、提供更为高效的服务以及更节约成本的服务方式等。创造性是投资银行生存的决定因素，未来投资银行的生存取决于能否不断根据经济环境和客户需求的变化开发出新的金融产品和服务内容，以便在竞争中独占鳌头。

（2）专业性

投资银行是一个知识密集型的行业，需要专业的知识和专门的技能。作为投资银行从业人员，应掌握的知识和主要技能包括：

①精通投资知识。投资银行从业人员必须对投资理论和金融工程方面的知识十分精通，熟悉投资理论的最新进展，并掌握金融工程的基本技术和工具，以便在业务开展过程中有雄厚的理论基础。

②拥有丰富的融资经验和渠道。投资银行通过长期从事证券承销和企业并购业务，可以积累丰富的融资经验，建立良好的融资渠道，这是投资银行开展业务的基础，也是提高其竞争力的重要保障。

③具有行业专长和较强的业务能力。投资银行的资源和人力是有限的，不可能把精力平均分散到所有的投资银行业务中，最佳的选择是根据一般的业务原则和行业的特殊性，集中资源于某一种或几种业务，重点发展某一行业或几个行业的业务，创造业内最佳和最有竞争力的品牌。

④具有市场洞察力。优秀的投资银行家善于把握证券承销的最佳时机和制定最合适的发行价格，发现那些极具成长性的行业，察觉那些不利或危险的因素。市场洞察力已经成为投资银行家的一种职业本能，他们凭着职业直觉对未来的市场前景做出判断。

⑤公关技能。投资银行是一种特殊的金融服务业，在开展业务的过程中需要和利益相关的多个利益集团或个人打交道，向不同的集团或个人推介自己的方案，因此具有一定的公关技能是非常重要的。

（3）职业道德

职业道德构成了投资银行业的内在基础，是客户产生信心的源泉。证券市场发展越成熟，客户对投资银行的道德行为标准越敏感，职业道德越能够成为投资银行业竞争的新武器。其职业道德要求具体表现在以下几个方面：

①保守秘密。泄露客户的机密是投资银行一个很典型的职业道德问题，会给证券市场和客户带来巨大的不利影响。由于在复杂的投资银行业务中，完成一项交易需要有关各方密切配合和信息共享，所以给保守秘密带来一定的困难。尽管这样，投资银行绝不能谈论任何有关客户的信息。

②信息隔离。投资银行在开展业务中要采取信息隔离措施，要求有关各部门的人员对其所知晓的信息保持缄默，不对本部门以外的人员传播这一信息。

③遵守法律。投资银行从事的各项业务都必须遵守法律和道德规范。一旦投资银行进行违法交易或出现一些不道德的行为，将使投资银行家及其合作伙伴乃至整个投资银行陷入犯罪和破产的深渊，并受到法律的制裁和道德的惩罚。因此，遵守法律和道德规范应是投资银行职业道德要求的第一要义。

④诚信原则。投资银行业是以诚信为基础的中介服务业，要立足于诚信为客户提供最优服务。如果投资银行失去诚信，那么它将失去客户资源，并最终丧失在资本市场上竞争的能力。诚信是确立客户与投资银行之间长期关系的基础。

⑤公开原则。公开原则要做到两个方面：第一，保证客户做出合适的信息披露。投资银行应尽最大努力使证券发行者将与发行有关的所有重要信息进行完整和正确的公布，避免遗漏重要资料或进行错误的表述。第二，主动将真实情况公布于众。

小思考1-2：

投资银行的经营理念涵盖哪些方面？

提示：收益最大化、财务最大化、资金筹集及有效利用、独立判断与尽职调查、客户服务与开发、金融创新与新产品开发。

1.1.4 投资银行的功能

投资银行的功能是通过其具体业务得以体现的，在经办某一项业务时，投资银行执行着其中一个或几个功能。

1）金融中介功能

在资本市场上，投资银行以其拥有的专业技能，提供能满足资本需求者和供给者双方需要的金融工具和服务，沟通他们之间的联系，促使双方达成交易，实现资本由资金盈余者流向资金短缺者，即发挥着金融中介的作用。

在证券承销业务中，投资银行为发行人设计或推荐合适的证券种类，从证券发行人处购买证券，再出售给社会投资者，从而帮助证券发行人获得资本。在这一交易过程中，资本从投资者一方转移到资本需求者一方，正是投资银行把买卖双方联系起来进而实现资本流动。因而，投资银行是有效分配金融资源的重要中介之一。

在证券私募业务中，投资银行可为证券发行人寻找合适的机构投资者，向投资者出售证券。

在资产证券化业务中，投资银行帮助资产证券化的发行人将资产担保证券或抵押担保证券出售给投资者。

投资银行作为基金发起人，募集设立投资基金，通过发售基金份额或受益凭证形式向社会投资者募集资金，再将募集的资金用于购买资金需求者发行的有价证券，充当投资者和资金需求者之间的资产转换媒介。

投资银行还通过募集和管理运作风险投资基金，向具有发展潜力的新兴企业特别是高新技术企业提供风险资本融资。

在并购业务中，投资银行充当并购顾问，为收购公司和目标公司提供有关咨询服务，还为收购公司寻找并购机会、物色并购对象，帮助收购公司筹集资金和安排融资等，从而成为并购活动的重要中介。

2）构建市场功能

投资银行参与交易构建市场的功能，是与其金融中介功能的发挥密切相关的。

在证券发行中，投资银行作为证券承销商或上市保荐人，除了充当资金供需双方的媒介和桥梁外，还通过对证券发行人的选择和上市证券的保荐，以及对证券发行定价、发行方式和发行时机的掌握促使一级市场资源配置的有效和健康发展。

在一级市场上承销证券后，投资银行还需要参与二级市场的证券交易，其主要目的之一是为参加证券交易的买方和卖方构建一个完整的市场，维持证券市场的有序平稳运行，促进资本的有效、合理流动。一方面，投资银行作为做市商，为公开发行后的证券建立一个完备的、有效的市场；另一方面，投资银行通过参与二级市场的做市商业务支撑其证券承销业务。一家投资银行构建市场的能力越强，它在证券承销中的相对竞争力也就越强。

在资产证券化业务中，投资银行从银行、其他金融机构和公司购入适合于证券化的资产，通过对资产现金流重组，设计完善的交易结构，以这些资产为担保发行有价证券，构建证券化市场。

投资银行还开发了新的金融衍生工具，参与远期、期货、期权、互换等金融衍生产品的交易，推动金融衍生市场的扩大。

3）优化资源配置功能

实现有限资源的有效配置，是国家经济发展的关键。投资银行通过其资金媒介作用，使收益较高的企业通过发行股票和债券等方式来获得资金，同时为资金盈余者提供获取更高收益的渠道，也使国家整体的经济效益和福利得到提高，促进资源的合理配置。

投资银行通过为政府发行债券的方式，使政府获得足够的资金用于提供公共产品，加强基础设施建设，从而为经济的长远发展奠定基础。同时，政府还可以通过买卖政府债券等方式，调节货币供应量，保障经济的稳定增长。

投资银行帮助企业发行股票和债券，将企业的经营管理置于广大股东和债权人的监督之下，有利于企业建立激励机制与约束机制，以及产权明晰的现代企业制度，从而促进经济效益的提高，推动企业的健康发展。

投资银行的兼并和收购业务使经营管理不善的企业被兼并或收购，经营状况良好的企业得以迅速发展壮大，实现规模经济，从而促进产业结构的调整和生产的社会化。

规模较小的风险企业难以从商业银行获取贷款，往往通过投资银行筹措资金求得发展，因此，投资银行促进了产业的升级换代和经济结构的优化。

4）信息供给功能

投资银行将发行者需要资金的信息及对发行者和相关金融工具的研究分析信息提供给投资者，又将投资者愿意购买什么金融资产等信息传递给发行者，为资本的形成提供信息服务，减少了发行者和投资者在寻找交易对象、搜寻和分析信息等方面的交易费用。

投资银行通过对国内外市场信息的汇集、整理、分析、研究和传播，包括对国际国内经济形势的评价、一国货币政策和财政政策的解释和预期、产业或行业的发展趋势和单个公司经营状况的分析等，为市场提供了一个有效的信息加工和传递机制，使资本市场得以在信息充分和信息公平的条件下运行，保障市场价格发现的客观性，提高了交易效率。

投资银行不仅为单个证券的发行、交易提供信息服务，也为宏观调控和市场监管传递有关信息。它所提供的资源转移的信息和金融资产的价格信息，为政府部门经济政策的调整和企业单位、家庭的投资决策提供了依据。

5）风险管理功能

提供风险管理是投资银行的重要功能之一。投资银行从不同的层面、运用多种工具和方法为市场参与者管理金融风险。

当新证券发行上市时，受市场环境和投资者心理等多重因素的影响，新证券的交易价格可能偏离其合理价格，投资银行会采取价格稳定技术，维持新证券市场价格的稳定，从而降低投资者的风险，提高市场接纳新证券的信心。

投资银行通过证券投资基金这种金融工具，将募集的资金投资于多样化的资产组合，为小额投资者和缺乏理财知识的普通居民分散投资风险。

在资产证券化中，投资银行通过对证券化基础资产的现金流重组，实现对资产的风险与收益结构的重新配置和组合，以及运用信用增级机制，为投资者控制和管理资产证券化风险。

投资银行还通过创设金融衍生工具以及参与金融衍生工具的交易，为投资者提供套期保值，并运用金融衍生工具进行投资和投机，控制金融资产的价格风险。

拓展阅读1-1

我国投资银行存在的问题及发展趋势

6）产业集中功能

投资银行促进了企业实力的增强、社会资本的集中和生产的社会化，成为企业并购和产业集中过程中不可替代的重要力量。企业兼并与收购业务是一项技术性很强的工作，投资银行凭借其专业的人才和先进的技术，帮助企业选择合适的并购对象、合适的并购时间、合适的并购价格及针对并购进行合理的财务安排，促成兼并收购和产业集中的实现。

1.2 投资银行的业务范围

随着资本市场的发展和法律环境的变化，加之受金融竞争、金融创新等相关因素的影响，投资银行经营的业务活动一直处于不断变革中。

1.2.1 投资银行的传统业务

1）证券发行与承销

证券承销是投资银行帮助证券发行人就发行证券进行策划，并将公开发行的证券出售给投资者以筹集所需资本的业务活动。它是投资银行的本源业务，也是这一行业独特的区别于其他金融行业的标志性业务。投资银行要协助和督促发行人建立完善的公司治理结构，建立健全信息披露制度、会计制度和有关管理制度，为公司满足上市标准或条件提供辅导工作。在证券公开发行、承销过程中，投资银行所做的工作主要有：

（1）帮助设计、策划，提供咨询服务

发行证券，涉及发行人的筹资成本、资本结构以及法律和监管的要求，还有投资者的预期需求能否被市场所接受等一系列问题。投资银行通过调查，预测风险与收益，评估公司价值，帮助发行人设计筹资方案，并对证券发行的可行性和筹资方案的利弊做出分析；帮助发行人制作招股说明书等有关法律和会计文件；向政府证券监管部门提交申请、办理登记；接受与回答证券监管部门提出的意见；向潜在的投资公众宣传、介绍发行人及其发行的证券等。

（2）与发行人签订承销协议

对首次公开发行的证券，投资银行在与发行人签订承销协议时可采取三种不同的承销方式，即包销、代销和余额包销。

包销也称全额包销，是指承销商按照商定的价格购买发行者的全部证券，并同时将证券款全部支付给发行人。这种方式意味着包销者要承担证券定价和应筹集所有款项的全部风险。如果承销商不能按证券发行价格出售证券或未能将全部证券出售，自己必须承担损失。

代销是指承销商并不从发行人处购买全部证券，只是尽力代发行人推销证券，在承销期结束后，可将未能售出的证券退还给证券发行人，并将出售证券的所收款项按约定日期支付给发行人。这种方式意味着承销商在证券买卖中不承担风险，证券定价和筹集的总金额方面的不确定因素都由证券发行人承担。

余额包销是指承销商承诺在承销期内向社会推销证券，并在规定的承销期结束后，将可能未出售的证券全部购入，按约定时间向发行人支付全部证券款项。这种方式意味着投资银行承担了证券发行的部分风险。

（3）向公众分销

向公众分销即承销商将承购的证券向社会投资公众出售。当采取竞争性的承销方式，即竞价投标承销时，通常由一家投资银行充当新证券发行的财务顾问，帮助设计、策划证券及负责发行准备工作。而当证券发行申请经证券监管部门核准或经注册登记后，发行人可采用竞价投标的方式选择潜在的承销商，一般从所有竞争者中选择费用结构最低的承销商。这样，发行顾问和承销商可能由不同的投资银行担任。这种将证券的发行准备工作与承销分开的做法，为承销商提供了相互竞争的机会，也降低了发行人的筹资成本。如果不采取竞价投标承销的方式，一般情况下，一家投资银行将同时担任财务顾问和承销商双重角色。最终采取什么方式取决于发行人的选择。

小思考1-3：

发行人如何选择主承销商？

提示：发行人需要考虑主承销商的声誉和能力、承销经验、证券分销能力、造市能力和承销费用等。

2）证券交易

对投资银行来说，证券交易是证券承销的延续。在二级市场的证券交易中，投资银行扮演着经纪人、交易商和做市商的角色，为新发行的证券创造了交易，构建了一个完整的市场，满足了自己和客户的需要。

（1）经纪人

公开发行的大部分证券是在证券交易所上市并集中进行交易的，买卖双方并不直接联系、直接交易，他们只能委托具有资格的经纪人完成交易。投资银行是以委托代理人的身份为客户买卖证券。它接受客户的委托，按照客户的委托指令为其安排交易，保证尽可能使委托指令获得最好的足额执行。投资银行作为经纪人，从委托人处收取佣金作为报酬。它自己不持有所交易的证券，因而在证券价格变更或市场利率变动时不承担风险。投资银行作为经纪人，加速了资金从盈余者到短缺者的流动和资产转换，降低了买卖双方的交易成本。

（2）自营商

投资银行以投资者的身份出现在市场上，可用自己的资金和账户从事证券买卖，为自营交易的每种证券确定买进和卖出的价格和数量。投资银行从事证券自营交易，其动机是赚取买价与卖价之间的价差，期望从证券价格变动中获利。作为自营商，必须持有用来交易的证券，即证券存货。由于自营商在持有证券期间，持有的证券可能会在卖出以前因利率或市场出现不利的变动导致证券价格下跌，致使其收益减少，甚至遭受损失，因此，自营商要承担证券交易的价格风险。投资银行作为自营商从事证券交易，提高了交易市场的效率。

（3）做市商

投资银行充当做市商，即通过参与证券交易，为其所承销的证券或某些特定的证券建立一个流动性较强的二级市场，并维持其市场价格的平稳。充当做市商的目的，还在于为新证券的发行定价积累经验和提供依据，便于投资银行发挥和保持良好的定价能力。对投资银行来说，证券缺乏流动性和价格不稳定，既影响其未来证券承销业务的发展，也会蒙受因证券价格下跌所造成的损失。所以，投资银行愿意充当其所承销证券的做市商，积极参与证券交易，通过二级市场操作促使新上市的证券具有更大的流动性，并稳定其价格。

典型案例1-1：

我国未来券商投资银行业务经营模式的构建

1）优势业务模式

我国在加入世界贸易组织之后，为了更好地促进我国券商投资银行的发展，我国与其他几个国家合资成立了投资银行——中国国际金融有限公司。中国国际金融有限公司采用的就是优势业务经营模式。该模式主要是为服务对象提供更加优质、更加专业的服务，通过对公司各项业务的分析，选择具有优势的业务，进而对这些业务集中资源和精力进行发展。经过多年的发展，中国国际金融有限公司采用的这种业务经营模式的收益比较稳定，能够较好地应对市场中的风险因素。然而，并不是所有的券商投资银行都具有该公司的影响力，所以这种券商投资银行业务经营模式很难在其他券商投资银行得到广泛应用。

2）业务创新模式

中信证券作为我国券商投资银行的重要组成企业，其业务经营模式发展比较快，在其发展过程中采用的是业务创新模式。这种业务创新模式的特点如下：第一，这种业务模式的业务结构比较均衡，各种业务都得到了全面的发展；第二，能够对市场环境的影响进行及时响应，在我国市场经济受到各种因素影响产生波动时，可以通过调整业务的比例和权重，着力发展风险较小的业务。

3）金融控股集团模式

中国平安保险集团在发展过程中，主要采用的是金融控股集团模式。作为一家国内的保险企业，中国平安保险集团首次尝试了在发展过程中引入外资，通过吸收国内券商投资银行的先进经验，对于其业务经营模式和管理模式都进行了相应的调整，从而更好地促进其业务的发展。金融控股集团模式主要有以下几个特点：第一，在一个地区发展项目的过程中，能够产生一定的区域影响力，从而为其他券商投资银行做好榜样，并且为以后在该地区的其他项目开展打下良好的基础；第二，投资具备发展潜力的企业，能够通过自身的判断力，投资一些具有发展空间的企业，这种示范性的工作成效非常明显；第三，充分利用服务网点的优势，能够迅速地深入市场，从而不断发展客户群体，扩展其自身的业务模式。

从我国未来券商投资银行业务经营模式的构建中，你能得到什么启示？

资料来源：苏淼，汪莹. 我国未来券商投资银行业务经营模式的构建 [J]. 产业与科技论坛，2016（2）.

分析：我国投资银行的未来在于突破单一业务模式，以服务实体经济多样化、以服务客户利益诉求多样化的投融资需求为中心，提供股权融资、债权融资、股权激励、并购重组、投资顾问等全方位的综合性金融服务。投资银行未来业务模式包括：重点转向非IPO业务，从投行生产线到投行产业链的战略转型，组建跨投行、经纪、研究的综合销售服务部门等。

1.2.2　投资银行的创新业务

1）证券私募

证券私募是指向少数特定的投资者发售证券募集资金的行为。私募发行可以避免公开发行的规章制度和限制。一些经营业绩优良的企业甚至目前并非绩优的企业，也能够通过私募发行渠道筹集资金。私募发行的证券通常出售给资金实力雄厚的机构投资者，如保险公司、养老基金公司、共同基金公司和投资公司等。私募发行的证券无法在一个活跃的二级市场上实现交易，因为它受到持有时间和转让条件的限制。它一般由投资者持有直到期满，由于其缺乏流动性而增大了投资者的风险。

在证券私募过程中，投资银行可帮助进行发行方案设计，还可以根据证券的发行条件和资金供给者的投资需求及风险偏好，帮助发行人寻找和确定适合的机构投资者。此外，投资银行也可以参加私募证券的助销交易。

拓展阅读1-2

中国国际金融有限公司投资银行业务范围

2）兼并与收购

兼并与收购简称为并购。兼并是指任何一项由两个或两个以上的企业实体形成一个新经济单位的交易。收购是指一家公司与另一家公司进行产权交易，由一家公司获得另一家公司的大部分或全部股权或资产以达到控制该公司目的的行为。兼并与收购的共同点都是把两个或两个以上企业实体的资源整合成一个整体来运营，且公司的结构发生了重大变化。

投资银行并购业务，是指投资银行为企业并购交易提供价值评价、咨询、并购方案以及协助融资和反收购等服务的活动。在企业并购活动中，投资银行既可为收购方服务，也可为被收购方服务。投资银行通常以下列几种方式参与并购活动：

（1）评估公司发展规划和并购风险，寻找并购对象，既为收购公司物色目标公司，也为目标公司选择合适的收购公司。

（2）向收购公司或目标公司提供交易价格和非价格条件的咨询，设计交易结构，安排谈判，或者帮助目标公司制定反并购策略，抵御敌意并购。

（3）策划并购融资方案，帮助收购公司筹集必要的资金，为并购融资。

（4）为并购后公司整合和战略调整提供咨询。

投资银行的兼并与收购业务，还包括杠杆收购、协助公司重组、资产重组、破产重组和国有企业民营化等活动。

3）风险投资

风险投资是指对新兴的极具发展潜力的中小企业，特别是新兴高科技企业创业期的权益性投资。风险投资主要集中于高科技、新产品领域的企业和项目，具有高风险、高收益的显著特点。风险投资的资金，主要来自保险公司、养老基金、风险投资基金、投资银行等机构投资者，并多以私募方式筹资。此外，政府还对风险资本投资实行一系列优惠扶持政策。

投资银行的风险投资业务，涉及不同层次的内容：

（1）它可以帮助创业企业进行权益证券私募。

（2）以中介机构的身份出现，参与自身外部的风险投资基金筹集和管理风险资本。

（3）投资银行自己设立风险投资基金这种专业机构，筹集风险资本，直接参与和管理风险资本投资，并为创业企业提供人才、专业管理经验等方面的支持。

（4）在创业企业获得成功时，帮助其发行股票（IPO）、公开上市和通过二级市场交易或通过协助完成并购交易，为风险资本的退出提供变现方法和途径。

此外，一些投资银行还直接对风险企业进行股权投资，待风险企业股票上市后，便抛出它所持有的股份，收回资金并获得超额收益。

4）资产管理业务

资产管理业务是指证券公司作为资产管理人，依照《证券公司客户资产管理业务管理办法》的规定与客户签订资产管理合同，根据资产管理合同约定的方式、条件、要求及限制，对客户资产进行经营运作，为客户提供证券及其他金融产品的投资管理服务的行为。经中国证监会批准，证券公司可以从事的业务包括：为单一客户办理定向资产管理业务、为多个客户办理集合资产管理业务、为客户办理特定目的的专项资产管理业务和公募基金业务。

5）财务顾问与投资咨询

财务顾问业务是指与证券交易、证券投资活动有关的咨询、建议、策划业务。它具体包括：为企业申请证券发行和上市提供改制改组、资产重组、前期辅导等方面的咨询服务；为上市公司重大投资、收购兼并、关联交易等业务提供咨询服务；为法人、自然人及其他组织收购上市公司及相关的资产重组、债务重组等提供咨询服务；为上市公司完善法人治理结构、设计经理层股票期权、职工持股计划、投资者关系管理等提供咨询服务；为上市公司再融资、资产重组、债务重组等资本营运提供融资策划、方案设计、推介路演等方面的咨询服务；为上市公司的债务重组、资产重组、相关的股权重组等提供咨询服务以及中国证监会认定的其他业务形式。

证券投资咨询业务是指从事证券投资咨询业务的机构及其咨询人员为证券投资人或者客户提供证券投资分析、预测或者建议等直接或者间接有偿咨询服务的活动。

6）资产证券化

资产证券化是指以资产所产生的现金流为支撑，在资本市场上公开发行证券工具，从而对资产的收益和风险进行分离和重组的一种技术和过程。由于是将大量不能立即变现的资产作为担保而创立和发行证券，因此这些证券被称为资产担保证券，资产证券化也被简称为创立和发行资产担保证券的过程。

投资银行的资产证券化业务，是指投资银行参与资产证券化融资活动，参与资产担保证券的创立和市场操作。其主要业务有：投资银行帮助资产担保证券的发行人分析评估作为基础资产的现金流，设计证券交易结构；策划证券化交易；负责承销资产担保证券；设立专司单一资产证券化业务的子公司，由其购买银行抵押贷款等适合于证券化的资产，创立资产担保证券；作为证券化资产的受托管理人，为资产担保证券提供信用增级；参与资产担保证券的投资交易等。

投资银行参与资产证券化融资，其最重要的价值体现在：它能根据证券化基础资产的现金流的分析评估，针对资产提前偿付风险、信用风险、证券化风险和预期收益的变动，结合证券化方面的管理法规、会计和税收的要求，重新组合这些资产的风险和收益，设计合理的证券交易结构，从而满足对期限、风险有不同偏好的融资者和投资者的需要。

7）金融衍生工具的交易与创设

金融衍生工具包括金融期货、期权、互换、远期合约等。这些工具被当作套期保值、规避金融资产价格风险的技术手段和投机手段。投资银行参与设计、创造客户和它们自己所需要的金融衍生工具，并在这些衍生工具的交易市场上扮演经纪人和交易商的角色，既帮助客户也帮助自己进行风险控制。

投资银行还以自己在市场上所拥有的信息优势和专业分析能力，敏锐地发现有利的交易机会，利用期货、期权市场与现货市场上的价格差异，经常以自己的账户买卖期货与期权，以赚取价差收入为目的进行交易。这样，参与衍生工具交易不仅是投资银行控制风险的手段，也是自己追逐利润的工具。

相关链接1-1

视频：国外的投资银行从事哪些业务

除了上述主要业务外，投资银行还从事项目融资、投资研究与证券分析业务，提供多种形式的金融咨询和信息服务等其他活动。这些活动既满足了市场参与者或客户的需要，也对投资银行主要业务的发展起到了重要的支持和推动作用。

1.2.3　投资银行业务的特点

1）业务的广泛性

投资银行业务日益拓展，涉及金融领域的几乎所有金融交易，地域范围涵盖全国乃至全球。不同国家和地区的投资银行业务并不完全相同，即使是同一国家、同一地区的投资银行业务也各有侧重。投资银行业务不拘一格，故其适应性极强，能够根据变化的形势，敏锐地捕捉获利机会。投资银行较为松散的组织结构，快捷、迅速的决策实施，使其能够很快从竞争激烈而收益下降的业务中转向新的比较活跃的收益较高的业务，具有极强的生存能力。

2）发展的创新性

投资银行的最大财富在于其人力资本，熟悉金融市场、精通金融业务、掌握各种金融技术的人才不断给市场提供新的金融产品，起着金融工程师的核心作用。同时，投资银行自身的发展也离不开金融业务创新和金融衍生工具的创新。投资银行凭借其人才优势不断创新推出满足客户需要的金融工具，在吸引更多客户的同时也增加了自身的收入来源。

3）操作的专业性

投资银行所掌握的金融技术本身就具有高度专业化色彩，同时，投资银行面向需求不同的各种投资主体，需要结合金融技术及客户的特殊要求解决金融问题。当金融领域中越来越多的业务规范化和标准化时，也同时涌现出更多的专业性需求。投资银行一方面占领着已成型的业务领域，另一方面参与“量体裁衣”的活动，从中积累了大量的专业技巧。

小思考1-4：

新技术对投资银行业务有哪些影响？

提示：证券市场效率大大提高；证券市场范围大大扩大；证券发行和交易方式大大改进；证券市场全球化进程大大加快；监管难度大大降低。

1.3 投资银行的组织结构

1.3.1 投资银行的组织结构形式

一般而言，一个投资银行采用的组织结构形式是与其内部的组建方式和经营思想密切相关的。现代投资银行的组织结构形式主要有三种。

1）合伙人制

合伙人公司是指由两个或两个以上合伙人拥有公司并分享公司利润，合伙人即为公司主人或股东的组织形式。其主要特点是：合伙人共享企业经营所得，并对经营亏损共同承担无限责任；它可以由所有合伙人共同参与经营，也可以由部分合伙人经营，其他合伙人仅出资并自负盈亏；合伙人的组成规模可大可小。

2）混合公司制

混合公司通常是由在职能上没有紧密联系的资本或公司相互合并而形成的规模更大的资本或公司。20世纪60年代以后，在大公司生产和经营多元化的发展过程中，投资银行是被收购或联合兼并成为混合公司的重要对象。这些并购活动的主要动机，都是扩大母公司的业务规模，在这一过程中，投资银行逐渐开始了由合伙人制向现代公司制转变的过程。

3）现代公司制

现代公司制的确立是以企业法人财产权为核心，企业法人财产权也是现代企业制的重要标志。法人财产权是企业法人对包括投资和投资增值在内的全部企业财产所享有的权利。法人财产权的存在，显示了法人团体的权利不再表现为个人的权利。现代公司制使投资银行在资金筹集、财务风险控制、经营管理的现代化等方面，都具有传统合伙人制所不具备的优势。

大多数超大型投资银行采取的都是现代公司制，即采取股份有限公司的企业组织形式。不过，由合伙人制转为现代公司制仍然是一个过程和趋势，这一转变过程还没有完全结束。

1.3.2 投资银行的职能部门

投资银行为了顺利地开展业务活动，一般设立以下部门。

1）资本市场部

资本市场业务包括传统的投资银行业务和公司金融业务。下面各职能领域是典型的大型投资银行资本市场部下属的独立部门。

（1）证券承销部门。证券承销部门又称公司融资部，负责承销公司发行的各类证券，如公司债券、高收益债券、可转换的其他抵押债券、国际债券、优先股、普通股以及商业票据和中期国库券等。规模庞大的投资银行在承销业务量很大的情况下，会把证券承销部进一步细分，如分为股票融资部、债券融资部等，一些大型投资银行还设有公共融资部，主要为各级政府、公共事业组织、研究院和大学等非营利性机构承销证券。

（2）并购部门。并购部门主要负责信息搜集、寻找目标公司、评估定价、接管、杠杆收购和管理层收购、反收购，以及调整企业的资本结构。并购部门不仅为投资银行带来丰厚的利润，并且在业务上与其他部门相互配合，为其他部门拓展业务开辟了渠道。

（3）证券经纪部门。证券经纪部门主要负责二级市场上的证券交易，代理客户买卖证券，并向客户收取一定的佣金；同时，在法律许可的情况下，向客户提供保证金贷款和融资服务等。

（4）风险资本部门。风险资本部门专门从事风险资本业务，既接受创业企业的融资委托，也主动寻找新兴的创业企业进行投资。

（5）项目融资部门。项目融资部门是为某些专门项目和大型项目设计融资方案和安排融资的部门，这些项目的现金流量比较可靠，可以用来偿还债务，如为能源和天然资源方面的公司进行项目融资设计和推介。

（6）私募部门。私募部门主要负责与机构投资者和富有的私人投资者建立良好的合作关系，并向这些投资者发行不公开上市的证券，为企业筹集资金。

（7）货币市场部门。货币市场部门主要在货币市场上进行活动，运用中短期国库券、储蓄存单和商业票据、中期债券和合成债券等交易工具，从事货币市场上的筹资和交易业务。

（8）高收益债券部门。许多投资银行为高收益债券的承销和投资业务单独设立一个部门。被称为“垃圾债券”的高收益债券，已经成为现代公司财务中的重要组成部分。

（9）国际业务部门。国际业务部门主要管理投资银行的所有国际业务，并为国外跨国公司在本国的子公司和本国跨国公司的海外子公司服务。

（10）掉期交易部门。组织和安排掉期交易是该部门的一项特殊技能。它的基本业务是利率和汇率掉期。掉期交易的目的是套期交易、轧平资产与负债以及改善不同企业间的相对资本效率。

（11）交易和套利部门。交易和套利部门是投资银行的重要利润中心之一，其基本职能是从事机构投资者和投资银行自身的大宗交易。

（12）风险管理部门。风险管理部门的主要功能是专门把各种套期交易工具结合在一起，为企业和投资银行财务管理开发出一整套套期交易方法。风险管理由套期交易、金融期货、期权交易和指数期货期权等更为细化的部门来负责。

（13）资产证券化部门。资产证券化部门作为投资银行重要的利润中心之一，它主要负责将缺乏流动性但具有某种可预测现金收入属性的资产或资产组合，通过创立以其为担保的证券在资本市场上出售变现。

2）消费者市场部

消费者市场部主要进行各种证券的销售和分配，涉及从新的金融产品的设计到分支系统的经营管理整个过程，同时还包括为消费散户提供金融产品和基金，为机构投资者、各种有限公司提供金融产品，进行新的金融产品的开发等。

3）研究发展部

投资银行的研究部门是为投资银行拓展业务提供服务的，是投资银行开展业务的前提。投资银行主要进行行业研究、公司研究、宏观经济研究，以及具体项目的可行性和项目评估等方面的研究。在机构设置上研发部有三种模式：

相关链接1-2

中信证券的组织结构

（1）在资本市场部和消费者市场部之外设立研发部，不受二者的制约，但为二者的需要提供服务。

（2）在资本市场部之内或在消费者市场部之内设立研发部。

（3）在资本市场部和消费者市场部之上设立研发部，以保持独立公正的研究能力。

1.3.3 投资银行组织结构创新

1）投资银行组织结构创新与业务创新

投资银行的组织结构创新与业务创新具有如下关系：

（1）组织结构的形式取决于业务规模的大小。

（2）在一个容量较小的证券市场中采取扁平化和直线型的组织结构是投资银行的最优选择。

（3）当市场规模扩大到一定的程度且业务不断创新时，专业化所带来的规模效应发生作用，传统的组织结构成本优势将因管理幅度加宽而丧失，进行组织创新有助于降低组织成本和获得更多的收益。

（4）适宜的投资银行组织结构安排，将形成更多的业务创新，促进证券市场广度和深度的提升。

所以，投资银行在进行组织结构设计时，应考虑自身各项业务规模和所处的证券市场容量，设计出较为灵活的组织结构，适时地根据市场环境的变化进行组织结构创新，以降低组织成本，形成组织优势。

2）我国投资银行组织结构创新策略

（1）我国投资银行的典型组织结构类型

目前，我国投资银行的典型组织结构有三种：

①集权式直线型组织结构。集权式直线型组织结构是一种最简单、最基本的组织形式。其特点是公司的高层管理人员与最低层员工的关系通过一种单一的指挥命令系统进行联系。这种模式中，决策层集中于上层机构，适用于众多员工在同一命令下统一行动，工作较少出现意外事件的情况。其缺点是不能充分发挥下级员工的积极性。这种组织结构比较适合于规模小、业务技术含量较低的经纪类证券公司，对综合类证券公司则不具有普遍适用性，不过在一定程度上适合综合类证券公司的下属部门，如内部资金调度部门、监管系统、信息网络系统、基础研究部门等。

②多层垂直型组织结构。多层垂直型组织结构是一种典型的“金字塔”式的组织结构，从总裁到部门经理一般设有16～17个管理级别。其优点是分工细致、组织严密，整个组织处于秩序井然的状态；其缺点是中间管理层过多，对市场变化不能做出灵敏的反应，不利于充分发挥员工的创造力。目前，我国大多数证券公司采用的就是这种模式。

③分权式事业部制组织结构。分权式事业部制组织结构是按照业务范围（或地区）组成一个组织单位（称为事业部），每个组织单位都有其独立完整的公司体制。在事业部制下，各事业部原则上采取独立核算，实行责、权、利相结合的全面分权化决策。其优点是，分部与总部具有良好的“协同关系”，共同追求企业整体利润的最大化。其缺点是，分部往往追求短期收益目标，而放弃长远目标以及其他非经济目标，如研究开发、人力资源开发等。我国投资银行的地区分支机构在一定程度上具有事业部制的特点。

温馨提示1-2：

世界上大多数的投资银行都是采用事业部制组织结构。

（2）我国投资银行的组织结构创新趋势

我国的投资银行应该尝试进行组织结构的创新，实行扁平化管理。“扁平化”组织结构层次较传统类型的组织要少，从公司最高领导到最底层员工的管理路径较短，而其管理幅度比一般的组织要宽。由于信息传递的层次较少，信息在组织上下层中流动的速度明显加快，从而提高了组织对外界变化的反应能力。具体的措施包括：

①将公司内部的相关业务部门进行归并，使组织结构“扁平化”。

②取消不必要的中间管理层次，使组织结构“扁平化”。

③适当下放经营决策权，增强业务部门和一线员工的积极性。

④提高管理人员的业务能力和综合素质，以适应管理幅度增加后对管理人员的新要求。

⑤推行团队工作方式，团队由各种专门人员组成，实现分工与协作的统一。

（3）我国投资银行治理结构的完善

完善治理结构是投资银行进行组织结构创新的一个重要内容。投资银行可以从股权结构、董事会的结构、审计、监督机制、激励机制和公司治理透明度等方面入手。

完善股权结构需要扩大公司规模，降低股权的集中度；培养核心股东，加强对经营者的监管；提高股权的流动性。

完善董事会的结构需要确定合理的董事会人员构成；重视董事会秘书和秘书处的作用；设立具有特殊职能的委员会。

发挥内部审计和外部审计的作用，主要有以下一些措施：①增强审计人员的独立性并提高其地位，如审计负责人直接向董事会或审计委员会报告；②开展外部审计，评估内部审计的有效性；③董事会要充分利用审计来检验高层管理人员提供的投资银行经营和管理信息的准确性，确保各岗位的职责界定明确并得到有效的监督。当前，在资本市场与经理人劳务市场不健全、市场监管较弱的情况下，投资银行的董事会应通过决策控制权对高层管理人员实施有效的监督。高层管理人员应具备相应的技能，使投资银行的经营处于其控制之下，同时管理好其相应领域的雇员。

建立科学、合理的激励机制，一般要满足两个条件：一是最大限度地调动经理人员的积极性和创造性；二是使经理人员和股东利益以及其他利益相关者的利益相统一，实现投资银行的稳健发展。具体的激励机制可根据投资银行自身的状况进行设计，常见的有：①股票期权。通过股票期权的方式对投资银行的员工和高级管理人员进行激励。②项目激励。根据一个项目完成的质量和客户的反映，采取提成制或者奖金的形式，对项目组的员工进行奖励。③培训机会。给予业绩突出的贡献者以各种培训的机会，实现激励员工和人力资源开发的有效结合。④年薪制。激励的对象为投资银行的高级管理人员，将高级管理人员的薪金分为年薪、基薪收入、风险收入和特别奖金。⑤闲暇激励。闲暇对于竞争激烈的投资银行业的员工来说，是一种稀缺资源，给予员工一定的休闲机会也是激励员工的有效手段。⑥专项奖金。设立与投资银行文化和品牌相一致的专项奖金，专门奖励有突出贡献的员工。

保持公司治理的透明度，有助于增强公司治理的稳健性。当股东、客户、债权人不能从投资银行获取有关其结构和目标的充分信息时，他们将很难判断董事会和经理层的有效性。因此，投资银行需要对公司治理情况如董事会结构、高级管理层结构、内部组织结构、激励机制等内容进行披露。

小实训 1-1：

选择美国一家投资银行，了解其公司内部组织结构、业务范围和创新业务。

本章要点

本章主要介绍了投资银行的基本含义、功能和作用，投资银行的组织结构形式、职能部门及其创新，投资银行的行业特征，投资银行与商业银行的区别以及投资银行的传统业务和创新业务。其中，重点是投资银行的基本内涵与业务；难点是关于投资银行内涵的理解。

问题讨论

1. 讨论我国的证券公司是不是投资银行，为什么？

2. 讨论投资银行三种组织结构各自的特点及局限。

3. 根据本章所学内容，查找我国以及不同国家投资银行的发展状况及业务创新类别，讨论我国投资银行今后的发展方向。

推荐阅读

1. 李凤云. 投资银行理论与案例［M］. 北京：清华大学出版社，2011.

2. 弗勒里耶. 一本书读懂投资银行［M］. 朱凯誉，译. 北京：中信出版社，2010.

3. 乔舒亚，等. 投资银行：估值、杠杆收购、兼并与收购［M］. 2版. 刘振山，等，译. 北京：机械工业出版社，2014.

思考与练习

1. 单项选择题

（1）我国设立综合类证券公司必须拥有注册资本（　　）人民币以上。

A. 5 000万元　　B. 1亿元

C. 3 000万元　　D. 5亿元

（2）商人银行作为专业性投资银行与英国的“商人银行”概念不同，它是指专门从事（　　）业务与某些筹资活动的投资银行。

A. 承销　　B. 经纪

C. 并购　　D. 咨询

（3）（　　）业务是投资银行的本源业务。

A. 承销　　B. 经纪

C. 并购　　D. 咨询

2. 多项选择题

（1）在二级市场的证券交易中，投资银行扮演着（　　）角色，为新发行的证券创造了交易，构建了一个完整的市场，满足了自己和客户的需要。

A. 承销商　　B. 经纪商

C. 自营商　　D. 做市商

（2）现代投资银行的组织结构形式主要有（　　）。

A.合伙人制　　B.混合公司制

C.现代公司制　　D.合伙制和公司制相结合

（3）投资银行业务具有（　　）的特点。

A.业务广泛　　B.发展的创新性

C.专业性强　　D.流动性强

3.简答题

（1）如何理解投资银行的含义？

（2）投资银行是怎样分类的？

（3）投资银行有哪些行业特征？

（4）目前我国投资银行的典型组织结构有哪些？

案例分析

摩根士丹利的投资管理业务

1）私人财富管理

摩根士丹利私人财富管理部是一支专门为拥有高资产净值的个人、家庭及控制巨额可投资资产的信托基金提供理财建议和投资管理解决方案的咨询顾问团队。私人财富管理专家向客户提供设计精密、度身定制的财务解决方案，并让他们也能享受到一般只提供给大公司、金融机构和政府的摩根士丹利的资源。

2）直接投资部

摩根士丹利直接投资部负责对经营性企业做长期的投资业务，现管理大约共100亿美元的资金。这笔资金来自于摩根士丹利、公司员工及其他机构与个人投资者。自20世纪80年代中期至今，摩根士丹利直接投资部已在全世界范围内投资了100多家公司。它们的投资理念是对业绩优秀的企业做长期投资。它们通常不参与公司的日常管理，而是通过董事会层面与管理层充分沟通配合，并有效地利用摩根士丹利在全球的资源及金融知识以帮助所投资的公司长期稳定发展。摩根士丹利早在20世纪80年代中期就已进入中国，并于1993年开始在中国进行长期直接投资业务。迄今为止，它已在中国对多家成功的企业进行了投资，并为这些企业的发展提供了多方面的协助。在国内的投资企业包括平安保险、南孚电池、蒙牛乳业、恒安国际、永乐家电、山水水泥、百丽国际等多家行业龙头企业。这些企业都是在国内乃至全球同行业中的业绩佼佼者。通过投资，不仅能使这些企业获得充裕的资金，更重要的是可以充分利用摩根士丹利的全球资源为这些企业的长远发展献力献策，帮助它们快速、全方位与国际接轨，并争取通过在海内外资本市场上市融资，利用全球资本谋求在发展上更上一层楼，成为真正具有国际水平的一流企业。

3）机构投资管理

摩根士丹利提供种类齐全的美国和全球债券、股票以及不同资产类别的基金以供机构投资者选择，并为它们特别设计资产配置策略，以满足其多元化的投资需求。

资料来源：佚名．摩根士丹利的投资管理业务［EB/OL］．［2017-02-10］．http://www.morganstanleychina.com/about/business/msim.html.

问题：摩根士丹利的多种投资管理业务给你带来什么样的启示？

分析提示：投资银行业务多样化能够增加投资银行的收入来源，同时可以增强投资银行的实力和竞争力。

实践训练

本章主要讲授了投资银行的基本内涵、业务范围和组织结构。为了让学生深入理解投资银行的基本含义，认识投资银行的业务范围，本章实践训练主要包括以下内容：

1. 实训项目：写出著名投资银行的名称，并比较不同国家投资银行的发展状况。

实训目的：掌握投资银行的含义。

实训步骤：

（1）写出以下国家著名投资银行的名称。

（2）比较不同国家投资银行的发展状况。

国　家	投资银行经营模式	投资银行业发达程度	投资者构成、投资意识	市场适用法律
美　国				
英　国				
德　国				
日　本				
中　国				

2. 实训项目：查找国内外投资银行的业务范围。

实训目的：认识投资银行的业务。

实训步骤：

（1）从网站上查找著名投资银行的核心业务，比较我国投资银行业务与发达国家的差距。

（2）查找我国投资银行不同时期增加业务品种的过程并分析原因。

时　间	主要业务	增加的业务品种	原　因
1995年			
2000年			
2005年			
2010年			
2015年			

第2章　证券发行与承销业务

学习目标

知识目标：通过本章学习，了解股票、债券发行与承销的基本概念；掌握股票、债券发行的管理制度；认识股票发行和债券发行的一般规定；掌握股票、债券发行的实施过程。

技能目标：通过本章学习，能够进行股票、债券发行与承销的基本操作，能够解读证券发行的相关文件与相关制度，能够指导投资者进行投资申购操作。

知识结构图

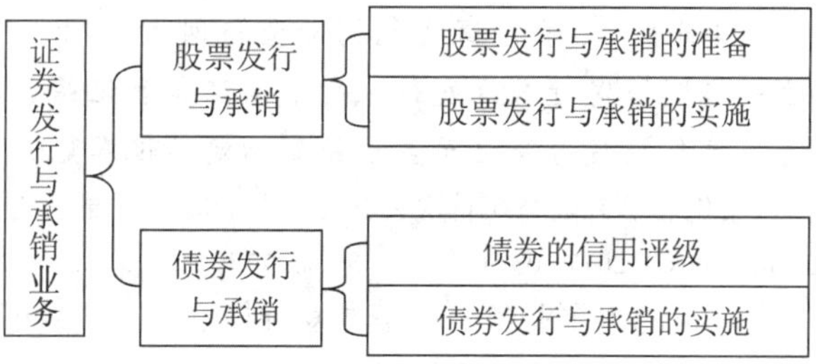

【导入案例】

拉芳家化股份有限公司首次公开发行股票发行结果公告

保荐人（主承销商）：广发证券股份有限公司

拉芳家化股份有限公司（以下简称“发行人”）首次公开发行不超过4 360万股人民币普通股（A股）（以下简称“本次发行”）的申请已获中国证券监督管理委员会证监许可〔2017〕235号文核准，本次发行的主承销商为广发证券股份有限公司（以下简称“广发证券”或“主承销商”），发行人的股票简称为“拉芳家化”，股票代码为“603630”。

本次发行采用网下向投资者询价配售（以下简称“网下发行”）和网上按市值申购向公众投资者定价发行（以下简称“网上发行”）相结合的方式。发行人和主承销商综合考虑发行人基本面、市场情况、同行业上市公司估值水平、募集资金需求及承销风险等因素，协商确定本次发行价格为18.39元/股，发行数量为4 360万股。

回拨机制启动前，网下初始发行数量为2 800万股，占本次发行总股数的64.22%；网上初始发行数量为1 560万股，占本次发行总股数的35.78%。回拨机制启动后，网下最终发行数量为436万股，占本次发行总股数的10%；网上最终发行数量为3 924万股，占本次发行总股数的90%。

本次发行的网上、网下认购缴款工作已于2017年3月3日（T+2日）结束。

1）新股认购情况统计

主承销商根据上海证券交易所和中国证券登记结算有限责任公司上海分公司提供的数据，对本次网上、网下发行的新股认购情况进行了统计，结果如下：

（1）网上新股认购情况

①网上投资者缴款认购的股份数量（股）：39 160 659。

②网上投资者缴款认购的金额（元）：720 164 519.01。

③网上投资者放弃认购数量（股）：79 341。

④网上投资者放弃认购金额（元）：1 459 080.99。

（2）网下新股认购情况

①网下投资者缴款认购的股份数量（股）：4 350 550。

②网下投资者缴款认购的金额（元）：80 006 614.50。

③网下投资者放弃认购数量（股）：9 450。

④网下投资者放弃认购金额（元）：173 785.50。

2）主承销商包销情况

网上、网下投资者放弃认购股数全部由主承销商包销，主承销商包销股份的数量为88 791股，包销金额为1 632 866.49元。主承销商包销比例为0.20%。

2017年3月7日（T+4日），主承销商将包销资金与网上、网下投资者缴款认购的资金扣除保荐承销费用后一起划给发行人，发行人向中国证券登记结算有限责任公司上海分公司提交股份登记申请，将包销股份登记至主承销商指定的证券账户。

资料来源：佚名. 拉芳家化股份有限公司首次公开发行股票发行结果公告［EB/OL］.（2017-03-07）. http：//finance.sina.com.cn/roll/2017-03-07/doc-ifycaasy7759138.shtml.

这一案例体现了投资银行的本源业务——证券发行与承销。广发证券股份有限公司作为证券承销商，帮助拉芳家化股份有限公司设计了集多项创新于一体的发行方案，最终发行成功。该案例也给我们带来一些思考：股票发行与承销是如何进行的？债券与股票的发行和承销一样吗？如果不一样，债券又是如何进行发行与承销的？这些正是本章所要介绍的内容。

2.1 股票发行与承销

2.1.1 股票发行与承销的准备

1）股票发行与承销的基本概念

股票发行是指发行人将新股票从发行人手中转移到社会公众投资者手中的过程。股票发行一般可分为首次公开发行（IPO）和二次发行。所谓股票承销，是指发行人将股票销售业务委托给专门的股票承销机构销售。

2）承销商资格的取得和维持

在我国，从事证券发行和承销应该具备相应法律规定的资格。这些条件主要包括：在中国境内注册；获得从事证券承销业务的资格；具有独立法人资格或者在中国境外注册；依照注册地法律拥有证券承销从业资格；具有独立法人资格的证券公司、银行或者其他金融机构。同时，我国法律规定，从1999年9月1日起，信托投资公司不再从事股票发行和承销业务。

按照我国《证券法》的相关规定，证券发行和承销机构还应该具备以下条件：

（1）净资产不低于人民币5 000万元，净资本不低于人民币2 000万元；

（2）从业人员取得证券从业资格证；

（3）有符合证监会规定的计算机信息系统和业务资料报送系统；

（4）近1年内无严重的违法违规行为，近2年内未受到中国证监会取消证券从业资格的处罚；

（5）近3年内具有股票承销业绩。

担任股票主承销商的，还应该具备的条件包括：净资产不低于人民币3亿元，净资本不低于人民币2亿元；近3年新股发行中担任主承销商不少于3次或担任副承销商不少于6次；有10名以上具备条件的证券承销业务专业人士以及相应的会计、法律专业人员。

证券承销公司的承销资格证书有效期为1年。已取得证券承销资格的承销商想要维持其承销资格的，应当在承销资格失效前3个月向中国证券监督管理委员会提出申请。

知识链接2-1：

中国证监会关于进一步推进新股发行体制改革的意见

从2016年1月1日起，新股发行将按照新的制度执行。投资者申购新股时无须再预先缴款，小盘股将直接定价发行，发行审核将会更加注重信息披露要求，发行企业和保荐机构需要为保护投资者合法权益承担更多的义务和责任。

2015年11月6日，在市场逐步趋稳向好的条件和环境下，为进一步增加市场活力、增强市场功能，积极稳定、修复和建设市场，证监会重新启动了新股发行工作，并同步提出了取消新股申购预缴款制度、简化发行审核条件、突出信息披露要求、强化中介机构责任、建立包括摊薄即期回报补偿和先行赔付的投资者保护机制等完善新股发行制度改革措施，市场反应正面、积极。因市场异常波动而暂缓发行的28家公司已完成新股发行。

为具体落实上述新股发行制度的改革措施，证监会同时提出相应修订《证券发行与承销管理办法》、《首次公开发行股票并上市管理办法》及《首次公开发行股票并在创业板上市管理办法》等规章草案，并制定了《关于首发及再融资、重大资产重组摊薄即期回报有关事项的指导意见》，于11月6日向社会公开征求意见。上述四项规章和意见的征求意见工作已结束，经修改完善后已正式发布，自2016年1月1日起施行。

征求意见期间，共收到100多份书面意见和建议。总体上看，各方面对这次改革的基本思路和重要举措比较认同，认为相关改革措施以问题为导向，具有很强的针对性，有利于解决巨额资金“打新”对二级市场产生的负面影响，有利于突出审核重点，进一步体现以信息披露为中心的监管理念，有利于进一步强化中介机构监管，切实保护投资者合法权益，体现了市场化、法治化的改革取向，是按照注册制改革的理念和方向向前迈出的重要一步。很多意见和建议有分析、有数据、有具体建议内容，反映出广大市场参与主体对于有效推进新股发行制度改革的责任意识和理性态度。对于市场各方所提意见和建议，证监会逐条进行了分析、研究，提出了吸收和处理的意见，归纳而言，主要包括以下几个方面：

一是采纳完善弃购股份处理的建议，对投资者弃购的股份，允许承销商按事先公布的原则配售给其他参与申购的投资者，以体现《中华人民共和国证券法》关于承销商应首先将股票销售给投资者的原则。

二是采纳完善现有报价剔除机制的建议，规定若最高申报价格与最终确定的发行价格相同时，剔除比例可以少于10%，避免出现相同报价中部分投资者被剔除的不公平情形。

三是采纳强化独立性和募集资金使用信息披露的建议，修改了招股说明书准则，增加并细化了相关信息披露要求。

四是采纳完善摊薄即期回报补偿机制信息披露要求的建议，在招股说明书准则中，增加了摊薄即期回报分析的假设前提、参数设置、计算过程等披露要求。

为落实相关改革措施，证监会还对主板和创业板首次公开发行招股说明书准则进行了修订，明确了保荐机构先行赔付承诺及填补摊薄即期回报的承诺要求。

证监会表示，本次完善新股发行制度，是在核准制下，为配合本次重启新股发行推出的改革措施，虽然体现了注册制改革的精神，但不是开始实施注册制。下一步，证监会将根据全国人大的授权决定和国务院的具体工作安排，做好注册制改革配套规则制定及各项准备工作，积极稳妥推进注册制改革。相关工作进展和安排情况，证监会将及时向社会公开。

资料来源：王小伟. 新股发行1月1日起按新制度执行［EB/OL］.（2016-01-04）. http：//finance.sina.com.cn/roll/2016-01-04/doc-ifxncyar6246948.shtml.

3）股票发行和承销的程序

（1）尽职调查

尽职调查又称细节调查，是指承销商在股票承销时，以本行业公认的业务标准和道德规范，对股票发行人及市场的有关情况、有关文件的真实性、准确性、完整性进行核查、验证等专业调查。

从法律上讲，公司通过资本市场向社会公众发行股票时，如果出现虚假陈述、重大遗漏等欺诈公众的事件，除了发行公司以外，包括承销商在内的所有中介机构都必须承担法律责任。但是，如果中介机构能够证明自己已经以其行业的业务标准和道德规范、以应有的勤勉和注意对发行人及有关文件进行了审查，仍无法发现欺诈行为，自己也是欺诈的受害者，则可以免责。因此，承销商的尽职调查，一方面直接关系着其承销风险和承销利益，另一方面也直接关系着承销商对招股说明书的保证责任。

股票承销前的尽职调查主要由主承销商承担，主承销商应当准备一份详尽的调查提纲，对本次发行募股的招股说明书中将要披露的全部内容进行全面审查。其主要的调查范围包括发行人、发行市场、产业政策等方面。

主承销商对发行人的审查内容至少应当包括：发行人的一般情况、本次发行情况、有关发行人的主要会计数据、本次募股的有关当事人、发行人经营的风险与对策、本次募股资金的运用、发行人公司的股利分配政策、发行人公司结构、发行人的经营业务、主要固定资产状况、安全与环保、发行人的主要产品与业务、发行人的主营收入构成、主要原材料供应、发行人拟进行投资的项目和技术情况、发行人公司章程、发行人的董监事和高级管理人员情况、发行人过去三年的经营业绩、股本及其变动、发行人的负债及主要合同承诺、资产评估情况、财务会计资料、盈利预测、重要合同及重大诉讼事项、发行人公司发展规划等。如股份有限公司拟在境外募股或上市，主承销商需要调查和审查的内容将更为广泛详尽。

为了维护自己的利益，保证发行成功，降低承销风险，同时也为了维护投资者的利益，主承销商应当对股票一级市场和二级市场的情况做必要的调查。为了保证发行的成功，承销商还应对国家关于发行人主营业务的产业政策做必要的了解。

（2）股票发行与上市辅导

股票发行与上市辅导是指有关机构对拟发行股票并上市的股份有限公司进行的规范化培训、辅导与监督。发行与上市辅导机构由符合条件的证券经营机构担任，原则上应当与主承销商为同一证券经营机构。

上市辅导的内容包括：协助拟上市公司在公司设立、资产重组、股权设置和转让方面进行核查，以确定公司产权关系明晰与否；督促其实现主营业务突出、核心竞争力突出；督促其建立和规范会计制度、内部决策和控制系统；核查辅导对象是否妥善处理了商标、专利、土地等相关的法律问题；对拟上市公司的高级管理人员进行相关法律法规诸如《公司法》《证券法》等法规的学习指导。

辅导期限至少为一年，从辅导机构向辅导对象所在地的中国证监会派出机构报送备案资料后算起，至派出机构出具合格的监管报告之日结束。辅导结束，辅导人员应出具辅导报告，并签字负责。

（3）募股文件的准备

募股文件的准备是股票发行前的重要工作。根据中国证监会相关文件的要求，首次公开发行股票并上市申请文件应包含下列文件：招股说明书、招股说明书摘要、发行公告、发行人关于本次发行的申请报告、发行人董事会有关本次发行的决议、发行人股东大会有关本次发行的决议、发行保荐书、财务报告及审计报告、盈利预测报告及审核报告、内部控制鉴证报告、经注册会计师核验的非经常性损益明细表、法律意见书、律师工作报告以及发行人的设立文件、本次发行募集资金运用的文件、与财会资料相关的其他文件等。

招股说明书是股份有限公司发行股票时就发行的有关事项向机构投资者、公众投资者做出详细披露，并向特定或非特定投资人提出购买或销售其股票的要约或要约邀请的法律文件。公司发售新股必须制作招股说明书。如果是初次发行，一般称为招股说明书；如果是采用配股的方式发行新股，则称为配股说明书；如果是上市公司增发新股，则称为公募增发招股说明书。招股说明书必须对法律、法规、上市规则要求的各项内容进行披露。招股说明书由发行人在主承销商等中介机构的辅助下完成，由拟发行公司董事会审核并表决通过，审核通过的公开募股文件应当依法在指定媒体（报刊、网站）上向社会公众披露。在公开募股文件上签字的全体人员必须保证文件的内容真实、准确、完整，并对其承担连带责任。招股说明书应当依照有关法律、法规的规定，遵循特定的格式和必要的记载事项的要求编制。

募股文件的准备除了招股说明书以外，还包括招股意向书、招股说明书摘要、核查意见、资产评估报告、审计报告、盈利预测审核报告、法律意见书和律师工作报告、辅导报告、政府关于发行人公开发行股票的同意意见、主承销商的推荐意见、公司章程、发行方案、资金运用可行性报告及项目批文等。有收购兼并行为的，还应提供被收购兼并公司或项目的情况、收购兼并的可行性报告、收购兼并协议、收购兼并配套政策的落实情况、被收购兼并企业的资产评估报告、被收购兼并企业前一年和最近一期的资产负债表及利润表、审计报告。此外，主承销商可以聘请律师为其提交的募股文件进行法律审查，并出具审查意见。

（4）发行审核

发行审核是股票发行前的最后一个阶段。我国法律规定的发行审核单位是中国证券监督管理委员会下设的发行审核委员会，拟发行股票的公司必须向该委员会提交相关文件资料，申请审核。

小思考2-1：

什么是信息披露？

提示：信息披露主要是指公众公司以招股说明书、上市公告书以及定期报告和临时报告等形式，把公司及与公司相关的信息，向投资者和社会公众公开披露的行为。

2.1.2 股票发行与承销的实施

股票发行与承销实施过程离不开投资银行的参与，按照风险承担和手续费的高低，投资银行的股票承销可以划分为全额包销、余额包销和代销。

全额包销是指由承销商先全额购买发行人该次发行的股票，然后再向投资者发售的发行方式。全额包销的承销商承担全部发行风险，并向发行人收取较高的手续费。这种承销方式可以保证发行人及时得到所需的资金。

余额包销，又称助销，是指承销商按照规定的发行额和发行条件，在约定期限内向投资者发售股票，到销售截止日，如投资者实际认购总额低于预定发行总额，未售出的股票由承销商负责认购，并按约定时间向发行人支付全部证券款项。余额包销的承销商要承担部分发行风险，因此手续费也较高。

代销是指投资银行代发行人发售证券，在承销期结束时，将未售出的证券全部退还给发行人的承销方式。在代销条件下，承销协议规定的承销期结束后，如果投资人实际认购总额低于发行人预定的发行总额，承销人（承销团）将未售出的股票全部退还给发行人或包销商。在代销方式下，股票发行的风险由发行人自行承担。

证券的代销、包销期最长不得超过90日。包销协议签订后，股票发行的风险和责任由承销人承担，在代销条件下，股票发行风险由发行人自己承担，这是包销与代销两种承销方式的实质区别。另外，包销的费用远远高于代销。

股票的发行和承销按照承销商数量的多寡，可以分为单个承销商承销以及承销团承销。由承销团（通常有一个主承销商，根据需要设立一个或者若干个副承销商）承销发行的股票往往发行规模比较大，一家投资银行不足以承担风险或者投资银行担心风险过大，从而采取承销团承销的方法来达到分散风险的目的。我国《证券法》明确规定，向不特定公众发行证券票面价值大于人民币5 000万元的，应该由承销团承销。

投资银行主要从以下几个方面开展股票发行与承销工作：

1）推销和路演

拓展阅读2-1

阿里巴巴强势推销股票

投资银行在受理了某公司的股票发行和承销业务之后，就有义务对该公司及其股票进行推销。推销的目的在于通过对发行人市场形象的设计和市场推荐，引发市场对该公司拟发行股票的需求，同时根据反馈得到的数据，合理准确地确定股票发行的数量和价格。

投资银行对发行人的推销一般集中在对发行人良好的公司形象的展示和上市后良好的业绩表现上，以赢得投资者对该公司的投资兴趣，确保承销的股票能够在市场上迅速被投资者认购。

投资银行往往会同发行人的高级管理人员到某些城市和金融中心进行路演，推销发行人，拜会潜在的机构投资者和证券分析员，使他们对公司的股票产生兴趣。路演提供给发行公司一个展示公司形象、公司素质和公司成长前景的机会，同时能够增强投资者信心，创造新股的市场需求。设计合理、有效的路演是有依据可循的。股票的内在价值始终是路演建立的基础。投资银行在向投资者推荐股票内在价值的过程中，一般比较注重股票的动态价值，即股票发行人未来可能获得的成长机会将给投资者带来的回报。

知识链接2-2：

IPO询价机制概念解读

IPO询价机制是指发行人及其保荐机构应采取向机构投资者累计投标询价的方式确定发行价格，这一定价机制首先应由主承销商对发行人所处的行业、竞争实力、发展前景等进行充分的分析，选取企业的若干指标，通过模型运算得出企业的价值，以此为基础再结合二级市场状况与企业协调确定发行价格。

在询价机制下，新股发行价格并不事先确定，而在固定价格方式下，主承销商根据估值结果及对投资者需求的预计，直接确定一个发行价格。固定价格方式相对较为简单，但效率较低。

发行方式确定以后，就进入正式发行阶段，此时如果有效认购数量超过了拟发行数量，即为超额认购。超额认购倍数越高，说明投资者的需求越强烈。在超额认购的情况下，主承销商可能会拥有分配股份的权利，即配售权，也可能没有，依照交易所规则而定。通过行使配售权，发行人可以达到理想的股东结构。在中国，主承销商不具备配售股份的权利，必须按照认购比例配售。

当出现超额认购时，主承销商还可以使用“超额配售选择权”（又称“绿鞋”）增加发行数量。“超额配售选择权”是指发行人赋予主承销商的一项选择权，获此授权的主承销商可以在股票上市后的一定期限内按同一发行价格超额发售一定比例的股份。在此期间内，如果市价低于发行价，主承销商直接从市场购入这部分股票分配给提出申购的投资者；如果市价高于发行价，则直接由发行人增发。这样可以在股票上市后一定期间内保持股价的相对稳定，同时有利于承销商抵御发行风险。

在美国，大部分通过首次公开募股集资的股票都会在纳斯达克市场上交易。IPO对应于一级市场，大部分公开发行股票由投资银行集团承销而进入市场，银行按照一定的折扣价从发行方购买到自己的账户，然后以约定的价格出售，公开发行的准备费用较高，而私募可以在某种程度上部分规避此类费用。

资料来源：佚名. IPO询价机制概念解读［EB/OL］.（2015-09-16）［2017-02-20］. http：//stock.10jqka.com.cn/zhishi/20150916/c581881148.shtml.

2）股票的定价

通过推销和路演，承销商应该从反馈得到的市场信息中确定股票发行的价格和规模。根据我国法律的规定，股票不得以低于股票票面金额的价格发行。根据发行价与票面金额的差异，发行价格可以分为按票面价格发行和溢价发行。

股票的定价受到诸如公司盈利水平、公司潜力、发行数量、行业特点、股市状态等因素的影响。其中，公司盈利水平和公司潜力等公司有关成长性因素是确定股票价格的内在因素，而股市状况等因素只能是一种外部因素。

从理论上说，承销定价是以市盈率为基础进行的。市盈率是指股票市价与其每股税后收益之比。市盈率越高，表示定价越高；反之，定价则越低。实践中，确定承销价格要考虑以下因素：参考发行公司上市前最近3年平均每股税后利润率与已上市的近似种类的其他股票最近3年的平均市盈率；参考发行公司上市前最近3年平均每股所得股息和已上市的近似种类的其他股票最近3年的平均股息率；参考发行公司上市前最近期的每股资产净值；参考发行公司当年预计的股利除以银行1年期的定期储蓄存款利率。

股票发行定价一般采用每股预测盈利乘以发行市盈率得出的价格作为参考定价。在实际操作中，各个国家和地区根据其市场特点的不同，逐步形成了通行的几种承销定价方式。

（1）美国式“累积订单”方式

目前，国际上的许多巨额发行均采用美国式“累积订单”的方式定价。首先，由承销团与发行人确定一个双方认可的定价区间，在此定价区间内，承销团成员和所有参与到发行中的经纪人、交易商分别向自己的客户推销所发行的证券，然后将各自的机构投资客户满意的价位和购买数量反馈给主承销商。主承销商在汇总订单后，计算出各个不同价位上的需求总量，分析投资人的需求目的，如打算长期持有还是短期套利，并在此基础上由主承销商和发行人共同确定发行的最后定价。这种定价方式的优点在于：首先，充分反映市场对证券的评价和投资人的认购意愿，使价格可以准确地体现市场需求；其次，可以促使承销商及其他参与者尽最大的努力推销，有利于发行的成功。但是采用这种方式后，发行成功与否取决于承销团的分销能力和努力程度，而且会增加发行费用，而承销商由于拥有预售订单，几乎不需承担任何风险。

（2）中国香港式“固定价格”方式

中国香港式“固定价格”方式是指承销团和发行人在公开发售前确定某一固定价格，然后再根据这一确定价格进行公开发行。在这种定价方式中，不存在像“累积订单”方式中的巡回推介，一般由承销商与发行人通过商业谈判确定，因此价格的确定往往与谈判能力直接相关。承销商为了降低风险尽量压低价格，所以这种定价方式下的发行价格一般低于“累积订单”方式下的价格。

在一些香港公募、全球配售的大型股票发行中，采取两种定价方式并用的形式：先进行全球巡回推介，在香港公募前，确定最后价格；或者两者同时进行，但公募中的固定价格采用推介时价格区间的上限，如有价差，再将多缴的认购款退还投资人。

温馨提示2-1：

要注意不同承销定价方式的区别。

(3) 我国的承销定价方式

2004年8月28日，《公司法》《证券法》修正案获全国人大常委会通过，从这一天起，股票发行采取溢价发行的方式，其发行价格不再由中国证监会核准。首次公开发行股票，试行询价制度，具体实施办法于2004年12月10日正式出台，2005年1月1日正式施行。按照规定，发行申请经证监会核准后，发行人应公告招股意向书，开始进行推介和询价。询价分为初步询价和累计投标询价两个阶段。发行人及其保荐机构应先通过初步询价确定发行价格区间，再通过累计投标询价确定发行价格。

从2005年1月1日起，“华电国际”首先采用与国际标准接轨的询价定价制度，即先初步询价确定发行价格区间，再通过累计投标询价确定发行价格。

典型案例2-1：

股票发行定价影响因素分析

XY服装股份有限公司（以下简称XY公司）拟发行股票35 000万股，面值1元，采取溢价发行，由LT证券公司（以下简称LT公司）包销。XY公司在与LT公司确定股票的发行价格时，XY公司提出，本公司盈利能力强，产品质量好，在市场上有较强的竞争实力，流通盘又小，因此认为应将股票发行价格定为7元/股。LT公司认为，该股票所在行业前景不是很好，同类股票近期在二级市场上表现不理想，而且大盘处于疲软状况，因此提出将发行价格定为4.5元/股。后经双方协商，在对XY公司现状和前景以及二级市场分析的基础上，将股票发行价格定为5.2元/股，并上报中国证监会核准。你认为XY公司在确定股票发行价格时，应考虑哪些因素？

资料来源：作者根据相关资料整理所得。

分析：确定股票发行价格主要考虑以下因素：公司所属行业的现状与发展前景；公司自身的生产经营情况、财务状况、管理状况、在行业内的相对竞争优势；公司拟运用募集资金投资项目的情况及项目完成后能为公司带来的未来的收益水平；国内股票一级和二级市场的供求关系和走势；已公开发行股票的其他从事相同或相近业务的公司股票的表现。

3）股票发行方式

我国目前的发行方式包括首次发行中向二级市场投资者配售、上网定价发行，以及对一般投资者上网定价与对机构投资者配售相结合发行等方式。

首次公开发行中向二级市场投资者配售是指在首次公开发行时，将一定比例的新股向二级市场投资者配售，而投资者根据其持有上市流通证券的市值和折算的申购限量，自愿申购新股。具体而言，投资者每持有上市流通证券市值10 000元，限申购新股1 000股，流通市值不足10 000元的部分，不赋予申购权。投资者申购的数量必须是1 000的整数倍。申购一经确认，无法撤销。表2-1显示了向二级市场投资者配售新股的时间安排。

表2-1 **向二级市场投资者配售新股的时间安排**

时间	向二级市场投资者配售
T-3日	向证券交易所报告发行材料
T-2日	通过中国证监会指定媒体发布招股说明书概要等
T-1日	刊登发行广告
T日	向二级市场投资者配售当日，从证券交易所得出配售中签率，联系指定媒体，准备发布中签公告
T+1日	刊登配售中签率公告,进行配售摇号
T+2日	刊登配售摇号公告；投资者缴款
T+3日	收缴配售股款
T+4日	清算、登记、划款
T+4日后	主承销商将募集资金划入发行公司账户

投资者申购的数量如果小于拟配售的新股数量，按照承销协议，余额由承销商包销。如果投资者申购的数量大于拟配售新股数量，则由证券交易所按照每1 000股发放1个号码的原则，对有效申购量连续配号，然后主承销商组织摇号抽签，投资者每抽中1个号码，就能配售1 000股新股。

上网定价发行是指利用证券交易所的交易系统，主承销商作为唯一的“卖方”，投资者在一定的时间内，按照现行委托买入股票的方式进行申购的发行方式。像首次公开发行中向二级市场投资者配售一样，投资者每次申购的新股必须是1 000股或者是1 000股的倍数，其具体流程可以参照表2-2。

表2-2 **上网定价发行的一般时间安排**

时间	上网定价发行
T-3日	向证券交易所报告发行材料
T-2日	通过中国证监会指定媒体发布招股说明书概要,刊登发行广告
T日	上网定价发行日
T+1日	冻结申购资金、验资及配号
T+2日	摇号抽签、中签处理
T+3日	申购资金解冻
T+4日	清算、登记、划款

对一般投资者上网发行和对机构投资者配售相结合的发行方式，中国证监会一般建议只有当发行量达到8 000万股以上才采用这种发行方式。在配售过程中，对机构投资者的配售和对一般投资者的配售必须为同一次发行，按统一价格进行。当申购量超出配售额时，可以采取摇号的方式。

投资银行因承担发行证券的销售工作而向发行公司收取的手续费，即承销费用。承销费用收取的方式通常有两种：一种是以较低的价格从发行公司购入股票，然后再以较高的价格出售给投资者，二者的价差即为承销费用；另一种是按承销金额的一定比例收取，一般称为佣金。

影响承销费用的因素很多，主要有：股票市场状况、证券的发行规模、发行公司的信用状况及是否首次发行、发行证券的种类、投资银行的信誉状况等。根据在承销全部证券金额中比重的不同，承销辛迪加将承销商划分为不同的等级，从高到低依次为主承销商、辅承销商和次承销商。不同地位等级的承销商在佣金收入上略有不同。主承销商获取的费用率要比承销团的其他成员高。

小思考2-2：

目前，我国承销商收取的佣金为承销股票总金额的多少？

提示：目前，我国承销商收取的佣金为承销股票总金额的1.5%～3%，代销佣金一般为股票总金额的0.5%～1.5%。

2.2　债券发行与承销

债券发行必须在具备法律要求的发行条件之后，采用一定的发行方式发行。债券的承销是将债券委托给专门的债券承销机构代理销售债券的行为。债券的发行与承销主要包括债券的信用评级、发行与承销工作的实施。

2.2.1　债券的信用评级

债券的信用评级就是由专门的信用等级评定机构根据发行者提供的信息材料，并通过调查、预测等手段，运用科学的分析方法，对拟发行债券的偿债可靠性或违约及其风险程度所做的综合评价。

债券在发行前还应该聘请专门的信用评级机构对企业进行信用评级，这也是债券发行和股票发行最大的区别。信用评级主要从风险管理、主体承担债务能力、获得社会信誉能力等方面考量被评估者，并且用一定的形式来表示考量的结果。

国际上知名的信用评级机构主要包括美国的穆迪投资公司和标准普尔公司、日本的公司债研究所、日本的投资者服务公司等。我国则由中国人民银行指定的包括上海远东资信评估有限公司和北京大公国际资信评估有限公司在内的9家机构从事企业信用评估。

1）债券信用评级的程序

（1）发行人提出评级申请。债券评级首先要经过债券发行人或其代理人向信用评级机构提出评级申请，并向评级机构提供详细的书面材料。这些材料主要包括公司状况、财务状况和计划、长期债务以及自有资本结构、债券发行概要等。

（2）信用评级机构审查并进行分析。首先，信用评级机构与发行单位的主要负责人见面，就书面材料中值得进一步调查的问题和其他有关情况提出询问。其次，对提供的书面材料进行分析。其分析的内容主要包括：发行人所属行业的动向以及发行人在该行业中的地位；发行人的经营管理情况、内部审计体制、资本构成的安全性和偿付本息的能力；信托合同中规定的财务限制条款和债券的优先顺序；对发行人所属的国家或地区做出评价，分析其政治风险和经济风险；分析发行人在国家政治经济中的重要性和国家与发行人的关系。

（3）信用评级机构评定债券等级。在调查分析的基础上，信用评级机构会通过投票决定发行人的信用级别，并与发行人联系，征求其对评级的意见。经发行人同意后，最后决定信用级别。如果发行人不服评级机构的评定，可提交理由书，申请变更信用级别，并由发行人提交追加资料，评级机构根据追加资料，再次进行讨论，重新决定信用级别，变更申请只能有一次。信用评级机构评定其债券信用级别后，一方面通知评级申请人，另一方面将评级结果汇编成册，公开发行。

（4）信用评级机构跟踪调查。信用评级机构评定发行人的债券之后，还要对发行人从债券发售至清偿的整个过程进行追踪调查，并定期审查，以确定是否有必要修正已发行、流通债券的原定等级。如果发行人的信用、经营状况等发生了较大的变化，评级机构认为有必要的话，就会做出新的评级，通知原发行人并予以公告。

2）衡量债券信用等级的依据

信用评级机构在评价公司债券信用等级时，主要看重的是企业本金支付债务的可靠程度。为此，信用评级机构通常从企业的现时经营状况和可能的将来收益来衡量一个企业发行债券的信用等级。确定企业信用等级主要考虑以下几个方面：

（1）企业规模。企业规模越大，该企业所具有的优势也就可能越多，信用等级越高。如具有丰富的产品线、广阔的营销渠道、由规模效应带来的更加低廉的单位成本、强大的研发能力以及雄厚的资金实力等。

（2）产品生命周期。只有企业的主营产品迈入了稳定的增长期，才有可能获得市场上绝大多数投资者的认同，信用等级就高。如果一个企业的主营产品处于该产品生命周期的末期，那么这个企业未来的发展前景是不能让投资者保持乐观的。相反，如果一个企业的产品处在产品生命周期的开始，那么也只能吸引一小部分偏爱风险的投资者。

（3）企业的财务指标。财务指标在一定程度上反映了企业的现时经营状况和未来盈利能力。如果企业的经营状况越好、盈利能力越强，信用等级便越高。

（4）从资产流动性方面来考虑，通过计算流动比率来衡量企业通过流动资产清偿流动负债的能力；通过计算速动比率来衡量企业将部分资产变现来偿还流动负债的能力；通过计算存货周转率来衡量企业当年存货周转的次数。这些指标的计算结果越合理，信用等级越高。

（5）从负债比率来分析，资产代表着企业未来可能的收益，而负债意味着企业未来可能的经济资源的流出，资产负债比率越合理，信用等级就越高。此外，信用评级机构还会考量流动负债和长期负债分别占全部债务的比例。

此外，信用评级机构还会计算销售毛利率、销售成本率、总资产税后收益率等指标。

在计算了这些指标之后，信用评级机构会根据一定的权重计算得出该企业财务部分的得分。结合其他宏观环境因素和企业发展前景预测，信用评级机构就能够给出相应的等级。

3）债券信用评级的等级

国际范围内比较有影响力的企业信用等级指标体系是穆迪和标准普尔分别制定的两套指标体系。穆迪将企业信用等级由高到低分为Aaa、Aa、A，Baa、Ba、B，Caa、Ca、C共9个等级，Aaa级为信用最高级。标准普尔则将企业信用等级从高到低分为AAA、AA、A，BBB、BB、B，CCC、CC、C，D共10个等级，AAA级为信用最高级。

2.2.2 债券发行与承销的实施

债券发行必须在具备法律要求的发行条件后，采用一定的发行方式发行。法律规定的债券发行条件主要包括发行金额、债券面值、债券期限、偿还方式、票面利息、付息方式、发行价格、发行方式、收益率、税收效应、是否记名、债券选择权、发行费用以及有无担保等。

债券可以采取公募发行或者私募发行两种方式中的任意一种方式。公募发行是指由承销商面向广泛的不特定的投资者群体发行债券；私募发行是指面向特定的投资者进行债券的发行。私募发行因为发行之前已经确定了一定范围的投资者作为发行对象，因而发行时间比较短、效率较高，债券发行人能以较快的时间获得所需的资金。但是，因为私募发行债券的流动性比较差，所以投资者相应地要求较高的回报。公募发行的债券流动性较好，发行面广，投资者数量众多，但发行所需时间比较长，费用也比私募发行更高。

1）国债的发行与承销

国债具有的以政府信用所决定的风险较低的特性，使其除非在国外发行，一般不进行信用评级。国债所固有的国家信用的特殊属性，使其在发行与承销的过程中，在发行方式及价格确定、承销手续费等方面，与股票和公司债券不同。

（1）国债的发行方式与定价

国债的发行方式有公开竞拍招标方式、直接要约和拍卖等。

①公开竞拍招标方式。公开竞拍招标方式又包括美国式招标和荷兰式招标两种。美国式招标是利用自己的交易网分销短期国债和长期国债。竞拍前的定价，主要参照二级市场同期限国债的收益率。竞拍过程的招标，主要有价格招标和收益率招标两种形式。价格招标是按照投标人所报买价从高到低顺序排列，报价高者优先中标，直至满足预定发行额为止，中标价格以各自投标报价为准，这样就产生了中标的多种价格。价格招标主要适用于贴现国债的发行。收益率招标是国债的票面利率由投资者以投标方式进行竞争，按照投标人所报的收益率由低到高顺序排列，收益率低的排列在前优先中标，直到满足预定发行额为止。中标的承销机构分别以各自报出的收益率来认购国债，并以各中标人投标收益率的加权平均值作为国债的票面利率。收益率招标主要适用于附息国债的发行。荷兰式招标通常采用以价格、收益率或缴款期为标的的招标方式，即以募满发行额为止所有中标商的最低中标价格、最高收益率或最迟缴款期作为最终中标的价格、收益率或缴款期，所有中标商的价格、收益率或缴款期是相同的。在这种方式下不存在非竞争性投标者，所有参与者均需投标出价。

②直接要约。直接要约是由投资银行向发行人发一个实盘，以一定利率和期限购买发行人的债券，发行人需在一天或几个小时内答复。如果接受要约，则交易达成。投资银行可以把所购债券分销给客户或其他投资银行。通常情况是，投资银行已事先把债券出售给自己的机构客户了。

③拍卖。在这种承销方式中，发行人公布证券发行条件，有意者出价购买全部证券。通过拍卖方式，债券能够得到最高出价。

（2）国债的承销费用

国债本身所固有的国家信用保证，使其承销的投资风险远远低于股票和公司债券。因此，国债承销的手续费要比股票和公司债券低得多。许多国家采取招投标竞价方式发行国债，节省了大量的承销费用。

附息方式下，承销手续费的支付是按承销金额的一定百分比计算的。例如，我国对于记账式国债一般按0.3%支付承销手续费；而对于实物券式和凭证式国债，一般支付0.65%的手续费。在零息债券发行方式下，承销手续费往往以绝对数金额包含在低于面值发行的报价之中。

小思考2-3：

什么是零息债券？

提示：零息债券是指低于面值发行、到期以面值偿还的债券。

2）公司债券的发行与承销

公司债券承销的方式同股票有许多相似之处，承销人代理企业发行债券也可以采取代销、余额包销或全额包销方式。为降低承销的风险，通常也由牵头的经理人采用辛迪加组织的形式来承销。

影响债券定价的因素主要有：资金市场或金融市场上资金供求状况及利率水平；发行公司的资信状况；政府的金融政策，如货币政策等。

债券定价的风险主要来自于政府货币政策变化的不确定性，这种不确定性会改变投资者的预期收益率，从而使债券在承销阶段就存在潜在的风险（当然有时可能是机会）。这一现象源于债券价格对货币政策极强的敏感性，是债券价格机制的充分表现。因为债券价格的制定，是参照市场利率，按照风险与收益之间存在的相关变化规律确立的。当市场利率上升时，为保证债券的投资人也能获得与利率上升相对应的较高收益率，必然要降低债券本身的价格才能实现；反之，当市场利率下降时，债券的价格就会上升，保持债券的收益率与市场上投资其他类似证券的收益率相当。

公司债券的承销费用不如股票有弹性。在一定的市场条件下，资信状况大体一致的发行公司所支付的承销费用大致相等。

（1）公司债券的发行条件

在我国，公司债券的发行主体是在中华人民共和国境内具有法人资格的企业。《企业债券管理条例》是公司债券发行的依据。该条例要求发行债券的企业经济效益良好，具有偿债能力，同时有健全的会计财务制度，所筹集资金的运用符合国家相关规定。

根据2007年8月15日发布的《公司债券发行试点办法》，公司发行债券必须符合以下要求：公司的生产经营符合法律、行政法规和公司章程的规定，符合国家产业政策；公司内部控制制度健全，内部控制制度的完整性、合理性、有效性不存在重大缺陷；经信用评级机构评级，债券信用级别良好；公司最近一期末经审计的净资产额应符合法律、行政法规和中国证监会的有关规定；最近三个会计年度实现的年均可分配利润不少于公司债券一年的利息；本次发行后累计公司债券余额不超过最近一期末净资产额的40%，金融类公司的累计公司债券余额按金融企业的有关规定计算。

（2）公司债券承销商的资格条件

投资银行承销公司债券，根据中国证监会的相关规定，应具备以下资格：净资产不低于1亿元；流动资产占净资产的比例不低于50%；净资产与负债总额之比不低于10%；高级管理人员具备必要的证券、金融、法律知识，近2年内没有严重违法违规行为，其中2/3以上具有3年以上证券业务或5年以上金融业务工作经历；具有熟悉有关业务规则及操作程序的专业人员；具有完善的内部风险管理和财务管理制度；公司在近年内无严重的违法违规行为；中国人民银行要求的其他条件。

牵头组织承销团的证券经营机构或独家承销债券的证券经营机构为主承销人。担任主承销人的，除应当具备上述规定的条件外，还应具备下列条件：净资产不低于5亿元；专职从事债券业务的人员不少于5名，并且拥有具备会计、法律知识的专业人员；参加过3只债券承销或具有3年以上债券承销业绩；在最近一年内没有出现作为债券主承销人在承销期内售出的债券不足发行总数30%的记录。

（3）公司债券发行程序

公司债券的发行，需向中国人民银行申请。拟发行公司债券的公司应向中国人民银行递交债券发行章程、法律意见书等相关申请文件。债券发行章程应当注明发行人名称、住所、经营范围、法人代表、联系电话、邮政编码，中国人民银行批准债券发行的文号、日期，债券名称、期限、利率，债券票面金额、发行价格及发行总额，发行对象、日期、期限、方式，债券计息起止日、还本付息的期限和方式，发行债券的目的、用途及效益预测，经营风险和兑付风险以及防范措施，最近一个季度的财务报告，最近3年的主要财务数据与指标，企业最近3年的生产经营状况及有关业务发展基本情况，保证人基本情况，以及中国人民银行要求载明的其他事项。

中国人民银行批准债券发行后，发行人应在批准之日起3个月内开始发行债券，否则原批准文件自动失效；企业如仍需发行债券，应另行申请。凡有下列情形之一的，发行人不得再次发行债券：①有一次发行的债券尚未募足的；②对已发行的债券或者其他债务有违约或者延迟支付本息的事实，且仍处于继续状态的。

小实训2-1：

选择当地一家上市公司，对其股票和债券的发行过程进行详细分析，以进一步掌握股票与债券发行的相关内容。

本章要点

本章主要介绍了股票、债券发行与承销的基本概念，股票发行和债券发行的一般规定以及股票、债券发行与承销的实施过程。其中，重点是股票、债券发行与承销的准备与实施过程；难点是股票承销的定价方式。

问题讨论

1. 债券发行前为什么要进行信用评级？

2. 查找穆迪和标准普尔两种信用评级指标，讨论其相同点和不同点。

3. 我国有哪些有名的信用评级公司？它们的评级标准怎么划分？

推荐阅读

1. 证券从业人员资格考试研究中心. 证券发行与承销［M］. 北京：中国发展出版社，2012.

2. 中国证券业协会. 证券发行与承销［M］. 北京：中国财政经济出版社，2012.

3.《证券发行与承销管理办法》，中国证券监督管理委员会，2013年12月13日。

4.《关于进一步推进新股发行体制改革的意见（征求意见稿）》，中国证券监督管理委员会，2013年6月7日。

5.《首次公开发行股票并在创业板上市管理暂行办法》，中国证券监督管理委员会，2009年3月31日。

思考与练习

1. 单项选择题

（1）按照我国《证券法》的相关规定，证券发行和承销机构还应该具备以下条件：净资产不低于人民币5 000万元，净资本不低于人民币（　　）万元。

A.5 000　　B.4 000　　C.3 000　　D.2 000

（2）证券公司代发行人发售证券，在承销期结束后，将未出售的证券全部退还给发行人的承销方式称为（　　）。

A. 全额包销　　B. 余额包销　　C. 包销　　D. 代销

（3）中国证监会（　　）受理上市公司配股申报材料并对配股资格提出审核意见。

A. 发行审核委员会　　B. 上市公司监管部

C. 配股审核委员会　　D. 其他

2. 判断题

（1）以价格为标的的美国式招标是指以募满发行额为止的中标商最低收益率作为全体中标商的最终收益率，所以中标商的认购成本是一样的。（　　）

（2）不管是美国式招标还是荷兰式招标，承销商以竞价方式确定各自包销的国债数额后，应该按照财政部统一规定的发行价格向外分销。（　　）

（3）所谓上网定价发行，是指利用证券交易所的交易系统，主承销商作为唯一的“卖方”，投资者在一定的时间内，按照现行委托买入股票的方式进行申购的发行方式。（　　）

3. 简答题

（1）股票发行的条件是什么？

（2）股票发行和承销机构还应该具备什么条件？

（3）确定企业信用等级主要考虑哪几个方面的内容？

（4）我国国债的发行主要采取哪种发行方式？为什么？

案例分析

特化公司发行债券

特化公司（化名）是一家集体所有制企业，由于市场疲软，其濒临倒闭。但因为特化公司一直是其所在县的利税大户，县政府采取积极扶持的政策。为了筹集资金，特化公司经理向县政府申请发行债券，县政府予以批准，并协助特化公司向社会宣传。于是，特化公司发行的价值150万元的债券很快顺利发行完毕。债券的票面记载有：票面金额100元，年利率15%，特化公司名称以及发行日期和编号。

问题：特化公司债券的发行有哪些问题?

分析提示：

（1）《中华人民共和国公司法》（以下简称《公司法》）规定，股份有限公司、国有独资公司和两个以上的国有企业或者其他两个以上的国有投资主体投资设立的有限责任公司，为筹集生产经营资金，可以依照本法发行公司债券。特化公司是集体所有制企业，不具备发行公司债券的资格，发行主体不合格。

（2）发行公司债券要由公司董事会做出方案，经股东大会做出决议后，由公司向国务院证券管理部门申请批准后才能发行。而本案中，由县政府批准发行债券，这是不符合法律规定的。

（3）《公司法》规定，公司发行债券必须在债券上载明公司的名称、债券票面金额、利率、偿还期限等事项，并由董事长签名，公司盖章。本案中，债券票面缺少法定记载事项。

（4）证券的发行应当由证券公司承销，而不能由特化公司自行发售。

实践训练

本章主要讲授了股票、债券的发行与承销。为了让学生深入理解证券发行的基本含义，了解投资银行证券发行的实施过程，本章实践训练主要包括以下内容：

1. 实训项目：查找有关证券发行尽职调查的资料。

实训目的：了解我国证券公司如何进行尽职调查。

实训步骤：

（1）到学校附近的证券公司查找尽职调查资料。

（2）写一篇关于我国投资银行尽职调查现状、问题与建议的文章，字数不少于3 000字。

2. 实训项目：确定股票的发行价格。

实训目的：掌握股票询价的步骤和询价依据。

实训步骤：

（1）查找你所在城市某公司的相关资料。

（2）假定该公司为拟上市公司，请模拟股票询价方法确定发行价格。

（3）写出该公司模拟公开发行股票初步询价及推介公告。

第3章　证券交易业务

学习目标

知识目标：通过本章学习，认识证券交易的基本理论；掌握证券经纪业务、证券自营业务、做市商业务的基本运作原理和业务流程；了解我国证券交易业务的发展现状，并能够把所学知识运用到证券经纪业务、证券自营业务、证券做市商业务等实际交易中。

技能目标：通过本章学习，具备顺利开展证券交易操作的基本技能，能够用正确的方法开展证券经纪业务、证券自营业务与做市商业务，能够具备适应投资银行实际工作岗位的基本能力。

知识结构图

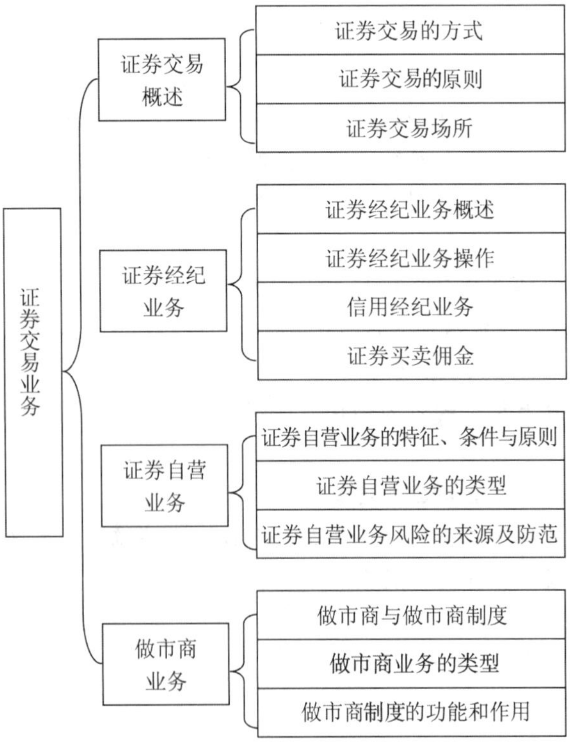

【导入案例】

区域性股权交易市场

区域性股权交易市场是为特定区域内的企业提供股权、债权的转让和融资服务的私募市场，是我国多层次资本市场的重要组成部分，亦是中国多层次资本市场建设中必不可少的部分。

2017年5月，在总结各地实践经验的基础上，中国证监会发布了《区域性股权市场监督管理试行办法》，对区域性股权交易市场的基本定位、监管底线、市场规则和支持措施等做出了规定。本办法自2017年7月1日起施行。

截至2016年8月，中国共设立区域性股权交易市场38家，绝大多数为省级股权交易中心。除了云南省未设立区域性股权交易市场外，中国其他省份和直辖市均已设立。其中，部分省份不只1家，如广东省有3家，分别为广东金融高新区股权交易中心、广州股权交易中心和前海股权交易中心；广西、福建、黑龙江、江苏、辽宁、山东、浙江各有2家。而四川和西藏两个省份共建成都（川藏）股权交易中心这一家区域性股权交易市场。

资料来源：佚名. 中国区域性股权交易市场全景解读［EB/OL］.（2016-10-14）［2017-06-14］. http：//mt.sohu.com/20161014/n470307502.shtml.

这一案例反映了我国区域性股权交易市场的发展情况，对于促进企业特别是中小微企业股权交易和融资，鼓励科技创新和激活民间资本，加强对实体经济薄弱环节的支持，具有积极作用。证券交易业务与上一章介绍的发行与承销业务存在着相互依赖、相互依存的关系，投资银行在两个市场的业务也是相互配合、相互补充的。投资银行在证券交易业务中一般作为经纪商、自营商和做市商，为市场投资者提供多种服务。本章主要介绍证券交易的方式、原则和交易场所以及证券经纪业务、证券自营业务和做市商业务的基本原理和实际操作流程。

3.1 证券交易概述

3.1.1 证券交易的方式

证券交易是指股票、债券等有价证券的买卖和转让，是证券在市场上流通的一种手段。证券交易市场又称二级市场或次级市场，是指已经发行的证券买卖交易的场所。交易方式主要有以下几种：

1）现货交易

现货交易是指在证券买卖成交的同时，按照成交价格及时进行实物交易和资金清算的交易方式。采用现货交易方式，买卖双方都有证券和资金的收入或支付。其特点表现在：一是交割迅速，一般在3～5天办理交割手续；二是实物交易，卖方向买方转移证券，买方向卖方转移资金；三是操作简单，风险较小，投资性弱。

2）期货交易

期货交易是指买卖双方先行成交后，在未来某一约定时间按预先约定的价格交割的一种交易方式。期货交易是在远期现货交易的基础上产生的。它是一种标准化的远期交易方式。期货交易和现货交易最主要的区别在于：一是交割期限不同。现货交易交割期短，而期货交易交割期长，可以是1个月、3个月、6个月不等。二是履行交割的情况不同。现货交易在成交后都要履行实际交割，而期货交易不是为了履行交割，而是利用交割期内证券价格的变动，通过对冲交易赚取差价。

3）证券回购交易

证券回购交易是指证券买卖双方在成交的同时就约定于未来某一时间以某一价格双方再进行反向交易的行为。证券回购交易实质上是一种以有价证券作为抵押品拆借资金的信用行为，也是证券市场的一种重要的融资方式。目前，我国开展的证券回购交易主要有债券质押式回购交易和债券买断式回购交易两种。

知识链接3-1：

债券质押式回购与债券买断式回购

债券质押式回购交易是指正回购方（卖出回购方、资金融入方）在将债券出质给逆回购方（买入返售方、资金融出方）融入资金的同时，双方约定在将来某一指定日期，由正回购方按约定回购利率计算的资金额向逆回购方返回资金，逆回购方向正回购方返回原出质债券的融资行为。

债券买断式回购交易是指债券持有人（正回购方）在将一笔债券卖给债券购买方（逆回购方）的同时，交易双方约定在未来某一日期，再由卖方（正回购方）以约定价格从买方（逆回购方）购回相等数量同种债券的交易行为。

证券回购交易的流程如下：

（1）回购委托。客户委托证券公司做回购交易。

（2）回购交易申报。根据客户委托，证券公司向证券交易所主机做交易申报，下达回购交易指令。回购交易指令必须申报证券账户；否则，回购申报无效。

（3）交易系统前端检查。交易系统将融资回购交易申报中的融资金额与该证券账户的实时最大可融资额度进行比较，如果融资要求超过该证券账户实时最大可融资额度，则属于无效委托。

（4）交易撮合。交易所主机将有效的融资交易申报和融券交易申报撮合配对，回购交易达成，交易所主机相应成交金额实时扣减相应证券账户的最大融资额度。

（5）成交数据发送。T日闭市后，交易所将回购交易成交数据和其他证券交易成交数据一并发送给结算公司。

（6）标准券核算。结算公司每日日终以证券账户为单位进行标准券核算，如果某证券账户提交质押券折算成的标准券数量小于融资未到期余额，则为“标准券欠库”，登记公司对相应参与人进行欠库扣款（由于采取前端监控的方式，一般情况下，不会出现参与人和投资者“欠库”的问题，只有标准券折算率调整才可能导致“标准券欠库”）。

（7）清算交收。结算公司以结算备付金账户为单位，将回购成交应收应付资金数据，与当日其他证券交易数据合并清算，轧差计算出证券公司经纪和自营结算备付金账户净应收或净应付资金余额，并在T+1日办理资金交收。

在回购到期日，交易系统根据结算公司提供的当日回购到期的数据，为相关账户增加相应可融资额度。融资方可以在可融资额度内进行新的融资回购，从而实现滚动融资；或者融资方可以申报将相关质押券转回原证券账户，并可在当日卖出，卖出的资金可用于偿还到期回购款。

4）信用交易

信用交易又称保证金交易、垫头交易，是指投资者在缺乏足够的资金以支付购买证券所需的价款，或没有足够的证券可供卖出时，可在委托有效期内，只需按规定的保证金比率向经纪商缴纳保证金，其余款项（或证券）由经纪商垫付，而买进或卖出证券的一种证券信用交易方式。

信用交易分为融资和融券两种。融资交易又称保证金买进交易或保证金多头交易，是指投资者预期证券价格看涨但又没有足够资金，缴纳保证金后余款由证券商垫付，买进证券。当证券价格上涨后，卖出相应的证券归还借款。融券交易又称保证金卖空交易或保证金空头交易，是指投资者预期价格下跌时，欲卖出证券但又没有证券，投资者在缴纳保证金后借入证券卖出，当证券价格下跌时，在低价位补进证券归还证券商，从中获利。

3.1.2 证券交易的原则

证券交易的原则是反映证券交易宗旨的一般法则，它应该贯穿于证券交易的全过程。为了保障证券交易功能的发挥，以利于证券交易的正常运行，证券交易必须遵循“三公”原则。

1）公开原则

公开原则又称信息公开原则，指证券交易是一种面向社会的、公开的交易活动，其核心要求是实现市场信息的公开化。根据这一原则的要求，证券交易参与各方应及时、真实、准确、完整地向社会发布自己的有关信息。在我国，强调公开原则有许多具体内容，例如，对股票上市的股份公司，其财务报表、经营状况等资料必须依法及时向社会公开；股份公司的一些重大事项也必须及时向社会公布等。按照这个原则，投资者对于所购买的证券，就可以进行充分、真实、准确、完整的了解。

2）公平原则

公平原则是指参与交易的各方应当获得平等的机会。它要求证券交易活动中的参与者都有平等的法律地位，各自的合法权益都能得到公平的保护。证券市场的行为有着极强的利益相关性，证券价格的变动直接关系到投资者的投资盈亏，每一项监管措施和监管行为涉及众多市场参与者的切身利益。在证券交易活动中，公平的市场规则，平等的主体地位，以价值规律为基础的证券交易形式就是公平。

3）公正原则

公正原则是指应当公正地对待证券交易的参与各方，以及公正地处理证券交易事务。证券市场是广大投资者和各类机构集中交易的场所，它具有人数众多、利益相关度高、风险大等特点，有着很强的政策性，这在客观上要求对证券市场的监管能充分展示法律的公正性和严肃性，以保证证券市场的健康运行。

小思考3-1：

公正原则的基本要求包括哪些方面？

提示：（1）反欺诈。欺诈是指证券发行者制造、散布虚假或使人迷惑的信息，欺诈投资者。（2）反操纵。操纵是指通过合资或者集中资金来影响证券的发行及发行价格，以从中获利。（3）反内幕交易。内幕交易是指内幕人员利用内幕信息买卖证券等行为。

3.1.3 证券交易场所

证券交易场所是供已发行的证券进行流通转让的市场，该场所由集中交易市场和场外交易市场组成。

1）集中交易市场

集中交易市场主要指证券交易所，它是有组织的市场，是集中买卖已发行证券的有形市场。证券交易所作为证券进行集中交易的场所，是不以营利为目的的组织，它本身不持有证券，也不进行证券的买卖，当然更不能决定证券交易的价格。证券交易所为交易双方的成交创造或提供条件，并对双方进行监督。证券交易所的组织形式有会员制和公司制两类。会员制的证券交易所是由符合一定条件的会员自愿组成的，是不以营利为目的的法人团体。公司制的证券交易所则是由股东出资组成的股份有限公司，是以营利为目的的法人团体。

证券交易所的基本功能有：

（1）为交易双方提供了一个完备、公开的证券交易场所，促使证券买卖迅速、合理地成交。证券交易所具有成交量大、买卖频繁、报价差距小、交易完成迅速等特点。

（2）形成较为合理的价格。交易所的证券交易价格是在充分竞争的条件下，由买卖双方公开竞价形成的，因此能反映供求关系，在一定程度上能体现证券的投资价值。

（3）引导社会资金的合理流动和资源的合理配置。证券交易价格的波动通常是资本市场供求关系的反映，反过来又会促进资本向价格信号指引的方向流动，并引导社会资源的流动。

知识链接3-2：

中国境内的两大证券交易所

1）上海证券交易所

上海证券交易所成立于1990年11月26日，同年12月19日开业，是不以营利为目的的法人，由中国证监会直接管理。秉承“法制、监管、自律、规范”的八字方针，上海证券交易所致力于创造透明、开放、安全、高效的市场环境，切实保护投资者权益。其主要职能包括：提供证券交易的场所和设施；制定证券交易所的业务规则；接受上市申请，安排证券上市；组织、监督证券交易；对会员、上市公司进行监管；管理和公布市场信息。

2）深圳证券交易所

深圳证券交易所位于深圳罗湖区地王大厦斜对面。它成立于1990年12月1日，于1991年7月3日正式营业，是为证券集中交易提供场所和设施、组织和监督证券交易、实行自律管理的法人，由中国证监会直接监督管理。深圳证券交易所致力于多层次证券市场的建设，努力创造公开、公平、公正的市场环境。其主要职能包括：提供证券交易的场所和设施；制定本所业务规则；接受上市申请，安排证券上市；组织、监督证券交易；对会员和上市公司进行监管；管理和公布市场信息；中国证监会许可的其他职能。

资料来源：佚名．证券交易所［EB/OL］．［2017-03-05］．http：//baike.baidu.com/item/%E8%AF%81%E5%88%B8%E4%BA%A4%E6%98%93%E6%89%80？fr=aladdin.

2）场外交易市场

场外交易市场是指在交易所外由证券买卖双方当面议价成交的市场。它没有固定的场所，也没有正式的组织，实际上是一种通过电信系统直接在交易所外进行证券买卖的交易网络。场外交易市场的一个共同特点是，它们都是在国家法律限定的框架内，由成熟的投资者参与，接受政府管理机构的监管。

具体来说，场外交易市场可以分为以下三类：

（1）柜台市场，也称店头市场。在柜台市场交易的证券，主要是按照法律规定公开发行而未能在证券交易所上市的证券。当然，能够在场内交易的证券也可以在柜台市场进行交易。柜台市场的交易价格由买卖双方协商议定，在柜台市场一般只进行即期交易。柜台交易场所一般在证券经营商的营业处，它不是严格意义上的固定场所，因此属于场外交易。柜台市场是最为典型的场外交易市场。

（2）第三市场，又称店外市场。它是靠交易所会员直接从事大宗上市股票交易形成的市场。它实际上是“已上市证券的场外交易市场”，指已在正式的证券交易所内上市却在证券交易所外进行交易的证券买卖市场。第三市场的参与者主要是各类投资机构，如银行的信托部、养老基金、互助基金以及保险公司等。第三市场具有费用低的特点。

（3）第四市场。它是指投资者完全绕过证券商，通过电子计算机网络直接进行证券交易而形成的市场。由于科技发展迅速，特别是计算机和通信技术日益发达，买卖双方只需利用计算机系统，通过终端设备进行交易，因而第四市场交易成本低、成交快、保密好，具有很大的潜力。参与第四市场交易的都是一些大企业、大公司，它们进行大宗股票买卖，不通过交易所，直接通过计算机网络进行交易，主要是为了不暴露目标。

拓展阅读3-1

美国的场外市场

3.2　证券经纪业务

3.2.1　证券经纪业务概述

1）证券经纪业务的含义

证券经纪业务是投资银行作为证券买卖双方的经纪人，按照客户投资者的委托指令，在证券交易场所代理客户进行证券买卖并收取佣金的证券中介业务。经纪业务是大多数投资银行最重要的基础性业务之一，是投资银行日常收入的一项重要来源。

证券经纪业务具有如下特征：

（1）业务对象的广泛性。证券经纪业务交易的对象很广泛，包括在证券交易所上市交易的所有股票和证券。另外，由于证券价格瞬息万变，证券经纪业务的对象还具有多变性的特点。

（2）经纪业务的中介性。证券经纪商与客户之间是一种委托代理关系，经纪商向客户提供中介服务以收取佣金作为报酬。除了向客户提供信用交易服务之外，证券经纪商不能用自己的资金进行证券买卖，也不承担交易中的风险。

（3）客户指令的权威性。在证券经纪业务开展过程中，委托人的指令具有权威性，证券经纪商必须严格按照委托人指定的证券、数量、价格、有效时间进行买卖，不能以任何理由自行改变委托人的意愿。即使交易情况发生变化，经纪商也不得以任何借口，擅自更改委托指令。如果经纪商擅自更改委托人的指令，在处理委托事务中致使委托人遭受损失，经纪商必须赔偿全部损失。

（4）客户资料的保密性。证券经纪业务中投资者委托的信息资料关系到委托人的切身利益，证券经纪商有义务为客户保守秘密。保密的资料包括：客户开户的基本情况，如股东账户和资金账户；客户委托中的各项要素，如买卖证券名称、买卖数量和价格等；客户股东账户中的库存证券种类和数量、资金账户中的资金余额等。如果证券经纪商因故意或无意泄露而给客户造成损失，经纪商必须赔偿全部损失。

2）证券经纪商

根据其经营证券的种类和他们在证券交易中所起的不同作用，证券经纪商大体分为以下几类：

（1）佣金经纪人。佣金经纪人也称代理经纪人，是投资银行的代表，是独立经营的证券经纪人，他们专门代理顾客买卖证券，其报酬来自于客户支付给他们的佣金。佣金经纪人在其所属的证券公司等营业网点接受投资者的委托，然后以代理人的身份进行交易。所以，他们只按照投资者的委托指令进行交易，自己不承担任何风险。佣金经纪人是纽约证券交易所各种正式会员中人数最多的一种。

（2）独立经纪人。独立经纪人或者是作为投资银行的代表，或者是作为独立经营的经纪人。这种经纪人主要是在交易所交易繁忙时接受其他会员的委托而从事交易。通常，佣金经纪人业务量很大时，会把部分业务委托给独立经纪人；一些会员因故未能上班，便把自己所承担的业务委托给独立经纪人；没有取得交易所正式会员的证券交易商，因自己不能直接进入交易大厅进行交易，也会把业务委托给独立经纪人。独立经纪人接受他们的业务委托从事交易，从佣金经纪人或非正式会员证券经纪人那里取得佣金。由于有一段时间，他们对100美元证券交易收费2美元，所以，独立经纪人又被称为“两美元经纪人”。

（3）零数经纪人。零数经纪人从事零数交易。纽约证券交易所一般以100股为交易单位，100股以上的交易称为整数交易，100股以下的称为零数交易。尽管零数交易实际上不在交易所内进行，但是其价格则完全由整数交易的行情来决定。零数经纪人专办1～99股的证券交易，在交易所中发挥着拾遗补缺的作用。

（4）专家证券交易经纪人。专家证券交易经纪人有双重作用：①专家证券交易经纪人以经纪人的身份协助其他经纪人经营业务，完成客户的限价委托。在经纪人的业务比较繁忙时，经纪人往往就把这种限价委托再委托给专家证券交易经纪人。所以，专家证券交易经纪人又有“经纪人的经纪人”之称，但他们一般不直接接受客户的委托。②专家证券交易经纪人有维持证券市场供求平衡和价格稳定的责任和职能。在执行这一职能时，专家证券交易经纪人以自营商的身份在交易所内从事证券交易，他们通过买卖证券为其所负责的证券“制造市场”。他们必须主动、及时地对证券市场变化的各种趋势进行分析和预测，做出正确的判断，然后用自己账户的资金买入或卖出证券，以弥补市场供求的差距，使证券交易中的买价和卖价大体平衡而不致相距太远。

（5）债券经纪人。这种会员仅在交易所内从事债券经纪活动。有时，他们也参加债券交易活动，所以又被称为债券交易商。

3）证券经纪业务的分类

证券经纪业务可分为柜台代理买卖和证券交易所代理买卖两种。从我国证券经纪业务的实际内容来看，柜台代理买卖比较少。因此，证券经纪业务目前主要是指证券公司按照客户的委托，代理其在证券交易所买卖证券的有关业务。由于证券交易所规定可以进行证券买卖的只能是交易所的会员，投资人从事股票投资不能直接进入交易所而只能通过证券经营机构进行，因此，证券经纪商往往在全国许多城市设有营业部，客户通过营业部发出委托指令，营业部将客户指令传递到交易所来完成证券买卖过程。在证券经纪业务中，证券公司不垫付资金，不赚取差价，只收取一定比例的佣金（代理手续费）作为业务收入。

3.2.2 证券经纪业务操作

大部分经纪业务是通过证券交易所来完成的。证券交易所的场内交易程序大体上包括开户、委托、成交、清算、交割、过户和结账等阶段。

1）开户

开户是投资者在证券经纪商处开设账户的过程。投资者可以自主选择自己的证券经纪商的投资银行，投资银行也可以对投资者进行综合评判。因此，开户实际上是一个双向选择的过程。

（1）证券账户

证券公司营业部在为客户开户时须根据《中国证券登记结算有限责任公司证券账户管理规则》确认客户证券账户的开户资格及各类证券品种的交易权限，须针对客户拟投资的高风险证券品种进行客户适当性评估与管理，向客户揭示风险。按照《中国证券登记结算有限责任公司证券账户管理规则》和账户开立的基本要求在经纪业务账户管理系统中开立证券账户。

①境内自然人申请开立证券账户：由客户本人填写“自然人证券账户注册申请表”，并提交本人有效身份证明文件及复印件。委托他人代办的，还需提供经公证的委托代办书、代办人的有效身份证明文件及复印件。

境内自然人申请开立B股账户，需先开立B股资金账户，即境内居民个人需凭本人有效的身份证明文件到其原外汇存款银行，将其可投资B股的外汇资金转入本人欲委托买卖B股的证券公司的B股保证金账户，然后凭本人有效身份证明和本人进账凭证到该证券公司开立B股资金账户，最后凭B股资金账户开户证明开立B股证券账户。

②境内法人申请开立证券账户：客户填写“机构证券账户注册申请表”，提交有效的身份证明文件（企业法人营业执照或注册登记证书）及复印件或加盖发证机关确认章的复印件、经办人有效身份证明文件及复印件。

境内法人还需要提供加盖公章的法定代表人证明书、经法定代表人签章并加盖公章的法定代表人开立机构证券账户授权委托书、法定代表人的有效身份证明文件复印件。

（2）资金账户

①客户开立资金账户，应到证券公司营业部柜台提出书面申请，出示有效身份证明文件。

②客户开立资金账户时必须签署“证券交易委托代理协议”“风险揭示书”“买者自负承诺函”（均一式两份），以及“客户资金存管合同”（一式三份）等文件。这些文件均一份交客户保存，一份由营业部存档，余下的一份“客户资金存管合同”交指定银行。

③证券营业部在为客户开户前须对客户进行投资者入市风险教育，并进行客户身份识

别，审核客户的开户资格，查验客户申请资料的真实性、有效性、完整性、一致性，留存客户申请资料，查验无误后在经纪业务账户管理系统中予以登记。

④证券营业部为申请人开立资金账户时，须依据客户的书面申请设置资金账户的证券交易委托方式、服务品种、存管或银证转账银行，请客户自行设置密码。

⑤营业部必须对客户的证券账户复印件，有效身份证明文件复印件，所签署的《证券交易委托代理协议》等各类协议、合同，“风险揭示书”，买者自负承诺函，业务申请书，代理人身份证复印件等要求留存的各类资料一并归档，按资金账号进行排序，妥善保管，要配备专库并由专人管理。

典型案例3-1：

切勿借用账户炒股

范某在证券市场已有十余年经历，为了操作上的便利，他借用朋友李某的名义开立了一个资金账户和证券账户，进行股票买卖操作。几年下来，该账户资产已达200余万元。李某知道这一消息后，动了私心，不顾当初借给范某用时的朋友义气，一纸诉状告到法院，要求对该账户内的资产进行确权。法院审理认为，该账户以李某的名义开立，没有证据证明账户内的财产为范某所有，按照账户实名制的原则，该账户的财产所有权归李某所有。请对以上案例进行分析。

分析：范某借用李某的名义进行投资，本身就是违法行为，造成财产损失的后果，只能说是咎由自取。根据账户实名制的原则，投资者必须使用自己的账户进行投资，并确保账户信息与自己的身份资料完全相符，只有这样，投资者投入账户的资产和产生的收益才能受到法律保护。否则，一旦发生纠纷，法院只会确认名义的权利人，实际出资人的权利无法得到保护。这就是借用他人账户所导致的法律风险。

2）委托

投资者在开设账户后就可以进行证券交易，所以，委托是单次证券交易过程的真正开始。

（1）委托形式

按委托形式划分，委托可分为书面委托，电话委托，电报委托、传真委托和信函委托，自助委托。

①书面委托，是指投资者亲自到证券公司营业部，填写委托单，经证券公司业务员审核确认后，将委托指令通过电话传送给场内经纪人，经纪人以会员的名义代理投资者买卖股票的方式。目前，我国基本不采用该种委托方式。

②电话委托，是指投资者通过打电话的形式通知证券公司经纪商要求按其指令办理证券买卖的方式。目前，我国电话委托形式采用电脑提示下的自动委托，在一定程度上减少了纠纷。

③电报委托、传真委托和信函委托，是指投资者通过电报、传真和信函的形式通知证券公司经纪商要求按其指令办理证券买卖的方式。

④自助委托，是指投资者直接使用磁卡证券账户进行买卖交易的方式。在金融电子化的浪潮中，磁卡和电脑网络自助委托已成为重要的委托形式，传统委托形式有向现代电子委托形式转变的趋势。

（2）委托价格

按照委托的价格划分，委托可分为市价委托和限价委托。

①市价委托，是指投资者委托证券经纪商按照执行指令时的市场价格买入或卖出证券，投资者并不规定买入或卖出的具体价格，但要求该委托进入交易大厅或交易撮合系统时以市场上最好的价格进行交易。该种委托方式的优点是：一是保证即时交易，交易量大；二是消除了因价格限制不能成交所产生的价格风险。但是市价委托也有缺陷，容易使经纪商和投资者之间发生纠纷。

②限价委托，是指投资者委托证券经纪商按其限定价格或更有利的价格买入或卖出股票的委托。例如，在买入股票时，投资者所委托的价格为最高价，经纪商只能按等于或低于该委托价格的价格为投资者办理成交；在卖出股票时，投资者所委托的价格为最低价，经纪商只能按等于或高于该委托价格的价格为投资者办理成交。限价委托形式弥补了市价委托形式容易使经纪商和投资者之间发生纠纷的缺陷，但是容易使投资者失去最佳的买卖时机。

（3）委托期限

按委托的有效期划分，委托可分为当日有效委托、当周有效委托和撤销前有效委托等。

①当日有效委托，即委托生效后，在当天收盘前一直有效，收盘后即无效的委托。

②当周有效委托，即委托生效后，在当周最后一天收盘前一直有效，之后即无效的委托。

③撤销前有效委托，即委托生效后，在投资者撤销该委托前一直有效，撤销后即无效的委托。

温馨提示3-1：

我国现行规定的委托期限为当日有效。

（4）委托数量

按委托的数量划分，委托可分为整数委托和零数委托。整数委托是委托买卖证券的数量为一个交易单位或以交易单位的整数倍计。一个交易单位俗称“1手”。按照现行规定，1手相当于100股股票、100份基金或1 000元面额债券；债券回购时，1手=1 000元标准券或综合券。在实际应用中，上海证券交易所和深圳证券交易所均是股票按股填报买卖数量，债券按张填报买卖数量（1张为100元面值债券）。零数委托是指委托买卖证券的数量不足交易所规定的一个交易单位。目前，零股只能卖出，不能买进。

3）成交

（1）成交的原则

买卖成交的原则包括价格优先原则和时间优先原则。

①价格优先原则。经纪商在为买卖双方撮合成交时，在同等条件下，报价低的卖单较报价高的卖单优先成交；报价高的买单较报价低的买单优先成交。按照价格优先原则，申报竞价时，如买卖价位相同立即成交；如买入申报价高于卖出申报价，按对手价成交。

②时间优先原则。在申报价格相同时，先递报价单比后递报价单优先成交。在无法区分先后时，由中介经纪人组织抽签决定。当经纪商更改申报时，按原申报的时间顺序自然消除，新申报按更改后报出的时间顺序排列。

此外，有的证券交易所还实行客户优先原则和数量优先原则。前者是指客户的申报比证券商自营买卖申报优先满足，后者是指申报买卖数量大的比申报买卖数量小的优先满足。

（2）竞价的方式

目前，证券交易一般采用两种竞价方式：集合竞价和连续竞价。

①集合竞价是指对在规定时间内接受的买卖申报一次性集中撮合的竞价方式。

②连续竞价是指对买卖申报逐笔连续撮合的竞价方式。

（3）竞价的结果

证券交易的达成是通过竞价的方式来完成的。竞价的结果有三种可能：全部成交、部分成交、不成交。

①全部成交。委托买卖全部成交，经纪商应及时通知委托人按规定的时间办理交割手续。

②部分成交。委托人的委托如果未能全部成交，经纪商在委托有效期内可继续执行，直到有效期结束。

③不成交。委托人的委托如果未能成交，经纪商在委托有效期内可继续执行，等待机会成交，直到有效期结束。

4）清算

清算是指在投资银行之间相互冲抵证券和价款的过程。经纪商受多个投资者的委托，进行了多项证券交易，有买进也有卖出。证券清算主要有两种方式：净额清算和逐笔清算。

（1）净额清算

由于不可能做到每笔交易即时清算，这就产生了交付净额的要求，一般证券交易所都有自己专门的清算中心，集中办理清算业务，通常以每一个交易日为一个清算期，对各经纪商的应收应付价款和证券进行冲抵和结算，算出应收应付的余额，然后进行价款和证券的划转，其目的在于减少证券和现金的实际交割数量，节省人力和物力。

（2）逐笔清算

对每一笔成交的证券及相应价款进行逐笔清算，主要是为了防止在证券风险特别大的情况下净额清算风险积累情况的发生。

5）交割

交割的过程是买方交出价款给卖方，卖方交出证券给买方的过程。证券交易的清算完成后，证券交易双方就应在约定的时间内对清算的余额办理交接和转账，然后各经纪商根据投资者的委托成交情况将相应的价款和证券划入投资者的账户。买方交付价款，收到证券；卖方交出证券，收回现金。清算交割是证券交易过程的结束。

按照成交后至交割时间的长短划分，交割可分为以下几种：

①当日交割，是指在成交的当日进行交割，即通常所说的T+0。

②次日交割，是指成交的次日进行交割，即T+1。

③第三日交割，是成交后的第三天进行交割。

④例行交割，是西方大多数证券交易所惯用的成交后第五天进行交割。

小思考3-2：

清算与交割的区别是什么？

提示：清算与交割两者的根本区别在于：清算是对应收、应付证券及价款的轧抵计算，其结果是确定应收、应付净额，并不发生财产实际转移；交割、交收则是应收、应付净额（包括证券与价款）的收付，发生了财产实际转移。

6）过户

证券交易结束后，对于记名证券而言，必须办理过户手续。记名证券是指券面上记载有持有人名称，并在发行人的有关名册上进行登记的证券。其权利的特点是“认人不认券”，因此，证券的转让及其权利的转移必须按法定程序进行。记名证券交易完成后，必须到证券登记公司办理过户，即把受让人的姓名记载于票面上，并在发行者的相关名册上进行变更登记，否则转让无效，受让人并不能享有与该证券相关的各种权利。不记名证券可以自由转让，无须办理过户。

7）结账

整个交易完成后，经纪商应将账单及时送交客户。客户也应按经纪业务协议支付足额佣金。在信用交易的条件下，经纪商和客户还应就信用金及其利息进行结算。同时，经纪商还应按时向证券监督机构呈报报表，报告当日证券交易的名称、数量、价格等情况。

除了在证券交易所交易外，还可以在场外市场上进行交易。场外市场（OTC）是非上市证券的市场。场外市场的投资者不一定要以经纪人为中介来完成交易，如在第四市场就无须经纪人作为交易中介。作为典型的场外交易市场，NASDAQ市场近年来发展迅速。投资者在NASDAQ市场进行交易的程序大体上与证券交易所的场内交易程序相似。只是由于NASDAQ市场是由多家做市商主持后的市场，经纪商在接到投资者的委托后，是参与竞价而不是在许多做市商的不同报价中择优成交。

小实训3-1：

应用大智慧系统模拟操作股票交易。

3.2.3 信用经纪业务

1）信用经纪业务的类型

信用经纪业务也称融资融券业务，是指投资银行作为经纪商，在代理客户买卖证券时，以客户提供部分资金或有价证券作为担保为前提，为其代垫交易所需资金或有价证券的差额，从而帮助客户完成证券交易的业务行为。信用经纪业务是投资银行融资功能与一般经纪业务相结合的产物，是对传统经纪业务的创新。2011年10月，中国证监会印发关于修改《证券公司融资融券试点管理办法》的通知，融资融券业务转为证券公司常规业务。

信用经纪业务有两种类型，即融资与融券。

（1）融资与买空

融资是指客户预计未来价格上扬而委托买入证券时，投资银行以自有或融入的资金为客户垫支部分资金以完成交易，以后由客户归还本金并支付利息。投资者这种借入资金购买证券的行为，就是通常所说的“买空”。投资者通过融资实现了财务杠杆，证券价格上涨，投资者将加倍获利；证券价格下跌，投资者也将加重损失。下面就一个案例进行分析。

假如，某投资者有2 000元可用于投资，欲购买A股票，时价10元，他可买200股。在不计手续费的情况下，股价上涨至15元，他可获利1 000元，股价下跌至5元，他将损失1 000元。又假如，投资银行给他按1：1的比例融资，那么，他可购买400股A股票，于是，股价上涨至15元，他可获扣减融资利息后的不足2 000元利润，股价下跌至5元，他将损失2 000元和融资利息。

（2）融券与卖空

融券是指客户预计未来价格下调而卖出证券时，投资银行以自有、客户抵押或借入的证券为客户代垫部分或全部证券以完成交易，以后由客户买入并归还所借证券且按与证券相当的价款计付利息。投资者这种卖出自己实际并不持有的证券的行为即通常所说的“卖空”。其基本立足点为投资者对后市看淡。如果投资者后来买入证券的价格低于卖出的价格，投资者将获利。与买空一样，由于实施卖空操作，风险和收益对投资者来说都加大了。下面就一个案例进行分析。

假如，某投资者有本金2 000元，保证金比例为50%，当证券价格为10元时，按规定该客户可卖出400单位该种证券，卖出价款总额4 000元。当证券价格下跌到5元时，客户可用2 000元买入400单位该证券归还投资银行，便可获利2 000元。当卖空证券的价格不跌反涨时，投资者同样要蒙受损失。

卖空是资本市场的一个重要机制。没有卖空机制的市场，证券的定价会因投资者的过分乐观而偏高。而有了卖空机制，证券的价格发现会更好地实现。但卖空又是一个相当危险的机制，因为当价格下跌时，投资者纷纷卖空容易导致证券市场的崩溃。为了防止这一现象的发生，交易所可用所谓的波幅检验规则对卖空进行的时间给予限制，即卖空只能在以下条件下才能进行：①某只股票的售价高于前一次交易的价格；②某只股票的交易价格与前次相比没有什么变化，但前一次交易的价格必须高于再前一次的价格。

知识链接3-3：

融资融券的主要特点

1）杠杆性

证券融资融券交易最显著的特点是借钱买证券和借证券卖证券。普通的股票交易必须支付全额价格，但融资融券只需交纳一定的保证金即可交易。

2）资金疏通性

货币市场和资本市场作为金融市场的两个有机组成部分，两个市场间的资金流动必须保持顺畅状态，如果相互间资金流动的通道阻塞或狭窄，势必降低金融市场的整体效率。信用交易机制以证券金融机构为中介，一头联结着银行金融机构，一头联结着证券市场的投资者，通过融资融券交易，引导资金在两个市场之间有序流动，从而提高证券市场的整体效率。

3）信用双重性

证券融资融券交易中存在双重信用关系。一方面，在融资信用交易中，投资者仅支付部分价款就可买进证券，不足的价款由经纪人垫付，经纪人向投资者垫付资金是建立在信用基础上的，也就是说，经纪人垫付部分差价款，是以日后投资者能偿还这部分价款及支付相应利息为前提。另一方面，经纪人所垫付的差价款，按一般的做法，来源于券商的自有资金、客户保证金、银行借款或在货币市场融资。

4）做空机制

普通的股票交易必须先买后卖，当股票价格上涨时很容易获利，但是当股票价格下跌时，要么割肉止损，要么等待价格重新上涨。而引入融资融券制度后，投资者可以先借入股票卖出，等股价真的下跌后再买回归还给证券公司。这意味着股价下跌时也能获利，改变了单边市场状况。

资料来源：佚名. 融资融券［EB/OL］.［2017-03-20］. http：//wiki.mbalib.com/wiki/%E8%9E%8D%E8%B5%84%E8%9E%8D%E5%88%B8.有删减。

小思考3-3：

为什么信用经纪业务仍属于经纪业务的范畴？

提示：其原因在于：（1）投资银行提供信用的对象必须是委托投资银行代理证券交易的客户；（2）投资银行不承担交易风险，也不企图获取交易所产生的收益。

2）信用经纪业务的影响

（1）对证券市场而言

信用经纪业务会增加投入市场的资金量，扩大证券市场的供需，起到活跃市场的作用。信用交易可增加证券交易的连续性，提高证券的换手率，从而提高市场的流动性；另外，在市场价格偏离证券内在价值过大时，信用交易有调节市场价格和稳定市场的作用。但是，信用经纪业务也可能产生助长市场短线投机过度的负面影响。

（2）对证券监管部门而言

各个国家都结合自身的特点，制定了相应的法规和制度，利用对信用经纪业务具体规定的改变，有效地调节市场，如增减信用交易的证券品种、改变保证金比例、改变保证金账户的开户标准、调整融资和融券的利率上下限和公布信用交易余额等。有时为了抑制市场过度投机，市场监管部门还有可能在一段时间内全部或部分暂停信用交易。

（3）对金融和产业经济而言

如果信用经纪业务发展到一定阶段，证券市场价格和交易规模达到一定程度，还可能影响货币供应量、利率等货币政策目标，并通过资金一、二级市场之间的分配以及资金在证券市场与产业部门之间的分配，影响产业经济的发展。

（4）对投资者而言

投资者可以通过投资银行的信用经纪业务，及时把握投资时机，如判断市场价格将要下跌时，向券商融券卖空而不必被动等待，还可以通过财务杠杆的作用扩大收益。另外，投资者可利用此项业务规避风险和避税。当然，投资者必须慎重对待信用交易带来的风险，以免遭受重大损失。

（5）对投资银行而言

信用经纪业务的开展可以增加客户的资金量和交易量，从而增加佣金收入。同时，融资利息可以增加利息收入。投资银行还可以运用客户抵押担保的资金和证券以获得利差收入。而且，在严格的风险管理下，投资银行可以提供优惠的信用交易条件参与竞争，吸引客户。

3）我国信用经纪业务投资者交易流程

投资者与证券公司签订融资融券合同、开立信用证券账户和信用资金账户后，就可以进行融资融券交易了。通常，融资融券交易一般包括客户提交担保物、证券公司评估确定授信额度、客户进行融资买入或融券卖出、了结交易、剩余资金或证券划转等阶段。

（1）客户提交担保物

客户进行融资融券交易，应当向证券公司提交一定比例的保证金。保证金可以是现金，也可以用交易所及证券公司认可的上市证券（即担保证券）充抵。客户提交担保物的方式为向证券公司客户信用交易担保资金账户转入资金，或向证券公司客户信用交易担保证券账户转入担保证券。客户提交担保证券的，在计算保证金金额时应当以证券市值按证券公司规定的折算率进行折算。我国规定证券公司对客户融资融券的保证金比例不得低于50%。

（2）证券公司评估确定授信额度

授信额度是指证券公司根据客户的资信状况、担保物价值、履约情况、市场变化、证券公司自身财务安排等因素，综合确定的客户可从本公司融入资金或证券的最高限额。

（3）客户进行融资买入或融券卖出

①标的证券。标的证券是指客户可融资买入或融券卖出的证券，以证券公司确定并公布的为准。实际上，标的证券范围受交易所和证券公司双重限制。通常，各证券公司会在交易所公布的标的证券范围内，再根据自身对业务风险控制的要求，进一步筛选各自的标的证券，并通过与客户在合同中约定的方式公布相关信息。

②融资买入或融券卖出。客户根据本人信用账户的资产、负债情况，计算出授信额度余额和保证金可用余额，两者之间的较小值为客户可融资（或融券）的最大金额。客户在上述额度内，可进行标的证券的融资买入或融券卖出申报。需要注意的是，按照相关规定，融券卖出的申报价格不得低于该证券的最新成交价；当天还没有成交的，其申报价格不得低于前收盘价。交易系统对融资融券交易申报进行前端检查，对买卖证券的种类、融券卖出的价格等违反规定的交易指令，予以拒绝。

③维持担保比例与担保物的补充、替换、提取。维持担保比例是指客户担保物价值与其融资融券债务之间的比例。在交易存续期间，客户必须对维持担保比例加以关注。如果因为证券市值变动或者担保物范围调整，导致维持担保比例低于一定值（目前交易所规定为130%），客户必须及时补充、替换担保物，否则，可能会被证券公司强制平仓；当维持担保比例高于300%时，客户可以提取担保物。

（4）了结交易

了结交易是指了结因融资融券产生的债权债务关系，即客户向证券公司偿还所借入的资金或证券。

了结交易的方式有两种：一是客户通过卖券还款或者直接还款（买券还券或者直接还券）主动了结融资（或融券）交易；二是因触发合同约定平仓条件而被证券公司强制平仓。

（5）剩余资金或证券的划转

了结交易后，客户可以将剩余证券转回普通证券账户，将剩余资金转回信用资金第三方存管银行账户。对于买券还券多还的证券或融券强制平仓后的剩余证券，由证券公司主动划回给客户。

（6）交易期限和信用账户注销

每笔融资（或融券）的期限不超过6个月，期限顺延的，应符合《证券公司融资融券业务试点管理办法》和证券交易所规定的情形。

3.2.4　证券买卖佣金

佣金是证券经纪商为投资者代理买卖证券而向其收取的费用，即客户支付给经纪人的报酬。佣金的收费标准因交易品种、交易场所的不同而有所不同。经纪商佣金制度大体上分为固定佣金制和浮动佣金制两种。

1）固定佣金制

固定佣金制是指无论证券交易量大小和投资者类型，均按交易额的一定比例收取佣金。佣金的收费标准一般由证券管理部门和证券交易所规定一个统一的佣金比例或上下限浮动界限。

2）浮动佣金制

浮动佣金制即佣金谈判制，是指由经纪商和投资者讨价还价商定一个佣金比例，按商定的比例收取佣金。

我国《关于调整证券交易佣金收取标准的通知》规定，从2002年5月1日开始，A股、B股、证券投资基金的交易佣金实行最高上限向下浮动制度。证券公司向客户收取的佣金不得高于证券交易金额的3‰，也不得低于代收的证券交易监管费和证券交易所手续费等。A股、证券投资基金每笔交易佣金不足5元的，按5元收取；B股每笔交易佣金不足1美元或5港元的，按1美元或5港元收取。

拓展阅读3-2

佣金自由化潮流

3.3　证券自营业务

3.3.1　证券自营业务的特征、条件与原则

1）证券自营业务的特征

证券自营业务是指证券经营机构用自有资金或依法筹集的资金在证券交易市场以营利为目的的买卖证券的经营行为。证券自营业务与证券经纪业务相比，具有如下特点：

（1）决策和操作上的自主性。自营就是自主经营，包括交易行为的自主性、交易方式的自主性和交易价格的自主性。

（2）承担的风险不同。从事证券自营业务的证券经营机构以自己的名义和合法资金进行直接的证券买卖活动，而证券交易市场中的风险性决定了自营买卖业务具有较大风险，

这和证券经纪业务只收取佣金而收益和风险由委托人承担完全不同。

（3）收益难以确定。由于证券市场价格变化无常，自营业务的收益就具有较大的风险，而不像经纪业务所获佣金具有固定的比例，因此，自营业务的收益难以稳定。

2）证券自营业务的条件

证券经营机构从事证券自营业务，必须取得中国证监会认定的证券自营业务资格并领取中国证监会颁发的《经营证券自营业务资格证书》。根据中国证监会《证券经营机构证券自营业务管理办法》的规定，证券经营机构申请从事证券自营业务，应当同时具备以下条件：

（1）证券专营机构（即依法设立并具有法人资格的证券公司）具有不低于人民币2 000万元的净资产，证券兼营机构（即依法设立并具有法人资格的信托投资公司）具有不低于人民币2 000万元的证券营运资金。所谓证券营运资金，是指证券兼营机构专门用于证券业务的具有高流动性的资金。

（2）证券专营机构具有不低于人民币1 000万元的净资本，证券兼营机构具有不低于人民币1 000万元的净证券营运资金。净资本的计算公式为：

$$\text{净资本}=\text{净资产}-\left(\text{固定资产净值}+\text{长期投资}\right)\times 30\%-\text{无形资产及递延资产}-\text{提取的损失准备金}-\text{中国证监会认定的其他长期性或高风险资产}$$

（3）2/3以上的高级管理人员和主要业务人员具备必要的证券、金融、法律等有关知识，熟悉有关的业务规则及业务操作程序，近2年内没有严重违法违规行为，同时还必须具有2年以上证券业务或3年以上金融业务的工作经历。

（4）证券经营机构在近一年内没有严重违法违规行为，或在近2年内未受到取消证券自营业务资格的处罚。

（5）证券经营机构成立并且正式开业已超过半年；证券兼营机构的证券业务与其他业务分开经营、分账管理。

（6）具备证券自营业务专用的电脑申报终端和其他必要的设施。

（7）证监会要求的其他条件。

小思考3-4：

自营业务与委托代理业务存在哪些区别？

提示：首先，自营业务开展时，证券商必须拥有自有的证券或资金，而不是像在委托代理业务中只需要场所和从业人员即可。其次，自营买卖是证券商以营利为目的，通过合法交易来获得利润。尽管由于市场变化或判断失误等原因有时出现亏损，但行为动机是营利。最后，自营买卖是证券商自主决策的经营行为，通过证券买卖差价来获利，而不是像委托代理业务那样是一种中介服务。自营业务是投资银行自身作为投资者，运用自身的资金在证券市场买卖证券，并自行承担在证券买卖中的风险。

3）证券自营业务的原则

（1）客户委托优先原则。该原则是指投资银行在同时经营自营业务和经纪业务时，应把经纪业务摆在首位。即对同一证券，当自营业务的报价与经纪业务的报价同时发生，且交易价格相同时，经纪业务的买卖应优先成交，投资银行不得以损害客户的利益为手段来为自己牟利。

（2）维护市场秩序原则。投资银行是依托资本市场而生存的，有责任来维护市场秩序。同时，作为一个机构投资者，投资银行也有能力维护市场秩序。因此，投资银行应扮演做市商的角色，保证市场交易的稳定性与连续性。当证券市场出现暂时的供需失调、价格异常时，投资银行应介入其中，稳定市场。

（3）守法经营原则。投资银行作为自营商，在信息、资金和技术上具有较大的优势，为保证交易的公平合理，防止自营商利用这些优势进行不公平的交易，必须对自营商提出公开原则。自营商应向客户明确标明自营业务的内容，将交易的程序、价格、数量公开，以防止欺诈客户和营私舞弊现象的发生，同时便于主管部门的监管。

（4）风险控制原则。投资银行的自营业务是一项充满风险的业务，证券市场中的所有交易由于不确定性形成的风险都将由投资银行自身来承担。为了控制风险，投资银行应适度控制自营业务的规模，保持良好的资产流动性，避免风险过于集中。投资银行需要建立健全内部监督机制、风险预警系统和风险防范系统等，以有效地进行风险控制。

3.3.2 证券自营业务的类型

投资银行从事自营业务有两个主要类型：投机交易和套利交易。

1）自营商的投机交易

投机是指自营商期望能够通过预测证券价格的变动方向而获取价差收益。如果自营商认为价格将上升，就会买入证券，希望将来以一个更高的价格将其出售；如果自营商认为价格将下降，就会卖出或卖空证券，待价格回落进行对冲，从而获利。

投资银行在证券市场从事投机交易至少起到两个积极作用：一是有助于证券市场的价格发现；二是活跃证券市场，引导市场资源配置。

投机交易的策略主要有：

（1）绝对价格交易。绝对价格交易是指自营商根据某种资产的价格与其价值的差异程度的预测，来调整其持有的证券头寸的交易行为。同时，对其持有的证券头寸并不进行套期保值。

（2）相对价格交易。相对价格交易是指自营商根据对两种资产收益率的差距的相对变动预测，来调整其持有的证券头寸的交易行为。相对价格交易在证券交易操作中最为典型。例如，公司债券和国债之间的收益率有差别，国债收益率相对低，如果投资银行预测到这种收益率差距还将扩大，那么投资银行就应当卖出公司债券而买进国债，而当收益率真的扩大时，投资银行再卖出国债、买进公司债券。

（3）信用等级交易。信用等级交易是指自营商以信用等级预测作为交易的基础，主要用在债券交易中。如果自营商预测债券的信用等级将下降，则将这些债券卖空；如果预测债券的信用等级将上升，则将这些债券买空。投资银行的研究部往往进行大量的信用分析并试图预测信用等级的变化。

2）自营商的套利交易

套利是指通过价格差异获得收益，通常是利用证券在两个或两个以上的市场中的价格差异，同时进行买卖，从差价中获取收益。

套利按有无风险来划分，有两种基本形式：无风险套利和风险套利。

（1）无风险套利

所谓无风险套利是指投资银行同时在两个或两个以上不同的市场中，以不同的价格进行同一种或者同一组证券的交易，利用市场价格的差异获利。无风险套利具有两个特征：①没有自有资金投入，所需资金通过借款或卖空获得；②没有损失风险，最糟糕的情况是最终回到起点，套利者的最终结果还是零。

现在举例说明如何利用卖空交易来获得套利利润。假定有三种股票A、B、C，其收益见表3-1。为计算简便，假定每股都以100美元交易，以美元计算的损失或利润也是投资的百分比收益。例如，100美元的投资赚取10美元意味着收益率为10%。从表3-1中可以明显看出，股票B的收益并不总是好于股票A的收益，股票B在衰退状况和稳定状况下的收益都低于股票A。此外，股票C的收益也不总是高于股票A的收益，当经济繁荣时，股票C的收益低于股票A的收益。虽然B和C都并不总是好于A，但投资银行仍可以构造一项包含B和C的证券组合，以得到套利机会。

表3-1 **股票A、B、C的收益情况** 单位：美元

股票经济状况	A	B	C
衰退	-3	-6	0
稳定	7	6	10
繁荣	9	16	4

现在，投资银行持有B和C的证券组合，卖空A就会产生套利利润。假定投资银行以200美元的价格卖空2股A股票，并用200美元的实得款项以100美元的价格购入1股B股票，以100美元的价格购入1股C股票。这一交易的收益见表3-2。

表3-2 **套利交易的收益情况** 单位：美元

交易现金流量 经济状况	卖空A股票	1股B股票和1股 C股票的证券组合	套利交易的 总的净收益
衰退	2×3=6	1×（-6）+1×0=-6	6-6=0
稳定	2×（-7）=-14	1×6+1×10=16	-14+16=2
繁荣	2×（-9）=-18	1×16+1×4=20	-18+20=2

如果在经济衰退期，A股票每股将损失3美元。但是，卖空2股A股票，将得到6美元的利润。当经济衰退时，购入1股B股票和1股C股票，将在B股票上发生6美元的损失，C股票则不发生利得或损失。同理，通过计算可知，B股票和C股票的证券组合在稳定期将获得16美元的利润，在繁荣期将获得20美元的利润。因此，这一套利交易中总的净收益在经济衰退时为0。类似地，在经济稳定或经济繁荣时都可以获得2美元的净收益。

（2）风险套利

风险套利一般多以证券市场上兼并收购或其他股权重组活动为契机，通过买卖并购公司的证券来获利。在兼并收购交易中，收购方的股票价格往往会在并购成功后下跌，而被收购方的股票价格则会上升。也就是说，被收购公司股票的市场价格与收购公司支付的股

票的市场价格之间会出现差异。于是，风险套利者（投资银行）往往在并购前买入被收购方的股票而抛售收购方的股票，待并购完成以后再作相反的交易，以期获利。

假设B公司宣布计划收购A公司，其交易条件是以B公司的1股股票换取A公司的1股股票。假设宣布消息时，B公司和A公司股票的价格分别为60美元和52美元。如果B公司执行收购计划，那么以52美元购得A公司股票的投资银行将通过交换获得同等数量的B公司股票，利差为8美元。

由于并购发生时，收购公司的股票价格往往会下跌，而被收购公司的股票价格会上升，这样，在本例中，当以A股票交换B股票时，利差可能会减少。为了避免这种风险，投资银行应在购买A股票的同时，卖空同样股数的B股票（因为是1对1的换股交易），以锁定交易发生时8美元的利差。例如，假设B股票的价格从60美元下降至55美元，那么用A股票（52美元）交换B股票将获利3美元；而以60美元卖空B股票现在可以用55美元买回，获利5美元，投资银行的全部利润仍为8美元。

如上所述，当换股按宣布的条件进行时，风险套利就能锁定利差，这一过程包括买入目标公司的股票和卖空收购公司的股票，买卖数量要视交换条件而定。依上例，如果交换条件是按1股B股票换2股A股票，那么在购买每2股A股票时就要卖空1股B股票。

当然，作为风险承担者，投资银行要承担并购不能如期进行的风险。如上例，假定由于某种原因导致B公司放弃收购计划，而投资银行又不得不售出A公司股票，则不仅没有利润可言，还可能遭受损失。显然，投资银行必须仔细分析研究某一并购事件获得成功的可能性，以减少这种风险。

3.3.3 证券自营业务风险的来源及防范

在进行证券自营买卖过程中，由于各种原因会导致投资银行发生损失，这种发生损失的可能性就是投资银行从事证券自营业务的风险。

1）自营业务风险的来源

（1）系统性风险

系统性风险又称市场风险，也称不可分散风险，是指由于某种因素的变化给证券市场上所有证券都会带来损失的可能性。系统性风险包括市场风险、利率风险和购买力风险。

①市场风险。市场风险是指证券市场行情随经济周期变动而引起的风险。这种行情变动不是指证券价格的日常波动和中级波动，而是指证券市场行情长期趋势的改变。

证券市场行情变动受多种因素影响，但决定性的因素是经济周期的变动。经济周期变动是由于国民经济活动依次经过高涨、衰退、萧条和复苏四个阶段所形成的，它决定了公司的景气和效益，从根本上决定了证券行市。证券市场行情随经济周期的循环而起伏变化，总的趋势可分为看涨市场（多头市场）和看跌市场（空头市场）两大类型。看涨市场从萧条开始，经复苏到高涨；而看跌市场则从高涨开始，经衰退到萧条。在这两大变动趋势中，一个重要的特征是，在整个看涨行市中，几乎所有证券的价格都会上涨，在整个看跌行情中，几乎所有证券的价格都不可避免地有所下跌，只是涨跌的程度不同而已。对自营商来说，市场风险是难以回避的，但是只要选好证券，还是可以设法降低市场风险的。

②利率风险。利率风险是指市场利率变动引起证券投资收益变动的可能性。市场利率的变动会引起证券价格的变动，并进一步影响证券收益的确定性，给自营商带来风险。一般而言，当市场利率下降时，人们会把资金转向证券市场，证券价格会有一定幅度的上

涨，自营商的利率风险较小；当市场利率上升时，证券市场的资金供给量缩减，使证券价格下跌，自营商的利率风险较大。

利率风险对不同证券的影响程度也不同。由于普通股的收益和价格由公司经营状况而定，利率变动仅是影响公司和财务状况的部分因素，所以利率风险对普通股的影响较小。利率变动对固定收益的证券，如债券和优先股影响较大。减轻利率风险影响的办法是，自营商在预见利率将要提高时，减少对固定利率债券特别是长期债券的持有。

③购买力风险。购买力风险又称通货膨胀风险，是指由于通货膨胀而引起自营商实际收益下降和本金的购买力损失的可能性。在通货膨胀条件下，物价普遍上涨，社会经济运行秩序混乱，企业生产经营的外部条件恶化，证券市场也难免深受其害，所以，购买力风险是难以回避的。在通货膨胀条件下，随着商品价格的上涨，证券市场的价格也会上涨，自营商的货币收入有所增加；但由于货币贬值，实际购买力水平下降，自营商的实际收益非但没有提高，反而有所下降，自营商要通过计算实际收益率来分析购买力风险。

实际收益率=名义收益率-通货膨胀率

例如，某自营商购买了一张年利率为10%的债券，名义收益率为10%，若一年中通货膨胀率为5%，自营商的实际收益率为5%；若当年通货膨胀率为10%时，自营商的实际收益率为0；若当年通货膨胀率超过10%时，自营商非但没有收益，反而有所亏损。

购买力风险对不同证券的影响是不同的，与利率风险类似，购买力风险对固定收益证券，如优先股、债券的影响较明显，对普通股影响较小。但当出现恶性通货膨胀时，各种商品价格轮番上涨，社会经济秩序紊乱，企业承受能力下降，盈利减少的同时，股利也难以增加，股价即使上涨也难赶上物价上涨，这时，普通股也难以抵御购买力下降的风险。

小思考3-5：

系统性风险的特征有哪些？

提示：一是由共同因素引起的；二是影响所有证券的收益，只是不同证券受它影响的程度不同；三是不可能通过多样化投资来回避和消除；四是系统性风险与证券投资收益正相关。

（2）非系统性风险

非系统风险又称非市场风险，也称可分散风险，是指某些因素对单个证券造成的损失的可能性，它强调的是对某一证券的影响。非系统性风险包括公司经营风险、财务风险、违约风险。

①公司经营风险。公司经营风险是指由于公司经营状况变化而影响盈利水平，从而产生投资预期收益下降的可能。经营风险产生的原因可分为内部原因和外部原因两个方面。

内部原因是指企业决策发生了失误或经营管理不善及资本结构变化等，它们给企业的盈利带来了波动，主要表现在：一是决策失误。由于未对投资项目作可行性论证，草率上马，导致项目投资决策失误。二是不注意技术更新，产品不能及时更新换代，缺乏竞争能力。三是销售决策失误，没有花大力气打开新市场，寻找新的消费渠道，而是过分依靠少数大客户、老客户，产品销售困难，销量下降，导致公司收益下降，股价下跌，影响了自营商的收益。四是管理者因循守旧，不思进取，机构臃肿，人浮于事，对可能出现的天灾人祸没有采取必要的防范措施。企业管理不善，使组织与运筹失当，考核与控制制度不健全，制造成本和管理费用偏高，产品质量下降，影响了公司的收益，导致股价的下跌。

外部原因是指公司外部因素的变化而引起损害。例如，由于竞争对手的条件发生变化，如新工艺技术的应用，将使老工艺方法失败，造成对老机器设备的淘汰，从而导致公司在竞争中处于劣势，造成盈利减少；或者是由于政府产业政策的调整（如税收、关税保护）以及政府补贴等的变化，造成公司盈利的波动。

②财务风险。财务风险是指公司财务结构不合理、融资不当而导致投资者预期收益下降的可能性。财务结构即企业总资本中负债与股本（权益）之比，财务结构决定了企业财务风险的大小。因为负债（包括银行贷款、发行企业债券、商业信用）的利息负担是一定的，如果公司资金总量中债务比重过大，或是公司的资金利润率低于利息率，就会使公司股东的可分配利润减少，股息下降，财务风险增加。例如，当公司的资金利润率为10%，公司向银行贷款的利率或发行债券的票面利率为8%时，普通股股东所得权益将高于10%；如果公司的资金利润率低于8%时，公司须按8%的利率支付贷款或债券利息，普通股股东的权益就将低于资金利润率。可见，在公司财务结构中，如果债务资金比重较小，偿债能力强，财务风险就小；如果债务资金比重大，偿债能力弱，财务风险就大。

③违约风险。违约风险又称信用风险，是指由于证券发行主体不能按依法约定的条件向投资者提供回报而给投资者带来损失的可能性。当公司资金周转不灵，财务出现危机时，证券发行人就不能支付债券利息、优先股股息或偿还本金，即使延期支付，也会影响自营商的利益，使自营商失去再投资和获利的机会。违约风险主要受证券发行人的经营能力、盈利水平、事业稳定程度及规模大小等因素的影响。

债券、优先股、普通股都可能有信用风险，但程度不同。债券与优先股有缓付、少付甚至不付的信用风险。自营商在投资时要参考证券信用评级的结果，信用级别越高的证券，信用风险越小，信用级别越低的证券，违约的可能性越大。普通股的股利不固定，但仍有信用风险，如果公司不能偿还债务，会立即影响股票的市场价格。当公司破产时，该公司的股票价格会接近于零，则更无信用可言。

2）自营业务风险的防范

防范自营业务风险的措施主要有：

（1）合理确定自营资金数量。现在投资银行的主要利润来源于二级市场，资金量较小，利润额就相对较小，但资金量较大，风险的控制难度也相对较大。把握这个度的原则有两条：一是尽力而为，二是量力而行。所谓尽力而为就是最大限度地发挥资金优势，最大限度地调动主观能动性，使投资收益最大化；量力而行是指自营资金量一般不超过通行财务杠杆标准许可最大量的八九成。一般而言，自营盘实行“三三制”较为妥当，即自有资金、委托资产、拆借资金各占1/3。自有资金一般是注册资金或实收资本的60%～75%，而80%是个值得高度注意的警戒线。对于一个注册资本为10亿元的投资银行而言，18亿～22亿元的自营盘较为稳妥。

（2）合理配置自营资金。在确定了自营盘总量之后，下一个关键的问题就是资金的配置。投资组合和专项项目间的资金分配以三七开或四六开为宜。当然，这因投资银行经营的稳健性程度不同而并不一致。同时，随着证券市场逐步趋于成熟，投资组合所占的资金份额将呈现逐步扩大的趋势。

（3）建立集中领导、科学决策、分级管理、及时反馈的自营决策机制和有序、高效、规范的运作机制，切实防范和控制自营风险和政策风险。

（4）组织投资决策委员会和风险控制委员会，对自营业务的决策和操作过程进行及时的风险监控和预警。

（5）充分发挥资金部门、财务部门、稽核部门对自营业务的监督作用。

3.4 做市商业务

3.4.1 做市商与做市商制度

做市商是指在证券市场上，运用自己的账户从事证券买卖，通过不断地买卖报价，并在该价位上接受公众投资者的买卖要求，以其自有资金和证券与投资者进行证券交易，维持证券价格的稳定性和市场的流动性，并从买卖报价的差额中获取利润的金融服务机构。

现代证券市场中最基本的两种交易机制是报价驱动交易机制和指令驱动机制。

1）报价驱动交易机制

报价驱动交易机制，是指证券交易的买卖价格均由做市商给出，买卖双方的委托不直接配对成交，而是从市场上的做市商手中买进或卖出证券。也就是说，做市商在其所报价位上接受投资者的买卖要求，将其自己持有的证券卖给买方，或用自有资金从卖方手中买下证券。做市商通过这种不断的买卖来维持市场的流动性，满足投资者的交易需求。做市商买卖报价的价差就成为做市商的经营收入，作为其提供做市服务的补偿。做市商市场的基本特征是，证券交易价格由做市商决定，投资者无论买进还是卖出证券，都只是与做市商交易，与其他投资者无关。

2）指令驱动交易机制

指令驱动交易机制，又称双向拍卖制或竞价制，是指交易双方直接下达价格和买卖数量指令，由计算机系统按“价格优先、时间优先”的原则自动撮合成交。这种交易机制的特点是交易价格由买卖双方同时自主报价，以竞价方式决定。

两种交易机制各有优缺点：

（1）指令驱动交易机制是买卖双方通过竞价达成协议的，投资者交易费用比较低；而报价驱动交易机制是由做市商买卖报价确定的，不能免去支付给做市商的买卖价差，投资者的交易费用比较高。

（2）指令驱动交易机制存在订单执行风险，下达市价委托订单时由于不知道确切的交易价格，会承担价格风险，下达限价委托订单时，可能因价格偏离而不被执行；在报价驱动交易机制下，投资者可按做市商的报价立即进行交易，因此没有订单执行风险。

（3）在指令驱动交易交易机制下，投资者会因信息不均衡或不充分，使得竞价交易的价格频繁波动；而在报价驱动交易机制下，做市商拥有更多的市场订单信息，有利于做市商根据市场分析得出报价，不会导致价格大的波动。在买卖不均衡时，做市商及时处理大额订单的做法也可以平抑价格波动。

3.4.2 做市商业务的类型

1）多元做市商业务

多元做市商制，即每一种股票同时由很多个做市商来负责。美国纳斯达克市场是典型的多元做市商制。在纳斯达克市场，活跃的股票通常有30多个做市商，最活跃的股票有时会有60多个做市商。做市商通常也是代理商，它可以为自己、客户或其他代理商进行交易。做市商之间通过价格竞争吸引客户交易。

在纳斯达克市场，做市商必须随时准备用自营的账户买卖它所负责的股票，并有义务持续报出对该股票的买卖价格，同时也必须恪守自己的报价，在其报价下执行1 000股以上的买卖订单。做市商的报价必须和市场价格一致，买卖价差必须保持在规定的最大限额之内。美国全国证券商协会的自动报价系统，即纳斯达克系统，在柜台市场上为客户代理买卖的经纪商输入所需查找的股票的代码，全国证券商协会建立和运作的电脑网络便会即刻显示出该股票的买价和卖价，如果该股票存在若干个做市商，那么自动报价系统可显示当时的全部买价和卖价，并注明最高的买价和最低的卖价。经纪商代表其客户可打电话或发传真给交易商，通知交易商客户已接受了即时的买价，并卖出了客户的股票，或接受了即时的卖价，并为客户买入了股票，经纪商的客户一般看不到买卖价差。

美国全国证券商协会（NASD）对做市商的报价作了以下几项主要规定：

（1）做市商必须双向报价，所报差价须在允许范围内。差价范围由全国证券协会规定，并时常更新。

（2）做市商的报价要和主流市场价格合理相关，否则它必须重新报价。如果做市商没有及时重新报价，协会将取消它对1只或所有股票的报价。

（3）做市商对属于纳斯达克全国市场的股票一个月内所报的平均买卖差价不能超过其他所有做市商所报平均差价的150%。如果这种情况发生，做市商将被取消做市资格，并在20个营业日内，不得重新注册成为做市商。

（4）在正常营业时间内，一个做市商报出的买价不能等于或大于其他做市商对同一股票输入的卖价，它的卖价也不能等于或低于其他做市商报出的买价。

小思考3-6：

投资银行为什么要充当做市商？

提示：（1）从证券交易中获利；（2）为了发挥和保持良好的定价技巧，辅助其一级市场业务的顺利开展；（3）投资银行为了争取到发行业务，维系与发行公司的良好关系，一般都会在二级市场上为其发行的股票“做市”。

2）特许交易商业务

交易所指定一家投资银行来负责某一股票的交易，该投资银行就被称为特许交易商。实行特许交易商制的典型是纽约证券交易所。在纽约证券交易所里，交易所有将近400个特许交易商，而一个特许交易商一般负责几只或十几只股票。与纳斯达克市场相比，纽约股票市场有三个特点：第一，一只股票只能由一个特许交易商做市，可以被视为垄断做市商制；第二，客户委托可以不通过特许交易商而在代理商之间直接进行交易，特许交易商必须和代理商进行价格竞争，所以，纽约交易所是做市商制和竞价制的混合；第三，特许交易商有责任保持市场公平有序。

纽约股票交易所的特许交易商类似于做市商，即必须在交易大厅里保证其所做市的股票始终保持连续交易。为此，它必须提供一个买价和卖价，交易大厅内的交易商和经纪商若无法从其他交易商处获得某股票的报价，找不到交易对手，那么，该股票的特许交易商就必须提供报价，以自己为交易对手，维持市场的流通性。

在纽约证券交易所，特许交易商除了履行上述做市商的职责以外，还有责任保持市场公平有序。特许交易商的职责还包括：

（1）保持价格连续性。当股票价格变化太快时，经常会使投资人做出错误决策。作为特许交易商，有责任避免价格大幅度跳跃。例如，下一个成交价比前一个价格有很大下跌时，作为特许交易商有义务在中间下一个买单，以稳定价格。

（2）保持市场活跃。当交易指令报到交易所时，如果在一定时间内找不到和它匹配的买单或卖单，特许交易商有义务接下这个买单或卖单。

（3）保持价格稳定。如果买单暂时多于卖单，特许交易商有义务用自己的账户卖出；如果卖单暂时多于买单，特许交易商就有义务用自己的账户买入。当价格出现持续下跌时，特许交易商有义务以等于或高于前笔交易的价格卖出；当价格出现持续上涨时，特许交易商有义务以低于或等于前笔交易的价格买入。

（4）其他职责，包括大额交易、散股交易、卖空交易等。

小思考3-7：

实行做市商制度有何利弊？

提示：做市商制度的优点：成交的及时性；价格的稳定性；矫正买卖指令不均衡现象；抑制股价操纵。做市商制度的缺点：缺乏透明度；增加投资者的负担；增加监管成本；做市商可能滥用特权。

3.4.3 做市商制度的功能和作用

1）做市商制度的功能

做市商制度的功能有以下三个方面：

（1）做市。当股市出现过度投机时，做市商通过在市场上与其他投资者相反方向的操作，努力维持股价的稳定，降低市场的泡沫成分。

（2）造市。当股市过于沉寂时，做市商通过在市场上人为地买进、卖出股票，以活跃市场、带动人气，使股价回归其投资价值。

（3）监市。在做市商行使其权利、履行其义务的同时，通过对做市商的业务活动监控市场的变化，以便及时发现异常，及时纠正。在新兴的证券市场，这是保持政府与市场的合理距离、抵消政府行为对股市影响惯性的有益尝试。

2）做市商制度的作用

做市商制度有以下三个作用：

（1）做市商制度有利于增强市场的透明度。在不同国家的证券交易制度下，信息传递的速度和方式不同，透明度也就不同。竞价交易市场虽然能够适时传播汇总交易报告的信息，但由于存在着信息不对称问题，导致一部分人在信息上占有优势，而另一部分人对信息的掌握是被动和盲目的，这样就使信息存在着事实上的不透明。在做市商制度下，虽然没有委托的汇总机制，但由于做市商对市场信息的了解程度远远胜过普通投资者，它们可以对

相关链接3-1

新三板做市商制度

包括上市公司在内的信息来源进行各方面的汇总分析，事实上就提高了市场的透明度。

（2）做市商制度有利于维持市场价格和交易的稳定性。价格的相对稳定是股票市场正常运行的重要条件。首先，在报价驱动机制下，由于做市商本身不是股票的最终所有者，过高的价格不宜出售，因此不会使股价大幅度偏离价值，做市商通过股票价值的发现来确定稳定的双向报价，使买卖不会随供求关系在短期内随意波动，可有效地使供求关系的不确定性在一段时间内得以缓解，从而使股票价格保持一定的连续性。其次，由多个做市商同时负责一个公司股票的做市，这种竞争机制可极大地减少股票买卖之间的价差。通常该价差有一定限度，如纳斯达克市场规定做市商的获利价差必须在股票价格的5%之内，从而有利于减缓价格波动，使股价保持稳定。最后，交易所禁止做市商在价格大幅度下跌时抛售和大幅度上涨时收购。如果出现过大的卖压，做市商有义务充当买方，缩小供求差距，以防止价格大幅度下跌；反之，当出现抢购风潮，市场供不应求时，做市商有责任出售该证券，以缓和供求矛盾。

（3）做市商制度有利于提高市场的流动性。根据纳斯达克市场的规定，做市商必须确保股票能开盘交易。如果没有做市商，投资者在二级市场上通过指令买卖证券时，必须找到准备卖出或买入的交易对方，而且数量与价格必须合适，才能成交。而做市商有责任在各种市场条件下通过调整报价，使价格在一定幅度内波动，吸引公众投资者进行交易，带动市场人气，提高市场活跃度，而且，由于投资者总有做市商作为固定的交易对象，可以保证交易始终能够成交，避免了市场指令的执行风险，因而使市场具有高度的流动性。

同时，做市商制度还有利于大宗交易，在缺乏做市商的情况下，投资者可能会因报价不宜或缺乏交易对手而无法成交，大宗交易可能会费时或引起价格的剧烈波动。做市商有责任维护双向交易，在任何交易时间里只要有做市商存在，就意味着一定有交易价格和交易对手，不会存在有哪个投资者买卖时无人接手的情况，这为市场提供了即时性，保证了交易量的存在，使大宗交易能迅速完成，且又不影响市场价格的稳定，从而节约了交易时间和由于价格变动引起的额外交易成本，保证了市场有较高的流动性。

本章要点

本章主要介绍了证券交易的方式、原则，证券经纪业务的特征、类型、操作与佣金要求，证券信用经纪业务的分类和操作，证券自营业务的条件、特征、类型及风险防范，做市商业务和做市商制度。其中，重点是证券交易与证券经纪业务，难点是证券信用经纪业务与做市商业务。

问题讨论

1. 讨论信用经纪交易与期货交易的异同。

2. 结合当前我国证券市场实际，讨论我国有无必要推行做市商制度。

3. 结合我国资本市场发展现状，讨论我国证券公司的业务发展前景。

推荐阅读

1.《中华人民共和国证券法》，2005年10月27日。

2. 中国证券业协会.证券市场基础知识［M］. 北京：中国财政经济出版社，2013.

3.中国证券业协会. 证券交易［M］. 北京：中国财政经济出版社，2013.
4.中国证券监督管理委员会网站，http：//www.csrc.gov.cn。
5.上海证券交易所网站，http：//www.sse.com.cn。
6.深圳证券交易所网站，http：//www.szse.cn。
7.中国证券业协会网站，http：//www.sac.net.cn。

思考与练习

1.单项选择题

（1）（　　）属于实物交易。

A.现货交易　　B.期货交易

C.期权交易　　D.信用交易

（2）（　　）又称保证金交易。

A.现货交易　　B.期货交易

C.期权交易　　D.信用交易

（3）（　　）交易的对象是上市证券。

A.证券交易所　　B.柜台市场

C.第三市场　　D.第四市场

2.多项选择题

（1）证券经纪业务具有（　　）特征。

A.业务对象的广泛性　　B.经纪业务的中介性

C.客户指令的权威性　　D.客户资料的保密性

（2）按委托形式划分，委托可分为（　　）。

A.书面委托　　B.电话委托

C.电报委托、传真委托和信函委托　　D.自助委托

（3）证券清算主要有（　　）方式。

A.一级清算　　B.净额清算

C.二级清算　　D.逐笔清算

3.简答题

（1）什么是投资银行的投机交易和套利交易？

（2）什么是证券做市商制度？

（3）做市商制度有何特点和功能？

（4）简述证券经纪业务的程序。

案例分析

以出售炒股软件为名从事非法证券投资咨询

李某是北京的一位投资者，他在电视上看见一位证券分析师有声有色地宣传某公司的炒股软件，他声称该软件能准确揭示股票买卖点，并免费推荐了一两只股票。李某见这几只股票确实上涨了，便拨打了电视上的电话。接电话的业务员信誓旦旦地说，只要购买软件就会有股票信息提供，保证稳赚不赔。李某便花5 000元购买了该软件，使用期为3个

月。但不久，李某发现该软件的实际效果与宣传内容大相径庭，遂向公司提出退款。公司则称可以免费给李某展期服务3个月，并推荐有内幕信息的股票。之后，李某每次都是高买低卖，不仅没有赚到钱，反而陷入重度亏损的境地。经查，该公司无证券投资咨询资格，实际是以销售荐股软件的方式从事非法活动。

问题：请你谈谈对上述案例的看法。不法分子的作案手法是什么？给投资者什么警示？

分析提示：

作案手法剖析：不法分子在销售炒股软件的过程中，往往会夸大宣传软件的荐股能力，并将证券投资咨询作为软件的功能和后期服务，骗取高额的服务费。

警示：投资者要保持理性的投资心态，证券市场存在一定的投资风险，没有任何人或任何炒股软件能够对市场做出准确无误的判断，不要被任何高额回报的口头承诺所蛊惑。

实践训练

本章主要讲授了证券交易业务的基本概念与基本业务。为了让学生深入理解证券交易的基本含义，认识证券交易的基本业务，本章实践训练主要包括以下内容：

1.实训项目：写出投资者开户程序。

实训目的：了解投资者开户程序。

实训步骤：

（1）列出投资者开户需要准备的资料。

（2）列出投资者在深、沪两市开户的程序。

2.实训项目：根据资料计算投资收益率。

实训目的：掌握证券交易收益率计算的方法。

实训步骤：

（1）假如某投资者有10 000元可用于投资，欲购买A股票，时价10元。在不计手续费的情况下：

①股价上涨至15元，他可获利多少？如果股价下跌至5元，他的损失为多少？

②假如投资银行给他按1：1的比例融资，股价上涨至15元，他可获利多少？股价下跌至5元，他的损失是多少？

（2）假定有三种股票A、B、C，收益见表3-3。为计算简单，假定每股都以100美元交易，投资银行可以构造一项包含股票B和C的证券组合，以得到套利的机会。

表3-3 **股票A、B、C的收益表** 单位：美元

股票经济状况	A	B	C
衰退	-3	-5	0
稳定	8	6	16
繁荣	18	22	8

请你用200美元进行风险套利，并计算风险套利的总损益。

3.实训项目：模拟证券交易。

实训目的：掌握证券交易的方法。

实训步骤：

（1）给你500万元资金进行股票模拟交易，时间为2个月，自制买卖委托成交单，并计算总盈亏。

（2）比较我国证券交易制度与西方国家的不同。

国家	证券交易制度
中国	
德国	
美国	
日本	

4. 实训项目：调查分析报告。

实训目的：学会运用知识进行分析总结。

实训步骤：

（1）对证券公司营业部的风险环节进行实地调研。

（2）写出调研报告。

第4章　兼并与收购业务

学习目标

知识目标：通过本章学习，认识和理解兼并与收购的概念、动机，企业并购的业务流程；掌握企业并购的主要形式、反并购策略，以及对目标企业并购的估价和支付方式；了解上市公司并购的程序；掌握并购与反并购的基本原理及操作程序。

技能目标：通过本章学习，具备开展兼并与收购业务操作的基本技能，能够帮助企业寻找并购目标，分析并购的可行性；能够结合公司实际，制定并购与反并购策略。

知识结构图

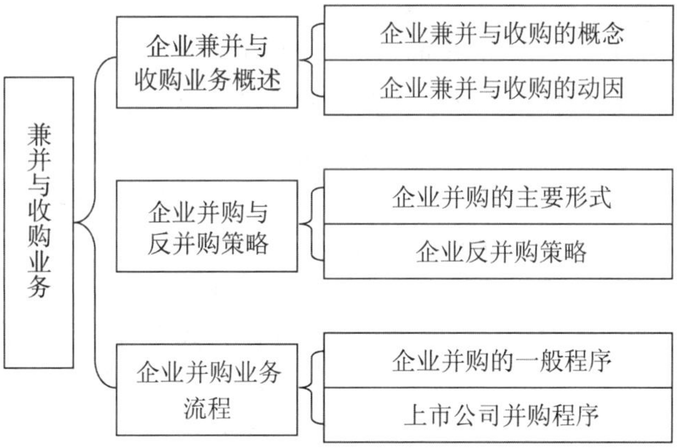

【导入案例】

万达集团并购美国传奇影业公司

传奇影业是美国著名影视制作企业，业务包括电影、电视、数字媒体以及动漫等。传奇影业出品了一系列具有全球影响力的大片，包括《蝙蝠侠》系列、《盗梦空间》、《宿醉》、《侏罗纪世界》、《300勇士：帝国崛起》、《环太平洋》、《超人：钢铁之躯》等，已在全球累计获得超过120亿美元的票房。2016年，传奇影业将在全球推出根据暴雪娱乐获奖游戏改编的《魔兽》以及投资最大的中美合拍片《长城》。

2016年1月12日，万达集团宣布以不超过35亿美元现金（约人民币230亿元）的价格收购美国传奇影业公司100%股权，成为迄今中国企业在海外最大的文化产业并购案，也一举让万达影视成为全球收入最高的电影企业。

万达集团董事长王健林表示：并购传奇影业使万达影视控股公司成为全球收入最高的电影企业，特别是在中美两个全球最重要的电影市场，万达拥有了极大的影响力。万达打造的电影制作、院线、发行产业链，极大地提升了万达在全球电影行业的核心竞争力和话语权。并购后万达将为传奇影业创造更多的市场机会，尤其是增长迅猛的中国电影市场，将使传奇影业实现业绩高速增长。

资料来源：佚名. 万达集团35亿美元并购传奇影业［EB/OL］.（2016-01-12）. http：//culture.people.com.cn/n1/2016/0112/c172318-28042562.html.

这一案例是2016年我国海外并购的一个典型案例。投资银行在企业兼并与收购中处于不可或缺的地位，投资银行作为最贴近资本市场的中介组织，引发和推动了20世纪以来的几次兼并浪潮，若没有投资银行介入企业并购，也许至今都不会看到某些行业的“超级巨无霸”企业，企业运营的层次也可能达不到今天这么高的水平。兼并与收购业务并非天生就是投资银行所应从事的业务，但事实上却是投资银行最擅长的业务。那么，什么是兼并与收购？企业为什么要实施并购？并购的业务流程是什么？并购与反并购的策略有哪些？这些正是本章所要介绍的内容。

4.1 企业兼并与收购业务概述

4.1.1 企业兼并与收购的概念

1）国际通行定义

一般来说，企业成长的主要方式包括两种：内部扩张和外部扩展。前者是指公司现有部门利用资本预算程序决定投资方案，使公司的规模呈现稳定渐进的成长；后者则是激烈而骤进的成长方式，也就是一般所称的兼并与收购。

（1）兼并，是指两个或两个以上的公司通过法定方式重组，重组后只有一个公司继续保留其合法地位。例如，A公司兼并B公司后，A公司依然保留法人地位，B公司的法人地位则被取消。这种情况可以用“A+B=A”的公式来表示。

（2）联合，是指两个或两个以上的公司通过法定方式重组，重组后原有公司都不再继续保留其法人地位，而是组成一家新的公司。例如，A公司与B公司联合后组成了C公司，A、B两公司都不复存在。这种情况可以用“A+B=C”的公式来表示。

（3）收购，是指一家公司在证券市场上用现金、债券或股票购买另一家公司的股票或资产，以获得对该公司的控制权，被收购的公司法人地位并不消失。收购有两种形式：股权收购和资产收购。收购方或者成为目标公司的股东，或者拥有一些新的资产，但收购方和目标公司的法人实体地位均继续存在。例如，A公司收购B公司的股权或资产后，双方仍继续存在，即“A+B=A+B”，不过等式两边的关系和内涵已经完全不同。

温馨提示4-1：

注意企业兼并与收购的区别。

2）我国企业并购的定义

（1）企业兼并，是指一个企业通过购买等有偿方式取得其他企业的产权，使其失去法人资格或虽然保留法人资格但变更投资主体的一种行为。

（2）公司合并，分为吸收合并和新设合并两种形式。一个公司吸收其他公司为吸收合并，被吸收的公司解散；两个以上公司合并设立一个新的公司为新设合并，合并后各方分别解散。无论是吸收合并还是新设合并，合并各方的债权债务应当由合并后存续的公司或者新设的公司承担。

（3）上市公司的收购，是指任何法人通过获取上市公司发行在外的普通股而取得该上市公司控制权的行为。兼并和收购往往是作为一个固定的词组来使用，简称并购。

4.1.2　企业兼并与收购的动因

企业作为一个资本组织，必然谋求资本的最大增值，企业并购产生的动力主要源于追求资本的最大增值及竞争压力。并购的动因按照目的指向，大致可以分为：经济动因、管理动因和战略动因。

1）经济动因

企业并购可以获得企业所需的资产，实行一体化经营，达到规模经济。

（1）管理效率不一致

具有较高效率的企业的管理能力超过了企业日常的管理需求，因此它会并购有较低效率的目标企业，并通过提高被并购方的效率而获得收益。对于目标企业来说，它能很好地融合并购方的管理效率，即在并购方注入管理资源后，目标企业能够最大限度地利用这种资源，并达到与并购方一样的高效率。

（2）目标企业价值被低估

当目标企业的市场价值由于某种原因而未能反映其真实价值或潜在价值时，并购就会发生。目标企业的价值被低估的原因：一是企业的经营管理未能充分发挥应有的潜能；二是由于通货膨胀造成资产的市场价值与重置成本的差异而出现企业价值被低估的现象。这时，如果并购方拥有有关目标企业真实价值的内部信息，就会通过并购来挖掘被并购企业的真实价值。

（3）财务协同效应

不同企业具有不同的财务状况，有些企业现金流量较大，但缺乏好的投资机会；而有些企业现金流量小，虽有好的投资机会却无力去投资。在分散的、专业化的经济体系中，资金是按来源进行分配的，这将导致市场信号的反映被频繁地延误，或者资金被专断地进行分配。而在并购后形成的混合企业经济体系中，现金流量不管来源于何处，都不会被产生这些资金的部门自动留存，而是以收益前景为标准进行分配。合并后的企业的负债能力要大于两个企业合并前的负债能力之和，这将为企业带来税收、筹资成本和交易成本等的节约。

（4）生产规模效应

企业通过并购对生产资本进行补充和调整，达到规模经济的要求；在保持整体产品结构不变的情况下，在各厂中实现单一化生产，达到专业化生产的要求。

（5）节约交易费用

市场运作的复杂性会导致交易的完成要付出高昂的交易费用。当市场的交易费用很高时，市场不再是协调经济活动和配置资源的一种有效方式，这时就应该通过企业将交易内部化来节约组织经济活动和配置资源的成本，这种动机促成了企业间的并购。组织企业内部的活动需要一定的组织费用。随着并购活动的进行，企业规模越来越大，组织企业内部活动的费用也随之增加，当企业规模扩大到一定程度时，组织费用的边际增加额与交易费用的边际减少额相等，这时企业就不会再通过并购来扩大企业规模。

（6）税负考虑

税收上的好处能够部分解释收购的产生，尤其是体现在公司合并上。当公司有过多账面盈余时，合并另一家公司可以降低赋税支出。如果政府主动以税负减免的方式鼓励公司的合并，这一好处将更加明显。

典型案例4-1：

美丽说、蘑菇街与淘世界合并成立美丽联合集团

2016年1月11日，美丽说与蘑菇街宣布合并。蘑菇街和美丽说通过内部邮件的模式宣布合并，整个交易将以换股的方式完成，蘑菇街和美丽说按2∶1对价（双方最近一轮的融资估值），新公司的整体业务估值近30亿美元。同时，此次合并不涉及股东退出，腾讯作为重要现有股东之一，对合并后的新公司进行了追加投资。

双方合并之后，美丽说和蘑菇街两大品牌将保持独立运营。蘑菇街和美丽说并未采取联席CEO制，合并后的新公司将直接由蘑菇街CEO陈琪接管。美丽说原CEO徐易容带领旗下海淘平台HIGO抽身离开。

6月15日，蘑菇街、美丽说、淘世界正式对外宣布合并消息，合并的新集团为“美丽联合集团”。合并之后，几个平台形成了针对不同用户提供不同产品和服务的协同关系。陈琪出任新集团CEO，他坦言这三个品牌的差异化解决了蘑菇街当年“要不要做适合更大年龄跨度的女性时尚社交电商”的困扰，“从拉长用户年龄段这一点来看，美丽联合集团的合并是成功的”。

结合所学内容，从多方面分析蘑菇街、美丽说抱团取暖的价值动因。

资料来源：佚名. 美丽说、蘑菇街与淘世界合并成立美丽联合集团［N］. 经济参考报，2016-06-17.

分析：这是一个典型的通过并购重组，改善经营效率、提升企业价值的案例。

2）管理动因

（1）代理问题

代理问题是由于公司的管理层与公司股东双方利益不一致而产生的。由于管理层没有或只有公司的小部分所有权，管理层会偏向于非现金的额外支出，如豪华办公室、专用汽车等，而这些支出则由公司其他所有者共同负担。收购可以降低代理成本，公司的代理问题可经由适当的组织设计解决，如完善公司治理结构，将决策的拟定、执行与决策的评估和控制加以分离等，这是通过内部机制设计来控制代理问题，而并购事实上可以提供一种控制代理问题的外部机制。公司控制权接管市场的存在，使得外部管理者可以通过要约收购或代理权之争，战胜现有的管理者和董事会，从而取得对目标公司的决策控制权。另外，代理人的报酬取决于公司的规模，因此，代理人有动机通过并购使公司规模扩大而忽视公司的实际投资收益率。

（2）自由现金量

自由现金量是指公司的现金在支付了所有现值为正的投资计划后所剩余的现金量。在公司并购活动中，自由现金量的减少有助于化解经理人与股东之间的冲突。自由现金量应完全交付于股东，以降低经理人的权力，避免代理问题的产生。同时，再度进行投资所需的资金由于将在资本市场上重新筹集而再度受到监控。

3）战略动因

作为战略动机，并购本身的收益已属次要，重要的是通过并购降低企业风险和占领市场份额。

（1）多角化并购

当并购方与被并购方处于不同业务、不同市场，且这些业务部门的产品没有密切的替代关系时，则称这种并购为多角化并购或混合并购。这个并购的重要思想是“不要把所有的鸡蛋放在一个篮子里”，类似于投资者在资本市场上的分散投资，并购方企业需要把其资源分散化，以避免市场的一些不可预测的风险。因此，降低、规避风险是这种并购最主要的目的。另外，以较低成本进入有发展潜力的新行业也是多角化并购的一个重要目标。

小思考4-1：

一般来说，企业可以通过什么方式进入新领域？

提示：一是通过内部投资新建的方式进入；二是通过并购进入。对于第一种方式，由于企业对这个新行业还比较陌生，如果采用这种方式，企业将承担较大的市场风险和产品开发成本，而采用第二种方式则可以降低风险和开发成本。

（2）获取市场势力

减少竞争对手，提高市场占有率，增加企业长期获利机会是企业并购的主要动机。大企业利润方面的变动要比小企业的小，因为大企业市场势力较强，不容易受市场环境变化的影响。规模、稳定性和市场势力是密切相关的，并购取得了规模效益，增加了社会福利，同时，并购也会造成一定程度的垄断，损失一定的福利。所以，要判断并购对社会来说是好是坏，取决于并购造成的社会净福利是增加还是减少。

从企业并购的历史发展来看，全球的五次并购浪潮中，前四次几乎都是由经济动机所引发的，而第五次则更多的是由战略动机所引发的。从20世纪90年代开始，战略性买家成为主流，公司管理者已经把兼并与收购视为保持竞争力的关键手段。从全球范围来看，企业并购的动机正从经济动机向战略动机过渡，其中偶尔夹杂着一些管理因素引发的并购动机。

小思考4-2：

企业并购的作用有哪些？

提示：企业并购的积极作用：可以促进存量资产流动，推进资产优化配置；促进资本和生产的集中；促进企业发展，实现企业竞争战略；促进企业吸收专业技术人才，保持企业的人才和技术优势。

企业并购的消极作用：并购不当会造成社会资源的浪费；并购过程中易产生内幕交易和不当投机行为；过度并购会形成垄断，阻碍技术进步。

4.2 企业并购与反并购策略

4.2.1 企业并购的主要形式

企业并购的形式多种多样，特别是在并购迅速向纵深发展的今天，并购在不同行业里发生，在不同地域甚至不同国家之间发生，并购的方式、工具和手段也在不断地创新。

1）从行业角度划分

（1）横向并购。横向并购是指在同一行业中两家从事相同业务或产品、具有一定替代性的公司之间发生的并购行为。这种并购最大的优点是可以快速实现生产上的规模经济，节约共同费用，提高通用设备的使用效率，便于在更大范围内实现专业分工协作，采用先进工艺，统一技术标准等，从而提高企业效益。就小企业来说，这种并购一般是为了抵御来自外部的竞争；而大企业之间或大企业与小企业的并购则是为了形成规模效应或形成垄断，以期获得超额利润。19世纪末至20世纪初，美国出现了以横向并购为主要特征的并购浪潮，出现了众多规模庞大的企业，形成了如炼钢、化工、机械等相当集中和垄断化的行业。

（2）纵向并购。纵向并购是指在同一产业和经营环节互相衔接、密切联系的企业之间的并购。这种并购往往是兼并公司与原料供应公司、产品销售公司之间的并购，以保证原材料—生产—销售渠道的畅通。纵向并购具体又分为向前并购和向后并购两类。例如，一家食品制造公司并购一家食品连锁便利商店，称为向前并购；一家百货公司并购一家服装制造厂，称为向后并购。纵向并购可以扩大生产经营规模，节约设备费用；可以加强生产过程各环节的配合，有利于协作化生产；可以改进生产流程，缩短生产周期，节省运输、仓储资源等。20世纪20年代，西方资本主义国家掀起了以纵向并购为主的第二次并购浪潮。

（3）同源并购。同源并购是指一家公司以自身的产品和市场作为中心，通过并购同一产业中与自身业务性质不相一致且没有业务往来的相关公司，将业务逐渐渗透到相关领域，以达到产品多元化经营的目标。例如，银行与保险公司或证券公司之间的合并；同一加工工业中不同产品生产商之间的合并；同一商业领域中不同商品销售商之间的合并等。这种并购方式有利于拓宽公司在同一产业内的生产经营范围，形成规模经济。同时，一些大企业为了追求长期经营业绩，需要退出行业内前景暗淡的经营领域，进入本行业内前景被看好的领域，往往采用这种并购方式。

（4）混合并购。混合并购又称多角化并购，是指并购公司在几个主要的不相关产业内进行并购，逐渐形成几个核心，以扩大其生产规模的并购方式。混合并购秉承了“不要把鸡蛋放在一个篮子里”的风险分散思想，其优点主要体现在财务和管理上：在财务方面，流动资金等预防性资产将因各公司之间可以相互支援而大幅减少，且公司的财务风险也因为集团内相互支持而大幅降低；在管理方面，以集中管理的方式，可以达到管理上的规模经济与效率的提高。但由于混合并购的目标公司的业务性质和收购公司完全不同，其风险也相对较大。

2）按企业并购的支付方式划分

（1）现金并购。这是指并购公司使用现金购买目标公司部分或全部资产或股票，以实现对目标公司的控制。

（2）股票支付并购。这是指并购公司向目标公司发行并购公司自己的股票，以交换目标公司的大部分或全部资产或股票，从而实现并购的目的。一般来说，并购公司向目标公司的股东发行股票，至少要达到并购公司能控制目标公司所需的股票。

（3）综合支付方式并购。这是指并购公司对目标公司的出价由现金、股票、优先股、可转换债券等多种融资方式组成的一种并购方式。

3）按并购的融资渠道划分

（1）杠杆并购。这是指并购公司以目标公司的资产及运营所得为抵押进行大量的债务融资，来并购目标公司。在杠杆并购中，并购公司不必拥有巨额资金，只需准备少量现金(用以支付收购过程中必需的律师、会计师等费用)，即可并购任何规模的公司，由于此种并购方式在操作原理上类似杠杆，故而得名。

（2）非杠杆并购。这是指不用目标公司资金及运营所得来支付或担保支付并购价款的并购方式。早期并购风潮中的并购形式多为此类。但非杠杆并购并不意味着并购公司不用举债即可负担并购资金，实践中，几乎所有的并购都是利用贷款完成的，所不同的只是贷款数额的多少而已。

4）按并购企业的行为划分

（1）善意并购。这是指并购企业通常给出比较公道的价格，提供较好的并购条件，这种并购主要通过并购企业与目标企业之间的协商，取得理解和配合，目标企业的经营者提供必要的资料给并购企业，双方在相互认可、满意的基础上制定出并购协议。

（2）敌意并购。这是指并购企业未先与目标企业经营者协商而通过秘密并购目标企业分散在外的股票等手段，对其形成包围之势，使目标企业不得不接受条件，将企业出售，从而实现控制权的转移。在敌意并购的情况下，并购企业通常得不到目标企业的充分资料，而且，目标企业常常制造障碍阻止并购。

（3）狗熊式拥抱。这是介于善意并购和敌意并购之间的并购方式。在这种方式下，并购方先向目标企业提出并购建议，而不论目标企业同意与否，并购方都会进行并购。如果目标企业接受并购建议，并购方将以优惠的条件进行并购；否则，并购企业将在二级市场上大举购入目标方股票，以恶劣的、敌意的条件完成并购。

5）按并购人在并购中使用的手段划分

（1）要约并购。这是指并购人通过向目标公司的股东发出购买其所持该公司股份的书面意图表示，并按照其依法公告的并购要约中所规定的并购条件、价格、期限以及其他规定事项，并购目标公司股份的并购方式。要约并购不需要事先征求目标公司管理层的同意，而是由并购人提出统一的并购要约，并由受要约人（目标公司股东）分别承诺，从而实现并购人的并购意图。

拓展阅读4-1

细数美国百年并购史

（2）协议并购。这是指并购人通过与目标公司的股东反复磋商，并在征得目标公司管理层同意的情况下，双方达成协议，并按照协议所规定的并购条件、价格、期限以及其他规定事项，并购目标公司股份的并购方式。协议并购必须事先与目标公司的股东达成书面转让股权的协议，据此协议受让股份，实现并购目的。

4.2.2 企业反并购策略

企业并购是一个企业以某种条件取得另一个企业部分或全部产权，以取得其控制权的行为。作为目标企业，其面临并购时，可能同意也可能反对。如果目标企业反对被并购，就会采取相应的反并购策略。

1）并购发生前的反并购手段

（1）构造合理的股权结构，限制袭击者所能得到的股份。一个上市公司为了避免被并购，应该重视建立相应的股权结构，即公司股权难以“足量”地转让到并购者的手上。一般做法有以下几种：

①自我控股。这是指公司的发起组建人或其后继大股东为了避免公司被他人并购，必须拥有足够的股份，在公司中居于控股地位。自我控股又分为两种情况：一种情况是在一开始设置公司股权时就让自己控有公司的“足量”股权；另一种情况是通过增持股权，加大持股比例来取得控股地位。如果自我控股达到51%的比例，敌意并购就不可能发生。

②交叉持股。这是指关联公司或关系友好公司之间相互持有对方股权，在其中一方受到并购威胁时，另一方伸以援手。如A公司购买B公司10%的股份，B公司又购买A公司10%的股份，它们之间达成默契，彼此忠诚，相互保护。在A公司沦为并购目标时，B公司则锁住A公司的股权，加大并购者吸纳“足量”筹码的难度。同时，B公司在表态和有关投票表决时支持A公司的反并购。反之，B公司受到并购威胁时，A公司也采取同样的做法。交叉持股除了能起到反并购效果外，也有助于双方公司形成稳定、友好的交易关系。

③员工持股计划。这是指由公司内部员工个人出资认购本公司部分股份，并委托公司的持股会或其他机构进行集中管理的产权组织形式。员工持股计划在西方国家十分流行。一般而言，目标公司被并购后，并购方的整合行动往往不利于目标公司的员工，比如大规模裁减员工、压低工资福利待遇以减少成本开支、强制推行不同的企业文化等，都侵犯了目标公司员工的既有利益，因此，员工在投票表决时，往往倾向于原有的管理层，反对并购方。

（2）修订合理的公司章程，限制袭击者所拥有股份的表决权。并购方要成功地并购目标公司，最终要通过控制董事会完成，因此，在法律允许的范围内，目标公司可以在公司章程里设置反并购条款。

①董事轮换制。这是指在公司章程中规定，每年只能更换一定比例的董事（一般为1/3），这意味着即使并购者拥有公司绝对多数的股权，也难以获得目标公司董事会的控制

权。目前，美国标准普尔指数的500家公司中的一半以上采用了这种反并购对策。由于这种反并购方法阻止了并购者在两年内获得公司的控制权，从而使并购者不可能马上改组目标公司，并且为目标公司赢得宝贵的、采用其他反并购手段的时间，这样就降低了并购者的并购意向，并提高并购者获得财务支持的难度。

②绝对多数条款。这是指在公司章程中规定，公司的合并需要获得绝对多数的股东投赞成票，这个比例通常为80%，同时，对这一反并购条款的修改也需要绝对多数的股东同意才能生效。这样，敌意并购者如果要获得具有绝对多数条款公司的控制权，通常需要持有公司很大比例的股权，这在一定程度上增加了并购的成本和并购难度。

③双重资本化。这种反并购对策是将公司股票按股票权划分为高级和低级两等，低级股票每股拥有普通的一票的投票权，高级股票的每一股拥有多票的投票权，但高级股票派发的股息较低、市场流动性较差，低级股票的股息较高、市场流动性较好。高级股票可以转换为低级股票。如果经过双重资本化，公司管理层掌握了足够的高级股票，公司的投票权就会发生转移，即使敌意并购者获得了大量的低级股票，也难以取得公司的控制权。与董事轮换制和绝对多数条款相比，采取双重资本化这种反并购对策的公司很少。

（3）设置“毒丸”计划，增加袭击者的并购成本。“毒丸”是指公司为避免敌意收购对股东利益的损害，而给予公司股东或债务人的特权，这种特权只有在敌意并购发生时才生效。“毒丸”主要有以下几种方法：

①优先股购股权计划。这种购股权通常发给老股东，并且只有在某种触发事件发生时才能使用。优先股购股权计划一般分为“弹出”计划和“弹入”计划。“弹出”计划通常指履行购股权，购买优先权。例如，以100元购买的优先股可以转换成目标公司200元的股票。“弹出”计划最初的影响是提高股东在并购中愿意接受的最低价格。在“弹入”计划中，目标公司以很高的溢价购回其发行的购股权，通常溢价高达100%。也就是说，100元的优先股以200元的价格被收回，而敌意并购者或触发这一事件的大股东则不在回购之列。这样就稀释了并购者在目标公司的权益。“弹入”计划经常被包括在一个有效的“弹出”计划中。优先股购股权计划对于敌意并购来说是一项有力的反并购对策，它能在很大程度上阻止并购。

②管理层补偿计划，也称“金银锡降落伞”计划，即根据企业内部人员的等级划分为“金”“银”“锡”三个级别。所谓“金降落伞”计划是指根据公司的董事会决议，一旦公司股权发生大规模转移，公司的高层管理人员的聘任合同即行终止，公司将提供高层管理人员巨额的补偿金。这些补偿金就像一把降落伞一样让高层管理人员从高职位上安全着陆，又因其收益丰厚，故名“金降落伞”。所谓“银降落伞”计划是指向中层管理人员支付费用。所谓“锡降落伞”计划是指公司的职工如果在公司被并购后两年内被解雇的话，收购公司需支付职工遣散费，这也是一笔不小的费用。“金银锡降落伞”策略不但使公司的高层和中层管理人员、企业员工减少了后顾之忧，而且额外增加了并购公司的并购成本或增加了目标公司的现金支出，使并购者蒙受损失，从而阻碍并购。

相关链接4-1

反收购措施的合法性检验

③兑换毒债。这是“毒丸”的变种，即公司在发行债券或借贷时订立“毒药条款”，在公司遭到并购时，债权人有权要求提前赎回债券、清偿借贷或将债券转换成股票。这样，日标公司可能得在短期内偿付大量现金，导致财务恶化或者债转股，增加不少股票，令并购难度加大。

2）并购发生后的反并购手段

（1）公司重组，削弱目标公司的吸引力。当公司面临并购时，公司将最有利的资产（“皇冠上的明珠”）、最赚钱或最有前途的业务或部门出售；或者大量举债，使财务指标变坏；或者将公司分拆上市或出售。防御性公司重组对反敌意并购非常有效，但必须全面权衡利弊。

①出售“皇冠上的明珠”。在公司内经营最好的企业或某项资产常被喻为“皇冠上的明珠”，它们对于并购公司的发展起着很好的互补作用或者构成竞争威胁，通常会诱发其他公司的并购欲望，成为被并购的目标。在目标公司没有其他更好的反并购手段时，上策就是出售“皇冠上的明珠”，使并购者失去并购兴趣。

②推行“焦土政策”。这是指目标公司以自残为代价驱退敌意并购者的措施。这些措施包括：大量举债买入一些无利可图的资产；故意进行一些低效益的长期投资；将公司的债务安排在合并后立刻到期；并购其他更小的公司等。这些政策将使并购方在并购成功后得到一个烂摊子，并购者可能会因为“焦土政策”而不得不停止并购。但是这种政策的推行，往往导致股价的下跌，而且明显地损害了公司股东和债权人的利益，故各国法律对此均有所限制。

③资本结构重组。这是指通过改变资本结构，提高债务和降低股权比重来实现反并购。目标公司向股东发放数量可观的现金或债券来向股东返还部分投资，改变并购者对自身财务状况的预期，能有效地驱退敌意的杠杆并购。这种策略对已进入成熟期、经营比较稳定的公司更加有效。

④公司分拆。公司分拆和子公司上市本来是公司经营专业化并提高股价的战略措施，但也常常被用作公司反并购的策略之一，原因在于：分拆和子公司上市后，由于“注意力效应”，原母公司和子公司的股价均可能被推高，从而增加收购公司二级市场的收购成本；另外，子公司上市可以筹得大量资金，有助于母公司采取反并购策略。

小实训 4-1：

搜集反并购案例，并分析采用了哪些反并购手段。

（2）股票回购。当并购公司发出并购要约、并购目标公司的股票时，目标公司可以以高于并购价格的价格来购回自己的股票，使其在外的股份数量减少。这样，一方面使并购公司无法并购到足够达到控制的股票，另一方面又使并购公司不得不提高要约价格来并购股票，从而提高并购公司的并购成本，也会有效地抑制并购的进行。

在我国，股票回购的运用还存在诸如法律规定、公司股权结构复杂、证券市场不规范等问题，其发展受到一定的限制。

（3）诉诸法律。诉诸法律是最普通的反并购对策。在西方国家，企业并购往往要受到反托拉斯法的限制，因此，公司在受到袭击时，可以向法院提起诉讼。目标公司提起的诉讼最常见的理由有：公开并购手续不完备，并购要约公开内容不充足等。其目的为：一是可以拖延并购时间，从而鼓励其他竞争者参与并购或为其他反并购手段的运用赢得时间；二是可以通过法律诉讼迫使收购者提高其并购价格，或迫使并购公司为了避免法律诉讼而放弃并购。

（4）邀请“白衣骑士”。当目标公司遭到敌意并购时，为了不使公司沦为并购者的囊中之物，目标公司可以邀请一个友好公司，即所谓的“白衣骑士”作为另一个并购者，以更优惠的条件达成善意并购。优惠条件包括以更高的价格购买公司的股票，以及对目标公司的人事安排给予保证等。并购目标公司的竞争者增加，可以迫使并购者提高并购价格或者放弃并购。

小思考4-3：

为什么邀请“白衣骑士”战略在我国具有很好的实用性？

提示：一方面，我国上市公司多数具有母公司背景，当子公司遭到敌意并购时，为了这个宝贵的融资渠道，母公司及其关联公司一般会救助子公司以免被并购；另一方面，上市公司被并购一般会导致当地的税款流失转移，并且可能会因下岗失业等问题引起当地社会的不稳定，因此，当地政府也可能组织当地其他企业对目标公司进行并购。

（5）“帕克曼”战略。“帕克曼”战略又称“小精灵防御术”，“帕克曼”原是20世纪80年代初流行的一部电子游戏的名称，在该游戏中，任何没有吞下敌手的一方将遭到自我毁灭。这里是指当敌意并购者对目标公司提出并购时，目标公司针锋相对地对并购者发动进攻，也向并购公司提出并购，或者策动与目标公司关系密切的友邦公司出面并购，从而达到“围魏救赵”的目的，这种策略通常以杠杆并购的方式进行。

“帕克曼”反并购战术的实施，不但使原来的进攻者变成了防御者，而且可使实施此战略的目标公司处于进退自如的境地。“进”可以使目标公司反过来并购袭击者；“退”可以使袭击者无力再向目标公司挑战，或者即使目标公司被并购，其也能分享到并购公司的部分利益。

但是，“帕克曼”战略也有其缺陷：一是它要求实施方有大量的闲置资金或广泛的融资渠道，反并购的条件比较高；二是目标公司如果使用这种反并购战略，就必须放弃一些其他的反并购手段，比如放弃反垄断控诉等，因为这种战略的运用意味着目标公司也赞同两公司的合并，只是对哪家公司充当并购方表示异议而已。

在我国现有的融资环境下，目标公司很难获得必要的杠杆并购资金，这就限制了这种并购战略在我国的实用性。

（6）管理层收购。管理层收购是指公司管理层通过负债融资购买本公司股权以达到控股重组公司的一种财务型并购方式。管理层之所以收购自己经营的公司，一方面是因为他们深知公司价值和发展潜力；另一方面是因为当公司面临被并购的危险，目标公司无法通过其他方法驱除袭击者时，管理层只有自己挺身而出，实现管理层收购，维护自己的利益。在美国，由于垃圾债券的存在，管理层收购曾风靡一时。

在我国，尽管管理层收购呼声很高，也成为各上市公司管理层心照不宣的计划，但由于我国目前还存在不少诸如融资问题、股权定价问题及法律障碍等不利因素，管理层收购还不能成为反并购的有效手段。

小思考4-4：

我国如何处理并购后的目标企业管理层的待遇问题？

提示：对并购后的目标企业的管理层待遇，我国并无明文规定。但我国上市公司多数是由国家控股的公司，其管理层也往往具有政府官员的性质，在多数上市公司的所有者监督缺位、内部人控制的治理结构下，管理层补偿计划极有可能是变相地瓜分公司资产或国有资产，因此，这种计划很难被有关部门通过，即使被通过也很可能不被认可。

4.3 企业并购业务流程

4.3.1 企业并购的一般程序

1）企业战略分析

并购是企业的战略行为，它关乎企业的成长。在并购前，企业必须进行战略分析，包括分析企业的战略目标，分析企业的外部环境和内部条件，分析企业应采取的发展战略等，在企业所实施的发展战略的指导下，寻找合适的并购机会。

（1）企业外部环境分析

企业外部环境分析包括对政治、经济、社会、文化等因素的分析。对企业并购有较大影响的有国家的经济政策、法律环境以及重大的机会分析。

①国家的经济政策。企业应该了解国家在企业并购中的引导、监督、中介及服务功能，及时对国家颁布的各项政策做出反应，寻求有利政策的支持，避免不利政策的管制，主要包括对产业政策的分析、对金融政策的分析、对财政补贴政策的分析及对特殊行业的限制等。

②并购的法律环境。市场经济是一种法制经济，并购作为一种市场行为，必然受到法律的约束。并购方企业了解法律环境主要是为了避免企业并购中可能遇到的法律障碍。企业并购的法律体系由兼并法、证券法、反垄断法、公司法、知识产权法、社会保障法等组成。

③对出现的重大机会的分析。当市场出现重大变动时，如某种生产要素价格的突然提高，某种原材料供应的大幅度减少，外汇市场上汇率的涨跌等，会使一些企业陷入突发性的困境，处于劣势地位，或使并购方企业的优势骤然强大，从而为优势企业并购劣势企业提供了重大机会。

（2）并购企业的并购能力分析

对并购企业并购能力的分析，主要有以下两个方面：

①资金运筹能力。企业并购需要大量资金，并购企业必须有良好的资金运筹能力。企业运用的资金可以是企业的自有资金，也可以是凭借企业和商业银行、投资银行及其他金融机构的良好关系、较高的资信等级借来的资金，还可以是通过发行债券募集来的资金，不管用哪种方式筹集的资金，都必须保证需要时资金及时到位。

②经营管理能力。企业并购的目的是要在完成目标企业的并购后，其资产得到合理有效的运用，与并购企业产生协同效应，服务于并购企业的发展战略，这就要求企业有良好

的经营机制、优秀的管理人才以及适合企业发展的企业文化等。

2）目标企业选择

（1）目标企业初选

在决定实行并购作为企业的增长方式后，就要对并购目标进行筛选。并购企业的动机不同，它要寻求的目标企业也不同，但一般而言，具有以下特征的企业最容易被并购企业看中：企业发展前途大，但管理班子比较弱；股东比较分散；高层管理人员掌握的股票不多，大量股票分散在机构性股东手中；企业股票的账面价值高于市场价值；很少或没有发行在外的债券等。并购企业通常会围绕自身的发展策略，通过比较分析，候选出几个并购对象。

（2）目标企业审查

确定目标企业是一项难度较大的工作，必须从收集资料信息开始，对资料进行广泛、深入的分析和研究，一般要对候选对象进行专门的调查研究：①目标企业的出售动机；②目标企业所处的行业分析；③目标企业总体经营状况及财务评价。

（3）目标企业的审慎调查

利用有关书面资料或信息对目标企业做出分析与评估，确定其是否适合作为并购目标，这只是审查的一方面或一个阶段；在买卖双方已草签协议或其他不太具有约束力的契约后，还要进行较深入的审查，称之为审慎调查或听证，重点检查卖方提供资料的真实性及拥有资产的合法性。

（4）分析并购风险

拓展阅读4-2

微软以262亿美元收购领英

并购是一种高风险与高收益相伴的业务，在并购活动中购买方要承担一些风险，如并购后无法形成协同效应，并购方未能达到预期目的而产生的经营风险；高价并购使并购者无法获得满意投资回报的多付风险；融通资金的财务风险；目标企业采取反并购行动的反并购风险；国家对并购活动限制的法律风险及信息风险等。

3）目标企业的价值评定

（1）目标企业的价值评估模式

企业并购是一项复杂的经济行为，在对目标企业初步考查以后，就要对目标企业进行估价，得到理论上的合理价格，以便确定并购的成本问题。企业评估的方法很多，常见的有以下几种：

①贴现法。贴现法是在目标企业持续经营的前提下，通过对目标企业被并购后各年预期的现金净流量，按照适当的折现率所折现的现值作为目标企业价值的一种评估方法。这一模式包括收益贴现法和现金流量贴现法，其优点是将企业的价值与盈利能力结合起来，从动态的角度对企业价值进行评定，但对目标企业的盈利预测缺乏准确性。贴现法的基本公式为：

$$V=\sum_{t=1}^{n}\frac{C_t}{(1+i)^t}$$

式中：V——目标企业价值；C_t——贴现对象，即现金流量或收益；i——贴现率。

②市盈率法。市盈率法是指根据上市公司行业的市盈率并结合公司的实际情况，来确定上市公司合理的市盈率，然后由公司近期盈余计算出上市公司的股票价值及公司价值。采用市盈率法评估目标企业的优点是比较简洁，但前提是要有完善的资本市场，信息要完

全对称，而且主观性较强。市盈率法的计算公式为：

$V=E\times L\times N$

式中：V——目标企业价值；E——市盈率；L——每股盈余；N——公司发行在外的股份总数。

例如：某公司发行在外的股本总数为1 000万股，本期每股盈余为2元，行业平均市盈率为18，考虑到该公司经营情况略好于行业平均水平，将其市盈率确定为20。则该公司的价值为：

$V=1\ 000\times 2\times 20=40\ 000$（万元）

③资产基准法。资产基准法是指对目标企业的每项资产进行评估，然后将各类资产的价值加总，得出目标企业的总资产，再减去各类负债总和，就得到目标企业的价值。该方法一般忽略目标企业的无形资产，主要适用于以购买资产方式进行并购的并购企业，通常包括账面价值法、清算价值法及重置成本法。其计算公式为：

$V=A-L$

式中：V——目标企业价值；A——目标企业资产总值；L——目标企业负债总值。

例如：经评估，目标企业的资产总值为5 000万元，负债总值为1 600万元，以购买资产进行并购时，目标企业的价值为：

$V=5\ 000-1\ 600=3\ 400$（万元）

④市场比较法。市场比较法是指对于非上市公司的评估，即先找出在营运和财务上与其可比的上市公司作为参照公司，然后再按照作为参照公司的上市公司的主要财务比率以推断非上市公司的价值。具体计算公式为：

$V=E\times R$

式中：V——目标企业价值；E——目标企业市盈率；R——目标企业的收益总额。

例如：在A公司收购B公司的案例中，B公司为非上市公司，但其与C公司处于同一行业，二者的财务指标、经营情况也大致相同，因而取C公司的20倍市盈率作为B公司的市盈率。又知B公司的当期收益总额为400万元，则B公司的价值为：

$V=400\times 20=8\ 000$（万元）

（2）交易价格的确定

由于影响交易价格的因素很多，确定交易价格是非常复杂的，所以并购双方均应根据并购程序中的不同阶段确定不同的交易价格。

①基本价格的确定。基本价格也称交易底价，是企业在价值评估基础上确定的价格。

②谈判价格的确定。谈判价格也称浮动价格，是并购双方围绕基本价格进行谈判，根据目标企业的资产状况、经营情况、稀缺程度、发展潜力以及并购方的需求程度、市场竞争程度确定浮动价格和浮动范围。一般情况下，最初收购要约价格以目标企业股价为下限，以目标企业预计价值为上限。为了使目标企业股东能够接受，保证并购活动的顺利实施，要约价格不宜过低，并购方也可提出一个并购价格的区间。

③并购价格的确定。并购价格也称成交价格。从基本价格开始，经过浮动价格的谈判，并购双方共同认可的交易价格，即为可以成交的并购价格。并购双方完成谈判的一切手续，通过法律确认后，并购价格才正式确定。

4）并购实施

（1）发出要约及签订并购协议

除敌意并购外，并购企业都应在并购开始之初向目标企业发出并购要约，提出并购条件、并购价格等。并购企业发出要约后，应主动与目标企业管理层及主要股东进行接触。如果并购双方在基本问题上达成一致，就会签订并购协议。

（2）制订融资方案及选择并购支付方式

融资是并购中必须考虑的一个重要问题，考虑融资方案时应该处理好成本、风险及收益的关系，分析采取何种方式融资才能做到成本低、风险小、收益高，通常在并购中可以制订一揽子融资计划。由于并购融资方式与并购支付方式密切相关，不同支付方式对于并购融资的要求也不一样，所以根据对并购方现实流动性的不同要求，并购支付方式可以分为现金支付方式和非现金支付方式。

①现金支付方式。现金支付方式是指并购方以现金（包括银行存款或某种形式的延期支付票据）向被并购方股东支付并购价款的方式。在企业并购实践中，现金支付方式是最普遍采用的一种支付方式。由于并购交易金额较大，当企业确定以现金方式进行支付时，就要选择适当的方式进行融资：

一是内部融资，就是从公司内部筹集并购所需资金，通常有三种渠道，即公司的自有资金，公司的应付税款、利息、股利或其他应付款及未使用或未分配的专项基金。

二是银行贷款，对于并购巨额的现金支付，只靠内部积累往往只是杯水车薪，外部融资是必要的渠道，而银行的贷款就显得非常重要。

三是过桥贷款，是指对于并购方依然存在的资金缺口，由并购方向投资银行申请短期性的并购贷款。在存在商业银行并购贷款的前提下，并购方的优质资产大都已抵押给商业银行，则此时申请到的过桥贷款一般没有抵押资产，贷款的利率高于商业银行的贷款利率，期限在6个月左右，当过桥贷款到期而并购企业无力偿还时，投资银行一般会要求并购企业发行垃圾债券或出售被并购方资产来偿还过桥贷款，这将产生额外的融资费用。

四是发行债券，除了银行贷款或过桥贷款以外，并购方还可以通过在公开市场上发行债券的方式，在获得并购资金的同时，取得与其他二者相同的财务杠杆效应。

五是发行股票，当并购方无法获得贷款或发行债券时，只能考虑股权融资方式。

六是卖方融资，是指被并购方股东以合同协议或应收票据的形式，允许并购方分期支付并购款项的行为。这事实上是被并购方股东为并购方流动性不足而提供的一种信用。

②非现金支付方式。一般包括以下几种方式：

一是以股票换股票，即按照协商的比例，以并购方股票换取目标企业股东的股票，从而使目标企业股东转变为并购后企业的股东。

二是以债权换股权，是指并购方以原先持有的债权或向目标公司股东定向发行并购方债券以换取目标公司的股权。

三是定向发行可转换债券，是指向债券持有者提供一种选择权，其在某一给定时间内可以某一特定价格将债券换为股票。

四是定向发行认股权证，是指发行公司所发行的一种有价证券，持有人拥有于权证上所约定的有效期内，以某一固定价格向发行公司认购特定数量的普通股票的权利。在并购中，并购方可以通过向目标公司定向发行认股权证，从而抵偿一部分收购价款。

5）并购后的整合

企业并购后的整合是指并购企业获得目标企业的资产所有权、股权或经营控制权之后，进行资产、人员等企业要素的整体系统性安排，从而使并购后的企业按照一定的并购目标、方针和战略组织运营。并购整合需要将原来不同的运作体系有机地整合成一个运作体系，这是整个并购过程中最艰难、也最关键的阶段。

（1）资产整合

资产整合是通过重组达到生产要素的有机整合，发挥物质资本的基础功能，使其以资本化的形式运作起来，使生产要素在整合功能推动下向边际效益最大化方向流动，产生重组的乘数效应。从企业微观层面分析，只有通过资产重组盘活资产存量，才能实现低成本扩张，增强企业的市场竞争力。

（2）管理整合

资产重组要与机制转换、制度创新相结合。通过重组，改革不合理的管理体制与分配体制，充分调动员工的积极性。在资产重组过程中，优势企业应充分利用自身的管理优势、输出机制，切实做好被并购企业的机制转换与制度创新工作。

（3）组织整合

根据企业组成的具体情况和市场经济的固有规律，通过组织结构的重构与优化，重新设定企业的组织指挥系统，重新制定企业的组织制度，建立科学有效的组织结构，降低重组后的组织成本。

（4）人力资源整合

人力资源整合是指对现有人员进行优化配置，留住并购双方的关键人员，对企业各层次的人员进行合理的调配和安排，最大限度地减少被并购企业员工的抵触情绪，调动员工的积极性。

（5）文化整合

这是一个典型的“软重组”过程，是资产重组的内在灵魂。由于每个企业都有自己的企业文化与经营理念，在这方面重组双方可能存在很大差异，这就需要一个企业文化与理念的对峙、碰撞、渗透与不断磨合的过程。特别是在资产重组实施的初期，重组双方的相互磨合与适应是相当重要的，先进的企业文化渗透到企业的管理和运行之中，并对企业运行产生辐射作用。只有这种“软重组”取得成功，文化、心态、思维方式才能发生根本转变。

4.3.2 上市公司并购程序

从上市公司并购的方式来看，按照并购的公开程度和程序的不同，并购可以分为协议并购和要约并购。在发达国家的市场上，通行的成熟做法是要约并购，而协议并购由于不符合上市公司的公开原则，因而在许多国家和地区都不鼓励协议并购。我国的并购实践恰好相反，大多数的上市公司并购都以协议并购方式进行。

1）西方国家的要约并购程序

（1）聘请并购顾问。一般来说，并购一个上市公司要有一个商业银行或投资银行提供帮助，来处理可能产生的复杂的法律和行政管理事务。

（2）获得一定份额的股份。在并购某公司前，先购买它的一小部分股份，这对下一步整体报价是十分有利的。

（3）报价时间的确定。发达国家证券市场股东众多，持股分散，因而只要获得比例不大的股份，就可以在目标公司董事会中获得一个席位，这就使并购者能对下一步并购获得更多的信息，并为全面报价确定一个适当的时间。

（4）向目标公司董事会通告。并购者首先应将并购通告提交给目标公司的董事会，如果能得到目标公司董事会的支持，成功的机会就会增大。

（5）反托拉斯检查。西方国家的并购可能会涉及反托拉斯的问题，与有关的权力机构如公平交易部的接触，在并购之前就可以进行。

（6）通告。目标公司的董事会在收到并购要约前，宣布通告的责任在并购方。一旦并购企业通告其报价后，就得遵守报价诺言，其并购顾问也要承担这方面的责任。

（7）并购期间的交易。在某一预定或可能的并购通告被宣布后，当事人仍可自由交易目标公司的股票，但是需要在交易日后第二天把交易情况报告给股票交易所专门小组及新闻媒体。

（8）并购文件的发送。正式的并购文件篇幅很长，但并购内容却十分明确。在并购文件发送前，并购企业董事会成员必须在有关文件中证明其对并购要约准确性所负的责任。

（9）目标公司对并购的反应与防御。目标公司董事会应公布它对并购的意见，并在目标公司董事会发出的主要通知的文件中列出。

（10）要约的延长与文件修改。并购者可以延长并购和修订并购文件，无论是否延长或修改，并购公司应该及时向股东进行通告，并同时把情况通知股票交易所。

（11）接受的撤回。从第一个报价结束日起，在文件规定的一段时间内并购仍未被无条件接受，那么任何已接受该报价的股东可以自由撤回其接受的决定。

（12）举行股东大会。根据股票交易规则，并购行为需得到并购企业股东的同意，为此，并购企业应举行一个特别股东大会，以正式批准并购行动。这个会议通过的决议的内容应全部以正式通告形式列出，附在并购文件中。

（13）并购支付。如果并购获得成功，就可以以现金、股票、债券等支付方式进行支付。

（14）强制性的兼并与收购。如果并购公司在并购文件寄送后的4个月内已得到90%的股票持有者同意，对购买者来说，下一步是根据法令向持有不同意见的股东发出通知，对剩下的股票采取强制性购买。

温馨提示4-2：

注意一般企业并购程序和上市公司并购程序的异同。

2）我国的要约并购程序

我国法律对要约并购的规定较严，要约并购的程序主要有：

（1）聘请投资银行作为财务顾问。收购方通常会选择一家大的券商作为并购的顾问，以解决要约并购过程中可能出现的各种复杂的问题。这一点和西方的企业并购一致。

（2）持股信息披露。我国证券法规定，在并购人持有目标公司已发行股份的30%之前，必须进行披露。

（3）全面要约并购与要约并购报告书。通过证券交易所的证券交易，投资者拥有一个上市公司已发行股份的30%时，继续进行并购的，应当依法向该上市公司所有股东发出并购要约，但经国务院证券监督管理机构免除发出要约的除外。

（4）发出要约公告与竞争要约。中国证监会在收到要约并购报告书后15日内未提出异议的，并购人可以公告其并购要约文件。

（5）目标公司董事会公告。被并购公司董事会应当为公司聘请独立财务顾问等专业机构，分析被并购公司的财务状况，就并购要约条件是否公平合理、并购可能对公司产生的影响等事宜提出专业意见，并予以公告。

（6）做出承诺。并购人在发出要约并公告后，受要约人应当在要约的有效期限内做出同意以并购要约的全部条件，向并购要约人卖出其所持有证券的意向表示，即承诺。

（7）履行合同。对上市公司并购的合同一旦成立，要约人与受要约人之间的权利、义务也同时确定。并购人负有按照要约规定的期限、价格支付股票价款的义务，而受要约人负有按期交付股票的义务。

（8）并购结束后善后、变更及公告。并购要约的期限届满，并购人持有的被并购公司的股份数达到该公司已发行的股份总数的75%以上的，该上市公司的股票应当在证券交易所终止上市交易。并购要约的期限届满，并购人持有的被并购公司的股份数达到该公司已发行的股份总数的90%以上的，其余仍持有被并购公司股票的股东，有权向并购人以并购要约的同等条件出售其股票，并购人应当并购。并购行为完成后，被并购公司不再具有公司法规定的条件的，应当依法变更其企业形式；被并购公司被撤销的，其原有股票由并购人依法更换。我国《证券法》第九十三条规定，并购上市公司的行为结束后，并购人应当在15日内将并购情况报告国务院证券监督管理机构和证券交易所，并予以公告。

3）我国的协议并购程序

协议并购是指并购人通过与目标公司的股东协商，在征得目标公司管理层同意的基础上达成协议，并按协议所规定的并购条件、并购价格、并购期限以及其他规定事项的方式进行并购。一般来说，我国上市公司协议并购的程序如下：

（1）谈判签约。并购人的并购意向确定以后，与目标公司股东在并购价格、数量、期限上协商，若达成协议，应通知目标公司董事会，取得董事会的支持，确保并购协议的正常履行。涉及国家授权机构持有的股份的转让，或者须经行政审批方可进行的股份转让，协议并购相关当事人应当在获得有关主管部门批准后，方可履行并购协议。

（2）报告。以协议并购方式进行上市公司并购的，并购人应当在达成并购协议的次日向中国证监会报送上市公司并购报告书，同时抄报上市公司所在地的中国证监会派出机构，抄送证券交易所，通知被并购公司，并对上市公司并购报告书摘要做出提示性公告。

（3）公告与履行。中国证监会在收到上市公司并购报告书后15日内未提出异议的，并购人可以公告上市公司并购报告书，履行并购协议。

（4）要约并购豁免。以协议并购方式进行上市公司并购，并购人所持有、控制一个上市公司的股份达到该公司已发行股份的30%时，继续增持股份或者增加控制的，应当以要约并购方式向该公司的所有股东发出并购其所持有的全部股份的要约。符合一定条件的，并购人可以向中国证监会申请豁免。

（5）并购完成。通过协议并购方式取得被并购公司股票并将该公司撤销的，属于公司合并，被撤销公司的原有股票由并购人依法更换。并购上市公司的行为结束后，并购人应当在15日内将并购情况报告国务院证券监督管理机构和证券交易所，并予以公告。

小思考4-5：

为什么有些国家和地区排除对上市公司协议并购的合法性？

提示：因为协议并购在信息公开、机会均等、交易公正方面具有很大的局限性，政府证券主管部门很难对此实施全面有效的监管，不利于保护广大公众投资者的利益，因此协议并购在各国大都不被鼓励，甚至许多国家和地区的法律排除了对上市公司协议并购的合法性。

本章要点

本章主要介绍了兼并与收购的概念、类型、动因，并购业务的基本流程，并购的主要形式，目标企业的估价与并购的支付方式，以及并购与反并购的基本原理及其操作程序。其中，重点是并购业务的基本操作流程；难点是目标企业的估值与并购的支付方式。

问题讨论

1.讨论兼并与收购有哪些区别。

2.讨论并购的各种支付方式、各自的特点及适用性。

3.结合本章所学知识，查找一个当地企业并购的案例，分析其并购动因。

4.讨论并购中各种目标企业估值方法的适用性与优劣。

推荐阅读

1.《上市公司收购管理办法》，中国证券监督管理委员会，2012年2月14日。

2.《中华人民共和国公司法》，2013年12月28日。

3.《中华人民共和国反垄断法》，2007年8月30日。

4.朱思东.反向并购：中国企业在美国的上市融资之道［M］.上海：上海社会科学院出版社，2010.

思考与练习

1.单项选择题

（1）由两个或两个以上的公司通过法定方式重组，重组后只有一个公司继续保留其合法地位的是（　　）。

A.兼并　　B.联合　　C.收购　　D.吸收合并

（2）收购公司在几个主要的不相关产业内进行并购，逐渐形成几个核心，以扩大其生产规模的并购方式是（　　）。

A.横向并购　　B.纵向并购　　C.同源并购　　D.混合并购

（3）“金银锡降落伞”计划是在（　　）中采取的反并购策略。

A.“毒丸”计划　　B.优先股购股权计划

C.管理层补偿计划　　D.兑换毒债

2.多项选择题

（1）企业兼并与收购的动因通常有（　　）。

A.经济动因　　B.管理动因　　C.战略动因　　D.竞争动因

（2）并购发生后通常采取的反并购手段有（　　）。

A.出售“皇冠上的明珠”　　B.推行“焦土政策”

C.资本结构重组　　D.公司分拆

（3）对并购企业并购能力的分析主要是分析（　　）。

A.资金运筹能力　　B.经营管理能力

C.风险防范能力　　D.资产管理能力

（4）企业并购后的整合主要有（　　）。

A.资产并购　　B.管理整合　　C.组织整合　　D.人力资源整合

（5）对目标公司价值评估模式主要有（　　）。

A.贴现法　　B.市盈率法　　C.资产基准法　　D.市场比较法

（6）非现金支付方式一般有（　　）。

A.以股票换股票　　B.以债权换股权

C.定向发行可转换债券　　D.定向发行认股权证

3.问答题

（1）兼并与收购的区别是什么？

（2）并购的动因有哪些？

（3）什么是反并购？反并购有哪些策略？

（4）并购的支付方式有哪些？

案例分析

海尔55.8亿美元并购通用家电

2016年1月15日，经过两轮竞价，青岛海尔宣布，以54亿美元的价格收购通用家电，试图打开美国市场。之后，该交易已通过发改委备案，美国联邦贸易委员会和墨西哥政府的反垄断审查，以及青岛海尔的股东大会的批准。

经过审批和沟通，海尔收购通用电气家电业务（下称通用家电）的交易在美国时间6月6日正式完成。6月7日，海尔发表声明，表示青岛海尔股份有限公司（600690.SH，下称青岛海尔）已与通用电气就收购交易签署所需交割文件，标志着通用家电正式成为海尔的一员。

此后，双方又对交易金额进行调整，最终金额定为55.8亿美元，主要调整事项包括营运资本调整、交易税费等。根据青岛海尔6月1日的公告，实际交割金额的60%为国家开发银行提供的33亿美元长期贷款。

青岛海尔董事长梁海山对记者表示，在美国运营最难的就是建立一个让当地消费者认可的主流品牌，这次并购只是海尔品牌在美国的一个新起点。“它只是给我们提供了研发和市场运营的能力。最终，还是要通过产品和给消费者带来的价值来推广品牌，这是毫无疑问的。”

资料来源：佚名. 海尔完成通用家电收购 交易最终定价55.8亿美元［EB/OL］.［2017-03-25］. http：//companies.caixin.com/2016-06-07/100952251.html.

问题：

（1）海尔为什么要收购通用家电？

（2）通用家电为什么愿意“下嫁”海尔？

分析提示：

（1）通用家电是北美领先的家用电器公司，其总部设在美国肯塔基州路易斯维尔市。2014年，企业收入达到59亿美元及约4亿美元的息税折旧摊销前利润。该公司拥有约1.2万名员工，其中约96%都在美国。

（2）早在2008年，通用电气就曾宣布，计划出售或分拆其家用电器板块，意图剥离其增长缓慢和不稳定的业务。据相关媒体当时的报道，出售价格在50亿美元至80亿美元之间。此后很长一段时间，众多潜在买家都有意拿下通用的家电业务，其中除海尔外，也不乏美的、三星、伊莱克斯、LG等国际知名企业。最终通用家电的花魁还是由中国家电三巨头之一的海尔摘得，主要取决于海尔自身优秀的整合能力。

实践训练

本章主要讲授了兼并与收购的基本概念、动因和兼并策略及反兼并策略。为了让学生深入理解兼并与收购的基本含义，认识兼并与收购的情况，本章实践训练主要包括以下内容：

1. 实训项目：了解外资企业兼并收购中国企业的情况。

实训目的：掌握兼并与收购的含义。

实训步骤：

（1）写出各行业中外资企业兼并收购中国企业的名称。

行业	名称
造纸	
日化	
化妆品	
制药	
小五金	
百货	
超市	

（2）比较分析这些外资兼并收购中国企业的原因。

行业	兼并与收购原因比较
造纸	
日化	
化妆品	
制药	
小五金	
百货	
超市	

2.实训项目：光大集团、青岛啤酒、海南航空、万科房地产、达能集团从不同角度反映了当前中国企业兼并重组的一些时代特点，调查这五个企业兼并重组的特点及兼并的动因。

实训目的：了解中国企业兼并重组的情况并予以评价。

实训步骤：

（1）写出五个企业兼并重组的特点。

企业	兼并重组的特点
光大集团	
青岛啤酒	
海南航空	
万科房地产	
达能集团	

（2）写出对五个企业兼并重组的动因分析及评价。

企业	兼并重组动因分析及评价
光大集团	
青岛啤酒	
海南航空	
万科房地产	
达能集团	

3.实训项目：通过了解华源兼并事件，分析我国兼并与收购不同行业的失败案例。

华源兼并事件：从纺织龙头企业到农机航母再到中国最大的医药集团，华源在陌生产业领域的整合一直未见起色。到2000年，华源在纺织品总量上已跃居全国第一，但始终看不到自己的核心竞争力，没有突出的品牌，也没有“单打冠军”。而农机业也无法实现整合的协同效应，亏损严重，华源最终在2005年5月全线退出。华源进入上药集团和北药集团，虽力求实现纺织和医药的整合效应，却由于纺织板块日渐衰落，医药板块内部也难有协同，仅是“兼而不并”，使并购流于形式。

实训目的：通过华源兼并事件要充分认识兼并与收购的风险性。

实训步骤：

（1）找出五个我国兼并与收购不同行业的失败案例。

行业	名称

（2）指出这五个案例失败的原因是什么。

企业名称	兼并与收购失败的原因

（3）找出提高兼并与收购成功率的途径。

企业名称	提高兼并与收购成功率的途径

第5章　风险投资业务

学习目标

知识目标：通过本章学习，理解风险投资的内涵与特征；了解风险投资与一般金融投资的区别；熟悉风险投资业务的运作主体；掌握风险投资运作的基本阶段和运作过程；熟悉风险投资中的常见风险；掌握风险投资中风险管理的方式。

技能目标：通过本章学习，具备进行风险投资业务操作的基本技能，能够根据实际拟定风险投资的投资计划书，做出风险投资的融资选择，能够识别风险投资中的风险，并提出相应的风险管理办法。

知识结构图

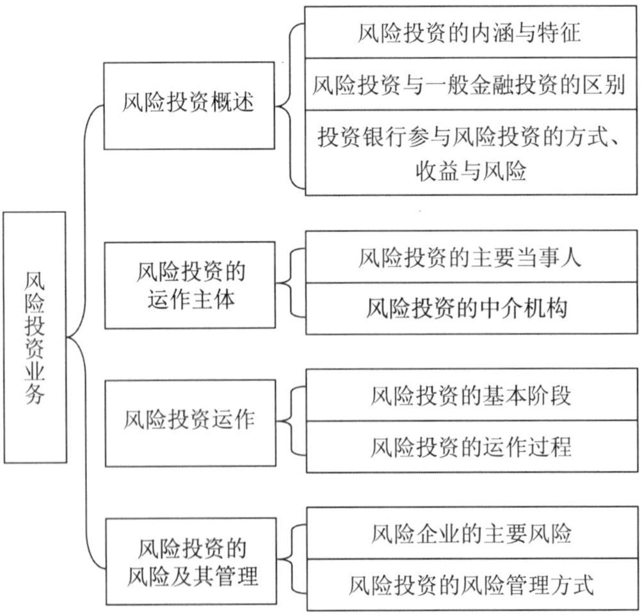

【导入案例】

"雅虎"创造的财富神话

雅虎（Yahoo）在当今网络界和风险投资业界已成为广为流传的故事。Yahoo是由美籍华人杨致远和美国青年戴维所创立的搜索引擎公司。当时，Internet网上的万维网（WWW）技术开始流行，杨致远、戴维二人也迷上了Internet，常通宵达旦在网上漫游。作为业余爱好，他们分别收集自己喜爱的网点，然后互相交换。随着收集量的增加，为了便于管理，他们运用自己掌握的软件技术开发了一个数据库系统，将这些收集到的信息分类整理成"杨致远和戴维的WWW网指南"，放在万维网上让"网友"们共享，并起了一个有趣的名字"Yahoo"。

对新的经济增长点极为敏感的风险投资者们很快嗅到了Internet网上的商业气息。1998年4月，美国资源的Sequoia风险投资基金给Yahoo注入第一笔资金，Yahoo公司正式成立。1995年8月，开始了新一轮融资活动。从1995年4月第一次投资到此时短短的4个月内，专家们对Yahoo的估价已升至400万美元，Yahoo身价翻了10倍。

1996年，Yahoo开始筹备上市工作，并于当年4月正式上市，股票上市报价13美元，一开盘就飙升到24.5美元，最高冲向43美元的高位，当日收盘价33美元，几乎是上市价的3倍。Yahoo的市值达到8.5亿美元，是一年前Sequoia估价的200倍！杨致远也在短短两年之内由一介书生变成了亿万富翁。

Yahoo的例子，成功始于杨致远、戴维等人的创意，正是这种创意给自己带来极大的成功，也给社会带来巨大的财富。风险投资的魅力则在于企业股票上市后的倍增效益。上市变现，使这个神话般的创造财富的创业过程画上了一个完整的句号。由此不难看出，现代风险投资的发展中风险资本与技术创新的结合，必须借助于发达的金融资本市场的依托作用，才能得以蓬勃发展。

资料来源：佚名. 投资案例：风险资本造就雅虎传奇［EB/OL］.（2016-01-03）. http://www.360doc.com/content/16/0103/19/19204025_525204368.shtml.

在这一案例中，雅虎引入风险投资的成功，无疑为知识经济时代的高新技术企业的发展提供了一个有益的启示。我们都期待，在知识经济的时代，中国的高新技术企业能够在风险投资的帮助下，获得更快的发展。而投资银行是风险投资的积极参与者，几乎涉及了风险投资领域的各个方面。本章主要介绍风险投资的内涵和特征，其主要运作主体和运作过程，以及融资和投资过程的风险管理等。

5.1　风险投资概述

5.1.1　风险投资的内涵与特征

1）风险投资的内涵

所谓风险投资，是指把资金投向蕴藏着较大失败危险的高新技术开发领域，以期获得高资本收益的一种商业投资行为。风险投资是在市场经济体制下支持科技成果转化的一种重要手段，其实质是通过投资于一个高风险、高回报的项目群，将其中成功的项目进行出售或上市，实现所有者权益的变现，使投资者获得相对于其他投资方式而言的高额回报。

要充分理解风险投资的概念，还需要弄清楚两个问题：

（1）风险还是冒险？风险投资多指人们对较有意义的冒险创新活动或冒险创新事业予以资本支持。这里的风险投资有一种主动的意思。与此相反，一般的风险是指人们在从事各项活动中所遇到的不可预测又不可避免的不确定性，它的含义里没有主动的成分。从某种意义上说，风险投资有些“明知山有虎，偏向虎山行”的意思。风险投资的这一层含义恰恰道出了风险投资家的个性与气质。但是基于经验、知识、信息和判断的冒险与随心所欲、不负责任的冒险绝不相同。

（2）投资还是融资？风险投资在现实中是指融资与投资相结合的过程，而风险这一概念不仅体现在投资上，也体现在融资上。风险投资过程中最重要的是在融资方面。风险投资是以融资为首的投资和融资的有机结合，融资中有投资，投资中有融资。没有一定的投资目标或投资方向很难融到资金，投资的过程往往伴随着第二轮或第三轮的融资。融资和投资构成了不可分割的有机整体。

小思考5-1：

投资银行参与风险投资的动机和目的是什么？

提示：（1）分享风险投资的高收益。尽管风险投资是高风险、高收益的投资，但投资银行受利益的诱惑和驱使，往往参与其中，把风险投资作为其投资组合中的一部分，力图分享创业资本带来的高收益。

（2）投资银行参与风险投资运营，有利于其取得创业企业公开发行股票的承销权。通过投资，投资银行与创业企业建立了非常紧密的联系。风险投资退出创业企业时，以公开发行股票的方式退出，其股票的承销一般由参与创业资本的投资银行负责。

（3）投资银行参与风险投资活动，可以给投资银行融资部门之外的其他部门创造更多的机会。

2）风险投资的特征

作为一种权益资本，风险投资不同于一般意义上的投资，它本身具有非常鲜明的特征。

（1）高风险性。风险投资主要用于支持刚刚起步或尚未起步的高新技术企业或高新技术产品，一方面，其没有固定资产或资金作为贷款的抵押和担保，很难获得银行贷款；另一方面，其未来的经营、技术、发展和市场前景都存在很大的变数，要想通过发行股票、债券或其他金融工具等传统融资渠道获取资金是不可能的。而风险投资的投资对象正是一般投资机构所害怕投资、不愿投资的高新技术领域。风险投资在技术、市场、决策、管理等方面都有较大的风险，即使在发达国家，高新技术企业的成功率也只有30%左右。

（2）高收益性。风险投资有着比其他投资工具要高的预期回报率，一旦投资成功，就会为投资者带来几倍甚至几百倍的收益。风险投资的收益不是来自风险企业本身的分红，而是来自风险企业成熟壮大以后的股权转让。风险投资是把资金投向蕴藏着失败风险的高新技术及其产品的研究开发领域，这些领域具有独特的高成长性和高获利能力，风险投资是旨在促进高新技术成果迅速商品化，以取得高收益的一种投资行为。

从图5-1中可以看出，在各种投资方式中，风险投资处于风险较高、预期回报率也较高的位置。

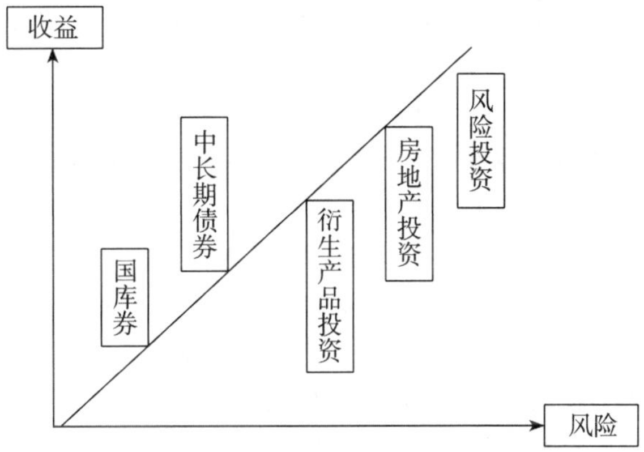

图5-1 不同投资工具的收益和风险组合

（3）权益性。风险投资不是一种借贷资本，而是一种有别于普通股权投资的权益投资。风险投资家以股权方式投入受资公司，与创业者共担风险，其着眼点不在于投资对象当前的盈亏，而在于它们的发展前景和资产的增值，以便通过上市或出售达到退资并取得高额回报的目的。

（4）长期性。风险投资往往是在风险企业初创时就投入资金，一般需经3～8年才能通过退资取得收益，而且在此期间还要不断地对有成功希望的企业进行增资。由于其流动性较小，因此，有人称之为“呆滞资金”。

（5）专业性。风险投资的管理不仅涉及自身资金的管理，还涉及所投资项目的管理，所以是一种专业投资。风险投资不仅向项目提供资金，还提供知识、经验、社会关系资源等，并参与投资项目的经营管理，努力使项目获得最大成功。

（6）组合投资。风险投资项目的选择往往决定着风险投资的成败。由于风险投资的失败率较高，为了分散风险，风险投资通常对包含10个项目以上的项目群进行组合投资，利用成功项目所取得的高回报来弥补失败项目的损失并获得收益，从而保证总体收益。

（7）专家投资。高科技企业的创业者大多数只是技术专家，对经营管理并不在行。对于这些创业企业来说，不但需要资金，更需要管理。风险投资家积极地参与风险企业的管理，用他们所积累起来的学识帮助风险企业成长。据调查，有57%的高科技企业认为，如果没有风险投资，他们的企业早就不存在了，原因之一就是这些风险投资家为他们提供了一种增值的管理服务。

相关链接5-1

视频：风险投资公司与成功的风险投资案例

知识链接5-1：

中国古代风险投资经典案例

所谓风险投资，是指风险投资家投入到新兴的、迅速发展的、有巨大竞争潜力的企业中的一种权益资本。其特点是项目的创新性、发展的不确定性、高风险性和高收益性。如以上述特点来看，中国古代的“风险投资”事例可谓不胜枚举。

（1）最为成功的“风险投资”案例——聂政刺韩相

据《史记》记载，聂政是春秋战国时期著名的勇士。当时韩国大臣严仲子与韩相侠累有仇。严仲子花重金收买聂政去刺杀侠累，聂政感激严仲子重金礼遇、相识之恩，仗剑只身前往韩国邑都韩相府中。侠累虽然有大量侍卫层层保护，但“聂政直入，上阶刺杀侠累”，聂政又连杀数十人后自尽。

“风险投资家”严仲子选择这一项目获得了巨大的成功。不过这一事件的最大收获是流传千古的《广陵散》琴曲。据传，《广陵散》这一旷世名曲，因聂政刺韩相而缘起，因嵇康受大辟刑而绝世，为中国十大名曲之一。

（2）最为悲情的“风险投资”案例——荆轲刺秦王

面对日益强大的秦国，燕太子丹寻找刺客荆轲刺杀秦王来保燕。荆轲本是卫国人，但燕太子倾其心力和他结交，投入了大量的“风险投资资本”。荆轲出使秦国，但在秦宫殿上却三击不中，反被秦王拔剑杀死。秦王一怒而伐燕，燕国因而灭亡。

（3）最不确定的“风险投资”项目——漂母济韩信

据《史记》记载，韩信年少时，家中困难，经常吃不饱，有一位靠为别人漂洗为生的老妇人就把自己的饭菜分给他吃，一连几十天，韩信深受感动，要重重报答她，可是漂母严肃地说：“我是爱惜你，才送饭给你吃，难道是希望得到你的报答吗？”韩信深受触动，从此更加发奋学习，在以后的楚汉战争中，终于大展雄才，建立了不朽功绩。

（4）最具喜剧色彩的“风险投资”项目——坦腹东床

据《世说新语》记载，王家为晋时的望族，晋代另一大士族郗鉴欲与王氏家族联姻，就派门生到王府去择婿。门生回去后向郗鉴汇报说，王氏的诸少年都不错，他们听说郗家派人来选婿，个个都神态矜持，只有一个人在东床上袒胸露腹吃东西，好像不知道有这回事一样。郗鉴听了，说：“这就是我所要找的佳婿。”后来知道坦腹而食的人是王羲之，郗鉴就把女儿郗旋嫁给了他。郗鉴既要结交权贵，却选择与权贵世俗相左、洒脱不拘的人做女婿，这个决策过程真是体现了“风险”二字。

“坦腹东床”的“风险投资项目”应该说是获得巨大成功的，郗家与王家结成了姻亲关系，巩固了郗家的政治地位和社会地位。同时郗鉴也找到了一位好女婿，王羲之最后官拜右军将军。更为郗鉴所意想不到的是，王羲之的书法历经约1 700年一直为世人所崇拜、研习。

资料来源：佚名. 中国古代风险投资经典案例［EB/OL］.［2017-03-17］. http://www.csai.cn/zhaiquan/316845.html.

5.1.2 风险投资与一般金融投资的区别

除了高风险高收益投资和主动参与管理型投资这两个显著特点外，风险投资还有以下特点：

1）风险投资是私人权益投资的重要形式之一

养老基金、捐赠基金、保险公司和商业银行等机构投资者通常将2%~3%的资金投资于私人权益市场（主要是风险投资），在追求高收益的同时也可以分散投资组合的风险。风险投资是一种权益资本投资，而非借贷投资。它所关注的是投资对象的发展前景和资产增值，而非当前的盈亏情况。

2）风险投资是一种中长期投资

风险投资一般需要3~8年的时间才能实现资本退出并获得收益。如果投资于风险企业的初创期，如种子期或启动期，则需要7~10年或更长的时间。并且，风险投资所对应的高收益也是指长期收益，据统计，风险投资1年期的投资回报率为22.3%，而15年期的投资回报率则高达26.8%。

3）风险投资一般采取组合投资方式

这里所说的组合投资可以是同一行业不同风险企业之间的组合，也可以是不同行业或不同区域风险企业的组合，还可以是处于不同发展阶段的风险企业的组合。通过组合投资，风险投资家可以利用成功企业所获得的高额回报弥补亏损并获得投资收益。此外，风险投资机构也通过联合投资，即几家风险投资机构共同投资一个风险投资项目的方式来降低投资风险。

表5-1从不同方面反映了风险投资与一般金融投资的区别。

表5-1 风险投资与一般金融投资的区别

对比项目	风险投资	一般金融投资
投资对象	新兴的、迅速发展的、具有巨大竞争潜力的企业，主要以中小企业为主	成熟的传统企业，主要以大中型企业为主
投资方式	通常采取股权式投资，所关注的是企业的发展前景	主要采取贷款方式，需要按时偿还本息，所关心的是安全性
投资审查	以技术实现的可能性为审查重点，对技术创新和市场前景的审查是关键	以财务分析和物质保证为审查重点，有无偿还能力是关键
投资管理	参与企业的经营管理和决策，投资管理严密，是合作开发关系	对企业的运营有参考咨询作用，一般不介入企业决策系统，是借贷关系
投资回报	风险共担，利润共享，企业若获得巨大发展，可转让股权收回投资	按贷款合同期限收回本息
投资风险	风险大，投资的大部分企业可能失败，一旦成功，收益足以弥补全部亏损	风险较小，到期如收不回本息，除追究经营者责任外，所欠本息也不能豁免
人员素质	懂技术、管理、金融和市场，能进行风险分析和控制，有较强的承受力	懂财务管理，不要求懂技术开发，可行性研究水平较低
市场重点	未来潜在市场，难以预测	现有成熟市场，易于预测

5.1.3 投资银行参与风险投资的方式、收益与风险

1）参与风险投资的方式

投资银行参与风险投资主要有以下两种方式：

（1）直接参与风险投资。投资银行自己发起建立风险投资基金，并成立专门的分支机构作为普通合伙人进行管理。

（2）只作为中介机构为风险投资提供金融服务。其主要业务有：帮助风险投资家进行风险投资基金的融资；协助创业家和风险投资家进行交易构造的设计和谈判；为风险企业提供IPO和并购等金融服务，以协助风险资本退出。

2）参与风险投资的收益

首先，投资银行参与风险投资可以获得高风险所对应的高收益。风险企业所生产的产品，一旦与市场需求符合，往往能迅速带来高收益。

其次，参与风险投资还可以拓展投资银行业务，以期取得后续收益。投资银行一旦在风险企业中获得董事地位，就可以赢得更多后续的投资银行业务，如投资银行可以顺利地承揽到风险企业首次公开发行时的一级市场股票承销业务，还可以进行相应的二级市场业务，以及为上市后的风险企业提供做市等其他一系列金融服务。

最后，投资银行直接参与风险投资还有利于它及时地掌握和了解高新技术的发展动

态，使其有能力将最新的技术运用在其他业务领域。这不仅可以提高投资银行的研究报告质量，也可以巩固投资银行在机构客户中的地位，从而给投资银行带来稳定的收益。

3）参与风险投资的风险

投资银行参与风险投资的风险主要表现在以下几个方面：

（1）运营风险。尽管投资银行和风险投资机构都属于服务于直接金融的金融中介机构，但是投资银行的证券业务和风险投资的投资业务还是存在许多差别的。它们在所需资金的性质、专业知识、组织结构、项目评估、资本退出和风险控制等方面都存在着较大的差异，这也使得投资银行在参与风险投资时不可避免地要面临许多运营性风险。

（2）财务危机导致的风险。风险投资是一种权益性投资，一般都要经过3～7年的时间才能够获得收益进而实现资本退出。然而，投资银行的财务结构往往是高财务杠杆的，其资金绝大多数都是短期资金。如果投资银行直接参与风险投资，短期资金长期使用，往往容易引发财务危机，从而导致风险。

拓展阅读5-1

细数雷军那些失败的投资案例

（3）保荐责任风险。风险企业即使成功地在二板市场上市，实现风险资本退出，但如果投资银行所保荐的风险企业出现了严重问题，投资银行的保荐责任自然不可推卸，声誉难免要受到影响。

5.2 风险投资的运作主体

5.2.1 风险投资的主要当事人

1）资金供给者

由于各国国情不同，风险资本来源也各异，但总体上各国风险投资资金的来源主要有以下几种渠道：

（1）富有的家庭和个人。富有的家庭和个人有一定的资金实力到证券市场上投资并获利，或自己直接开办企业。他们所要求的投资回报期通常比其他类型的投资者所要求的长。

（2）机构投资者。机构投资者包括企业、保险公司、养老基金、退休基金等，为了减轻这些机构投资者的风险顾虑，风险投资公司常采用利润分享、投资限制协议等方式以及有限合伙制组织形式控制风险。

（3）大公司投资。一些高科技大公司设有风险投资部门，或直接投资于与自身战略相关的风险企业。例如，英特尔公司这两年投资了100多家公司，投资额超过了5亿美元，投资的企业除了半导体产业外，还包括电脑、软件、通信设备等行业。

（4）私募证券基金。一些业绩良好并接近成熟的风险企业，通过私募基金，可以得到大量注资，而投资者则期望未来的高额回报。

（5）共同基金。某些投资于高新技术产业的共同基金被允许将不超过基金总额的1%～2%的少量资金投入变现性低的企业，尤其是即将上市的企业。

20世纪70年代以前，美国风险投资的资金来源以富有家庭和个人、金融机构为主；80年代以后，风险投资的资金来源转向养老基金、大公司等机构投资者，养老基金、大公司、家庭和个人成为美国当前风险投资资金的三大主要来源，其所占比例达到80%以上。

2）风险投资机构

风险投资机构是指运作管理风险投资基金的组织，它的主要职责是筹措资金、评估选择投资项目、参与被投资企业经营管理以及盈利后的退出。下面以美国风险投资机构为例说明。

（1）有限合伙制风险投资机构

美国的风险企业通常采用有限合伙制，合伙方的主要来源为养老基金、大学和慈善机构等免税实体，采用合伙制保证了它们的免税地位。在这种有限合伙制风险投资机构中，合伙人分两类：有限合伙人和普通合伙人。投资者一般作为有限合伙人，风险投资家一般作为普通合伙人共同组成风险投资基金。投资者不直接参与基金的运作，只承担有限责任；而风险投资家，则直接经营管理风险投资基金，并在风险投资中占有很小的份额，对基金负无限责任。

有限合伙人通常是富有的家庭和个人、养老基金、捐赠基金、银行持股公司、投资银行、其他非金融公司等。而普通合伙人通常是有科技知识、管理经验和金融专长的风险投资家，统管有限合伙企业的业务以及决策风险投资的成败，责任重大。

有限合伙的集资有两种形式：一是基金制，即大家将资金集中到一起，形成一个有限合伙的基金；另一种是承诺制，即有限合伙人承诺将提供一定数量的资金，但起初并不注入全部资金，只提供必要的机构运营费，待有了合适的项目再按普通合伙人的要求提供必要的资金。与公司制相比，有限合伙制具有以下几个方面的优点：

①税收利益。有限合伙制形式中，企业的全部盈利和损失都分摊到各个合伙人，计征个人所得税，合伙机构自身不交税；而公司制中，公司的收益既要缴纳公司所得税，分配给股东和管理人员的盈利还要再缴纳个人所得税，税负较重。

②组织灵活性。合伙企业可以按合伙之初确立的经营范围和期限经营，到期后可清算解散，而公司不能轻易解散。

③风险收益承担机制。公司制的经理不得接受股票选择权或其他以经营业务为基础的报酬；而合伙制企业的管理者不受这一限制，可以得到高额报酬。

（2）公开上市的风险投资公司

这类风险投资机构一般由专业基金经营机构发起，在公开的资本市场向大众筹措资金，股东只承担有限责任，可通过董事会直接参与管理，并可参与选举风险基金经理。公开上市的风险投资公司与有限合伙制风险机构的运作是基本相同的。

（3）合作风险投资公司

它是由较大的公司和包括投资银行在内的金融团体建立的独立或附属机构。投资银行在风险投资中主要充当资金运作者的角色，这些大公司的风险投资公司不全是为获得高额利润，还为了求得新技术、新市场或进行多种经营。

（4）小企业投资公司

它是政府直接向私人提供资金所建立的，旨在向技术密集型小企业进行风险投资的公司。它们也向有潜在利益的企业作长期投资，然而与独立风险投资公司不同的是，它们只提供债务资金，且主要参与高新技术企业的发展阶段。

（5）企业发展公司

企业发展公司是私人投资者拥有的，州政府颁发许可证，由证监会监控的公共机构。有的企业发展公司提供风险投资，并得到小企业委员会的许可监控和资助，也有的像银行和其他金融机构一样提供贷款等融资服务。拥有企业发展公司的个体风险投资家通常提供管理服务。

小实训5-1：

搜集并了解著名风险投资机构概况。

3）风险企业

风险企业简称创业企业，是运用风险投资资金的企业，通常是一些具有发展潜力的、新兴的高新技术中小企业。

在美国，高新技术一般是指微电子、生物工程、新材料、核能以及航空与航天等方面最新发展起来的科学与技术。日本的高新技术标准更多地强调研究与开发支出以及科学家、工程师及技术专家所占的比重。

20世纪80年代后期，美国风险资金主要投向计算机软件、医疗卫生、电子数据通信、生物技术领域。进入21世纪，风险投资在各个行业的投资项目数量都有所增加，增加幅度较大的行业为计算机软件、生物技术、电信、医疗设备和仪器以及其他电子产品。一般风险资本投资于年轻公司，经营时间在10年以内的公司占全部公司的83%，其中5年以内的公司占全部公司的51%，超过了一半。

风险企业具有以下特点：

（1）风险企业一般属于高新技术领域

风险企业是先有科研人员的研究成果，然后再建立企业推广产品。因此，风险企业一般属于那些正在蓬勃发展的、新兴的高新技术领域。高新技术领域由于具有高增长潜力，能较快带来较高的投资回报，因而能吸引风险投资。

（2）风险企业一般是中小企业

首先，高新技术处于研究创新阶段，存在较大风险，只能进行小规模的投资及生产。而大企业由于惧怕风险，不愿接受尚未成熟的设想来投资发展新产品，即使一些发明创造来自大企业，而当其成为风险企业时，也是以另一个独立的小企业的身份出现的。

其次，小企业生产及经营机制灵活，市场应变能力强，有了发明创造可以很快研制出新产品来；而大企业在产品方面及经营管理上都已定型，应变能力差。

最后，科技含量高、市场前景好的小企业才能吸引风险投资，因为小企业成长为大企业时，风险资本就该退出了。

（3）风险企业中的投资者和技术人员是合作伙伴关系

投资者以投资获得股份，而技术人员则以其技术上的创新获得相应的股份。开始创业阶段主要靠风险投资维持企业的生存，而当产品投入市场后，企业符合发行上市条件，其股票就可以上市，扩大资金来源。

（4）高收益与高风险并存

风险企业所生产的产品，一旦与市场需求符合，往往能迅速带来高收益。同时，风险企业也可能由于产品不成熟等原因而失败，造成巨大损失。

5.2.2 风险投资的中介机构

风险投资的健康发展离不开中介机构，中介机构是否健全是一国风险投资业是否发达的重要标志之一。根据服务对象的不同，风险投资中介机构大致可分为以下几类：

1）风险企业的代理人

风险企业的代理人就是帮助风险企业从风险投资家那里筹集股权资本的代理人，他代表风险企业与潜在的投资者谈判。从事风险企业代理人业务的主要是投资银行。风险企业代理人的作用主要是：一是提供研究与评估服务，论证风险企业获得风险投资支持的可能性，搜集该企业的各种信息供风险投资家选择；二是提供谈判服务，代表风险企业与风险投资家谈判，帮助创业企业获得较优条款。

2）风险投资公司的代理人

一般风险投资公司筹资时并不需要代理人，但对那些需要筹集大规模资金或没有资金筹集经验的风险投资公司以及那些专营传统或对机构投资者不熟悉的风险投资公司来说，就需要代理人的帮助。风险投资公司利用代理人开展筹集资金的活动，是为了把主要精力放在投资活动本身，从而避免陷入筹集资金的具体事务。但过度依靠代理人，容易引起潜在投资者的不信任感，他们会认为风险投资家能力不足。

3）风险投资顾问公司

风险投资顾问公司是专门为风险投资者评估和推荐可参与的风险投资的机构，其主要客户是养老基金、捐赠基金和基金会等机构投资者。

顾问公司筛选和评估的主要内容包括：

（1）风险投资公司的审计报告和大量的补充信息，包括风险投资公司每一笔投资的现金流量，依次计算每笔投资的收益率并用来证实以前风险投资公司的总收益率。

（2）对风险投资公司管理者记录的审查。从每笔投资的领域和行业中搜集信息，了解风险投资公司在每个风险企业中拥有的股份比例，风险投资公司在风险企业董事会中所占的席位以及该风险投资公司的投资特性，据此推断风险投资公司的管理者以前的记录是否属实，其成功靠的是能力还是运气。

（3）检查风险投资公司的组织机构和激励机制，其中包括过去创造了高回报率的普通合伙人是否还在风险投资公司中。

（4）顾问公司也向客户提供谈判服务。顾问公司可以根据目前的市场条件来评估出售条款，在决定是否对某风险投资公司进行投资时，顾问公司还应考虑将来可能产生的对其他风险投资公司的投资机会。

4）风险投资保险机构

许多国家都建立了风险投资保险机构，主要做法是：设立风险投资保险协会，要求所有注册的风险投资基金或风险投资公司都必须成为该协会会员，并按照经营毛利的一定比例交纳会费，以建立保险基金，用于风险投资和风险投资公司、风险企业财务困难或破产时的账务清偿。

风险投资保险机构的职责主要体现在：

（1）监督各风险投资经营机构的风险状态与经营状况，对各风险投资经营机构所提供的各种资料进行分析评估，以便及时地发现问题。

（2）妥善地管理风险投资保险基金。

（3）对风险投资经营机构之间的兼并进行监督，以防止在兼并过程中发生损害投资者利益、危害风险投资市场稳定发展的行为。

（4）在风险投资经营机构发生严重亏损、有可能造成财务危机时，风险投资保险机构应根据具体情况采取相应的措施。

（5）给风险投资经营机构融资，以帮助其摆脱经营困难。而如果确认风险投资经营机构已经难以摆脱经营困难，无法向投资者承担起经济责任时，风险投资保险机构可通过法院宣布其破产，与此同时，负责该风险投资经营机构的债务清偿，并负责处理破产后的有关善后工作。

此外，中介机构还包括律师事务所和会计师事务所。以便在合同文件谈判过程中，协调各方利益，了解风险企业的资本结构、财务状况等。

小思考5-2：

风险投资中介机构有哪些特点？

提示：一是专业性；二是全面性；三是缜密性；四是独立性。

5.3 风险投资运作

5.3.1 风险投资的基本阶段

风险企业的发展经历了种子阶段、创建阶段、成长阶段以及成熟阶段共四个阶段。在不同阶段投资，投资人所面临的风险及与之对应的投资报酬均不同。

1）种子阶段

在种子阶段，创业者只是有技术上的一个新创意，但并不能保证其在技术上和商业上的可行性。为将创意变为现实，创业者需制造出样机或样品，并对产品的市场营销情况和利润情况进行详细的调查和研究，形成报告以供投资者进行投资决策。

这个阶段的风险投资就被称为种子资本，它主要来源于创业者自筹的资金、政府技术开发资金的资助及风险投资。对种子资本具有强烈需求的往往是一些高科技公司，它们在产品定型和得到市场认可之前，需要定期注入资金，以支持其研究和开发。对创意进行可行性分析之后，风险投资者将提供不超过总投资额10%的资金作为创业的启动资本。

本阶段的投资会面临三大风险：

（1）高新技术的技术风险，即生产过程中可能会出现失败的风险。

（2）高新技术产品的市场风险。作为新兴事物的高新技术产品并不一定就会为消费者所接受，这其中包含有一定的风险性。

（3）高新技术企业的管理风险。创业者往往只是精于技术的开发、研究，而缺乏企业发展所必要的管理经验。

在风险投资过程的四个阶段中，种子阶段的不确定因素最多，所面临的风险也最大，因而这一阶段的收益率也最高。

2）创建阶段

创建阶段是指从形成产品到中试结束。这一阶段的资金需求量会显著增加，以支持企业的初创产品开发、原型测试和市场试销。同时，还要进入市场试销，听取消费者的意见反馈。创建阶段的投资主体是风险投资公司。该阶段的技术风险被逐渐排除，市场风险和管理风险开始凸显。这是投资公司参与风险投资的关键阶段，其中的风险因素也较多，因此，风险投资的参与者需要参与风险企业的经营和决策。

3）成长阶段

在成长阶段，风险企业的生产线已基本建立，但缺少商标形象和销售网点，工作重点应转向提高产品质量、降低成本和开发新一代产品。该阶段的资金投入，一方面是用于扩大生产和销售，另一方面是开拓市场，增加设备投资和生产、销售的流动资金。成长阶段的资金称为成长资本，主要来源于原有风险投资公司的增资以及企业前期运营所得收益，银行的稳健资金也会择机进入。在这一阶段，由于技术已经成熟，竞争者开始仿效，就会失去一部分市场，从而加大了市场风险。同时，创业者多为技术出身，不善于管理企业和扩大销售，容易在技术先进和市场需求之间取舍不当，从而引致管理风险。

该阶段风险企业能够获得一个相对稳定和可预见的现金流，而且，企业的管理层也具备良好的业绩记录，可以减少风险投资的成本，因而此阶段对风险投资公司而言具有很大的吸引力。但随着投资回报的下降，风险投资公司在参与决策的同时也要考虑退出风险企业。

4）成熟阶段

到了这一阶段，技术已基本成熟，产品进入大规模工业生产阶段，企业开始多元化经营，利润增加，风险减少。本阶段尚需要大量资金以扩展规模，但风险资本很少会再增加。因为企业的生产销售本身已能解决相当一部分的资金需求，同时，由于该阶段的技术成熟、市场稳定，企业已能从获得银行贷款、发行债券或发行股票得到资金。加之，该阶段技术风险、市场风险和管理风险已经基本被排除，投资回报也会大幅度降低，从而失去对风险投资公司的吸引力。

成熟阶段是风险投资的退出阶段，风险投资公司会通过帮助风险企业公开化，选择适当的时机退出，并兑现投资。

小思考5-3：

投资银行从事风险投资业务具有哪些优势？

提示：一是具有成功的投资基金设立和管理经验，能保证风险投资基金的良好运作；二是风险投资意识较强，对投资风险的防范能力高；三是拥有较强的研究力量。

5.3.2 风险投资的运作过程

风险投资公司每天会接到大量的创业者的计划书，首先要评估计划书，然后与被选中的计划书的创业者会晤，对创业者的经营情况和投资项目进行详细考察，签订合同，最后是进行投资后的监管直至退出风险企业。

1）初审

计划书的编制是由企业或申请人自己独立完成的，企业或申请人可以求助顾问机构协助编写商业建议书，但主题思想和具体要求必须由企业或申请人反复核实。申请一经递交，企业和申请人便开始了吸引风险投资基金的历程。

（1）风险企业经营计划书的内容

①摘要。摘要是全部计划的基本框架，它的基本功能是用来吸引投资者的注意力，所

以摘要不宜过长，一般不超过两页的篇幅，越短越好。风险投资者在看过摘要后便可以决定是否仔细研究计划书的整体或部分。

②公司（项目）状况及其发展。这部分包括公司的自然情况、公司的历史、公司的未来、唯一性、产品或服务、用户或产品经销商、行业或市场、竞争情况、市场营销、生产、劳动强度与雇员、供应情况、设备、资产和资金、特许权和商标、研究与开发、诉讼、政府管制、利益冲突、储备、保险、税、公司类别与隶属关系、公共关系等。

③公司管理。这部分包括公司的组织形式和组织架构、董事和关键雇员、薪金、股权分配、认股计划、公司机密和外部支持（顾问、会计师、律师、银行家）及其他。

④项目介绍。这部分包括项目起因、项目内容、销售对象、市场容量、原料供应、生产、竞争力、特许权、研究与开发、产品标准等。

⑤投资说明。这部分包括投资的必要条件、估价、投资类型、资本结构、担保、投资者的权力、公司报告、资金使用计划、投资者介入公司业务的程度等。

⑥项目风险。这部分包括经营限制、管理限制、资源限制、重要人员的限制、市场的不确定性、生产的不确定性等。

⑦投资报酬。这部分主要说明风险投资者如何收回投资并获得投资回报。

⑧财务计划。这部分包括财务条件假设、近几年经审计的财务报表、未来几年的财务预测以及经营成果的分配等。

⑨附录。这部分包括产品样本与说明书、销售报单、顾客清单、新闻报道与采访媒体、工业出版物的剪辑材料、专利证明、市场调研数据、以往的广告活动、实用的设施、仓库等的图片等。

（2）初审阶段的一般性标准

①投资规模。风险投资的总规模决定了它投资于每个项目的资金量。风险投资既不会把资金集中投入到个别的几个项目中，也不会把资金过于分散地投入到数量太多的项目中。一般来说，风险投资对单个项目的投资限制在总资金量的10%左右，也就是每个风险投资组合大约投资10个项目。

②发展阶段。风险投资要考虑被投资项目处于什么发展阶段，由于每个阶段对资金的要求、运营管理和获利空间都不同，从而会对投资效果产生重大影响。对项目发展阶段的偏好，与风险投资机构所处的地区、资金来源、自身经验和行业竞争程度有关。

③地理位置。风险企业地理位置的相对集中是风险投资机构投资组合的一个显著特征，这样有利于风险投资机构投资后参与风险企业的后期管理，但地理位置并不是风险投资的决定性因素。

④市场前景。风险投资家需要分析投资对象的市场竞争能力有多大，能达到多大的市场份额，要判断创业家的产品或技术出来之前或同时是否有其他同类产品或技术出现，以及竞争能力等。

在大型风险投资公司，相关的人员会定期聚在一起，对通过初审的项目建议书进行讨论，决定是否需要进行面谈，或者回绝。

2）磋商和面谈

（1）磋商

在大型的风险投资公司，相关的人员会定期聚在一起，对通过初审的项目建议书进行磋商，决定是否需要进行面谈。

（2）面谈

风险投资家如果对企业家提出的项目感兴趣，便会与企业家进行首次会晤，这是整个过程中最重要的会面。如果进行得不好，交易便告失败；如果面谈成功，风险投资家会希望进一步了解更多有关投资项目的信息。风险投资者会根据计划书中的内容提出一些进一步的问题，其中重点仍然集中于管理、独特性、预测与投资报酬以及退身之路等几个方面，同时还可以面对面地考核企业家的素质。

3）尽职调查或专业评估

（1）尽职调查

假如初次会面较为成功，风险投资家会对企业的经营情况进行考察并尽可能多地对项目进行了解。这一程序通常包括：参观公司，对仪器设备和供销渠道进行估价，与潜在的客户接触，向技术专家咨询，并与管理队伍举行几轮会谈。

（2）专业评估

通过审查程序对创业企业的技术、市场潜力和规模以及管理队伍进行详细评估，评估结果将决定是否投资、如何投资以及投资多少。此过程由风险投资家或外聘专家进行，评估小组通常包括会计师和律师等专业人士。

风险投资对项目的评估是理性与灵感的结合。其理性分析如市场分析、成本核算的方法以及经营计划的内容等，与一般企业基本相同；所不同的是，灵感在风险投资中占有一定比重，如对技术的把握和对人的评价等。

4）谈判并缔结协议

（1）交易谈判

交易谈判是协调风险投资家和创业者双方的不同需求，对交易结构进行的谈判。在谈判中，风险投资家主要考虑相对于投资的风险赚取合理的回报，对风险企业施加足够的影响，在任何情况下都要保证投资顺利撤出；而科技创业者更关心对风险企业的领导权和企业未来的发展前景。风险投资者与创业者谈判的主要内容包括：

①金融工具的种类、组合以及资本结构。金融工具的确定最为关键，一般考虑投资变现能力、投资保护和企业控制等因素。普通股多用于企业发展的成长期前，债务用于扩张期或之后，由这二者组合产生的组合工具有优先股和可转换债，这些组合工具可用于创建期和创建期之后的所有阶段。

②交易定价。定价主要是确定可接受的期望收益率，通常风险投资家对种子期和创建期企业要求50%以上的年收益率；对成长期要求30%～40%的年收益率；对扩张期则要求25%～30%的年收益率。

③确定企业控制权、对未来融资的要求、管理的介入和资金撤出方式的安排等内容。

（2）签订协议

双方通过讨价还价后，签订最后的协议。一旦最后的协议签订完成，企业家就可以得到资金，以继续其经营计划中拟定的目标。

5）参与管理与监管

（1）参与管理

风险投资机构完成投资后，一般还要参与被投资企业的管理与辅导，其目的是为投资者创造资本利得，解决可能出现的问题，提供及时的决策信息，使损失最小化和收益最大化。其基本做法是追踪企业的经营管理并提供专业建议，如帮助设计企业高级管理人员的收入结构，必要时撤换管理人，安排外部融资，制定公司长期发展战略等。

（2）监管

投资生效后，风险投资公司还要对风险企业进行监管。风险投资家拥有风险企业的股份，并在董事会中占有席位。多数风险投资家在董事会中扮演咨询者的角色，他们一般同时介入几家企业，并定期同企业相关部门接触，以了解企业的经营状况、财务状况等。为了加强对企业的控制，还常在合同中写明可以更换管理人员和接受合并、并购等条款。

6）退出阶段

风险投资公司经过前几个阶段的过程，最终是希望将营运状况良好、财务结构健全，以及具有继续成长潜力的投资企业，出让给愿意接手的其他投资人，并因此得到高额的投资报酬。一般经过3～8年的运作，风险企业才会成长壮大起来，这时风险投资公司可将自己所占股份增值转让，使风险投资获得最大限度的回报。但如果风险企业的经营状况不如预期，风险投资公司为减少损失也要出售股权退出经营。

风险投资公司资金退出的方式和时机选择，取决于被投资企业本身的业绩和当时的宏观经济环境以及股票市场走势。风险投资主要有以下几种退出方式：

（1）公开上市

公开上市是风险投资退出的最佳渠道，投资者可得到相当好的回报。因为股票公开发行是金融市场对该公司业绩的一种承认，而且这种方式保持了公司的独立性，又获得了在证券市场上持续筹资的渠道。然而由于烦琐、严格的上市条件使得小企业在股票交易所上市非常困难，因此在一些国家专门设立了转让小企业股票的交易所（二板市场），如美国的大多数风险投资支持的上市企业首先在纳斯达克即柜台交易市场上交易。

小思考5-4：

什么是二板市场？

提示：二板市场即创业板市场，是一个与主板市场相对的概念，它是指在主板市场之外设立的专为高成长性新兴企业提供融资渠道的证券交易市场。

（2）被兼并收购

这是指风险投资单方面将所持有的企业股份转让出去，由其他企业或风险投资机构兼并收购风险投资家在风险企业的股份。这时风险企业通常都拥有高水平的产品或创新技术，容易被大公司购买。这种方式能使风险投资家尽快收回现金或可流通证券，完全退出风险企业，因此对风险投资的退出有相当的吸引力。

典型案例5-1：

风险投资退出：高盛贱卖阿里巴巴股权

1999年，风险投资经理人出身的蔡崇信告诉马云，曾与蔡崇信有过一面之缘的高盛公司中国香港区投资经理向蔡崇信透露，高盛也有意进军中国内地互联网市场。在进行实地考察后，1999年10月，高盛偕同富达投资（Fidelity Capital）和新加坡政府科技发展基金、Invest AB等向阿里巴巴注资500万美元，给这个创始资金仅50万元的新创公司注入了新鲜血液。据媒体报道，此轮投资人共获得阿里巴巴40%的股权。

这笔“天使基金”无疑给阿里巴巴带来了好运气，不仅解了燃眉之急，更如马云所希望的那样吸引风投机构进一步投资。2000年1月，日本软银集团软银（SoftBank）与其创始人兼首席执行官孙正义向阿里巴巴注资2 000万美元，并承诺给予更多资金建立海外版阿里巴巴。

但是几年后，高盛却选择退出阿里巴巴，当时软银和高盛是这家公司的两大股东。

2004年，高盛以2 200万美元价格出让其在阿里巴巴的所有股份，正式与这家公司分道扬镳。尽管此次交易7倍于高盛早期投资，若是高盛再等上10年，就会获得30多倍的回报，不得不令人扼腕。

请根据以上资料，分析风险投资机构应如何选择退出方式。

资料来源：佚名. 高盛扼腕：“贱卖”阿里巴巴股权，失算了！[EB/OL]. [2017-03-26]. http://www.laohucaijing.com/news/11469/.

分析：退出方式决定风险资本增值的幅度即投资收益率的大小。上市的收益率最大，协议转让和管理层回购次之，破产清算一般导致风险资本受到损失，收益率最小。在国内并购重组风生水起的大背景下，因IPO关闸而退出不畅的风险投资机构开始转向并购市场寻找“退出之路”。风险投资机构通过并购实现退出的三大主要路径：现金收购、股权转让、定向增发。

（3）风险企业回购

在风险企业走向成熟、企业内部运营状况良好的情况下，风险企业家希望直接由自己控制企业，会向风险投资家回购股份，风险投资家则可借机套现。虽然获利通常不如上市，但时间短、费用少、操作简便，风险投资家不再承担企业以后发展中的风险。这种方式通常是事先签订强制性回购条款和确定股权价值的计算方法，比较适合那些投资额较小的创业项目。

（4）清算和破产

拓展阅读5-2

中国创业板大事记

一旦确认风险企业失去了发展的可能性或成长太慢，不能得到预期的高回报，甚至血本无归，风险投资家就要果断地宣布企业破产或解散，对公司资产进行清理，将能收回的资金用于其他项目。

美国风险投资的退出方式及其占比分别为：公开上市占20%，兼并与收购占35%，风险企业回购占25%，破产清算占20%。

5.4 风险投资的风险及其管理

5.4.1 风险企业的主要风险

不同阶段的公司有不同的风险，公司建立之初的风险最大，收益也最大。风险企业在经营过程中主要面临以下风险：

1）技术风险

由于风险企业在新技术能否成功、技术前景能否完善、产品能否成功生产、技术是否会被替代等方面都存在不确定性，由此给企业带来的风险称为技术风险。

（1）新技术能否成功的风险。风险企业在研制之前和研制过程中对于一项创新技术能否按预期的目标实现其应达到的功能是难以确定的，因此，需要面对技术上失败而使创新终止的风险。

（2）技术前景风险。新技术在诞生之初都是不完善的，开发者和进行技术创新的企业家更是不敢确定在现有技术知识条件下该技术能否很快使其完善起来，因此，风险企业需要面临技术前景不确定的风险。

（3）产品能否成功生产的风险。风险企业由于配套材料和生产工艺的限制而不能将开发出来的产品成功地生产出来并推向市场，创新活动还是会归于失败。

（4）技术进步风险。高新技术的发展日新月异，风险企业的创新产品极易被更新的技术产品替代。如果更新的技术比预期提前出现，原有技术将面临提前被替代甚至被淘汰的风险。

2）管理风险

管理风险是指高新技术企业在创新过程中因管理不善而导致创新失败所带来的风险。这类风险主要包括：

（1）观念落后风险。一些高新技术企业的高管人员尚未认识到专业化分工的优势和现代企业制度的优越性，只顾产品项目创新，而忽视管理创新、工艺创新，使企业创新战略单一，由于观念落后，加大了创新风险。

（2）决策失误风险。高新技术具有投资大、产品更新换代快的特征，这些特征决定了高新技术项目的决策尤为重要，决策一旦发生失误，必然给风险企业造成惨重损失。

（3）内部组织结构不合理风险。高新技术具有收益大、见效快的特点，成长速度超乎寻常，往往产生企业规模高速膨胀与组织结构相对落后的矛盾，最终导致企业经营失败。

3）市场风险

市场风险是指市场主体从事经济活动所面临的亏损的可能性和盈利的不确定性，主要表现为：

（1）市场接受能力风险。风险企业高新技术产品在推出后，顾客可能对产品持怀疑态度，并会做出错误的判断。因而对市场能否接受以及能接受多少难以做出准确估计。

（2）市场接受时间风险。风险企业高新技术产品的推出时间与经诱导产生有效需求的时间存在时滞，如这一时滞过长将导致企业开发新产品的资金难以收回。

（3）竞争风险。由于风险企业推出的产品市场竞争非常激烈，如果形成供过于求的局面，风险企业的预期利润则很难达到，甚至会面临亏损。

4）信息风险

在科技成果转化的项目选择、方向决策过程中需要搜集大量的信息，如果信息不对称，会造成对收益和风险判断失误，就会导致风险企业最终的失败。

5）资金风险

资金风险主要是指因资金不能适时供应而导致创新失败的可能性。当高新技术企业发展到一定规模时，风险企业对资金的需求迅速增加，由于高新技术产品具有寿命周期短、市场变化快、获得资金支持的渠道少的特点，使得高新技术产品在某一关键阶段不能及时获得资金而失去时机，被潜在的竞争对手超过或使风险企业经营失败。

此外，企业外部的社会环境、政治条件的变化及自然灾害也会给高新技术创新活动带来风险。

5.4.2 风险投资的风险管理方式

风险投资专家每年要从众多的企业计划中选择若干家最有发展前景的企业进行风险投资，由于回避风险的需要，他们必须采取多种方式管理风险投资。

1）组合投资

风险投资公司在进行投资时往往按一定的比例将资金投向多个风险企业，这样，如果一家风险企业投资失败就可以从另一家风险企业的投资收益中得到补偿，从而达到分散和降低风险的目的。组合原则是以投资组合的经济效益来保证资金的回收，以盈补亏。

2）分段投资

高新技术企业从初创到成长的不同阶段具有不同的特点，其中的不确定因素较多，因此，需要确定适当比例，分期、分批投入资金，一旦发现失败将难以避免，就应尽早果断采取措施，中止继续投资，以避免后续资金风险。

3）分类管理

风险投资家可以把风险企业分为成功、一般、失败三类，对于成功企业加大投资，强化经营管理，促使它们尽快成熟，及早在股票市场上公开上市，使收益达到最大化；对一般企业应保持其稳定发展，促成企业间的收购、兼并活动；对于失败企业必须尽早提出警告，协助其改变经营方向，或者干脆宣布破产，以把风险降到最低。

4）风险投资主体多元化

风险投资主体多元化可分散和降低单个风险投资家的风险。在美国，风险资金来源相当广泛，既有政府、财团法人的资金，也有来自大众游资、民间企业和海外的投资，还有养老保险基金的积极参与。

5）限制盲目投资

风险投资家要建立严格的投资标准和专家审核机制，防止盲目投资带来的风险。

本章要点

本章主要介绍了风险投资的内涵与特征；风险投资与一般金融投资的区别；风险投资业务的运作主体；风险投资运作流程；风险投资中的风险类型及其风险管理；风险投资的退出机制等。其中，重点是风险投资的运作流程与风险投资的主要风险及其风险管理，难点是风险投资的退出机制。

问题讨论

1. 讨论风险投资与传统的股权投资的区别。

2. 讨论各种风险投资的退出渠道的优点与局限性。

3. 讨论风险投资中的风险与收益之间的关系。

推荐阅读

1.《首次公开发行股票并在创业板上市管理暂行办法》，中国证券监督管理委员会，2009年3月31日。

2.《中华人民共和国公司法》，2013年12月21日。
3.《中华人民共和国证券投资基金法》，2012年12月28日。
4.姚远．投资银行业务结构与风险关系研究［M］．北京：中国经济出版社，2013.

思考与练习

1.单项选择题

（1）风险投资不同于一般意义上的投资，是一种（　　），它本身具有非常鲜明的特征。

A.权益资本　　B.投资资本　　C.流动资本　　D.冒险资本

（2）有限合伙是（　　）法律规定的一种合伙形式。

A.日本　　B.德国　　C.英美法系　　D.英国

（3）管理风险是指高新技术企业在创新过程中因管理不善而导致创新失败所带来的风险，这类风险不包括（　　）。

A.观念保守　　B.决策失误

C.企业内部组织结构不合理　　D.竞争激烈程度的不确定性

2.多项选择题

（1）风险企业具有（　　）特点。

A.风险企业一般属于高新技术领域

B.风险企业一般是中小企业

C.风险企业中的投资者和技术人员是合作伙伴关系，而不是雇佣关系

D.高收益与高风险并存

（2）风险投资的退出方式有（　　）。

A.首次公开发行　　B.被兼并收购　　C.风险企业回购　　D.清算和破产

（3）风险企业的主要风险主要包括（　　）等。

A.技术风险　　B.管理风险　　C.市场风险　　D.资金风险

3.简答题

（1）简述风险投资的含义及特征。

（2）风险企业有哪些主要风险？

（3）投资银行参与风险投资的动机和目的是什么？它是怎样参与风险投资的？

（4）风险投资是如何运作的？

（5）风险投资公司是如何进行风险管理的？

案例分析

马云与风险投资的15年风雨历程

每一次互联网巨头IPO的资本盛宴，都不乏风险投资/私募股权投资基金（以下简称VC/PE基金）的身影，这俨然已经成为互联网时代的标配和基本特征。国内外互联网巨头Google、Facebook、Amazon、阿里巴巴、百度、腾讯、京东等，从无到有发展到今年的规模，一路走来如果没有众多VC/PE基金的陪伴、接力和浇灌，其结果不难想象。在马云带领下的阿里巴巴更是其中的经典案例。2014年9月6日，在提交给美国证券交易委

员会的最新版招股书中，阿里巴巴公布了除软银、雅虎、马云、蔡崇信之外的17家持股机构，隐藏在阿里巴巴背后的主要私募股权投资机构浮出水面。一部阿里巴巴的融资史和背后的金主相对清晰地展示在世人面前。

阿里巴巴的融资历史在中国互联网企业中绝对算是个奇葩，至今仍保持着多项融资纪录有待打破：一是融资时间跨度最长。前后长达15年之久，说阿里巴巴融资史是一部中国VC/PE基金的发展史并不为过。二是融资金额最大。按照笔者统计，不包括将要在二级市场融到的近百亿美元资金，从1999年开始，阿里巴巴累计获得融资金额达到75.5亿美元。三是参与VC/PE的机构众多。前后参与阿里巴巴融资的VC/PE机构超过20家。

成也雅虎，败也雅虎

2005年，阿里巴巴获得产业资本雅虎10亿美元投资。这成为阿里巴巴融资史上风险投资（VC）与私募股权投资（PE）的分水岭。当年雅虎的进入给了前期投资阿里巴巴的VC机构非常好的套现机会，同时也自此关闭了阿里巴巴向VC基金融资的大门；而由于之后雅虎与阿里巴巴在控制权上的激烈争夺，又打开了阿里巴巴向PE基金融资的大门。

创业融资史：2005年之前的三轮VC融资

1999年，阿里巴巴获得500万美金的第一轮投资，由高盛牵头，联合美国、亚洲、欧洲的投资机构，包括新加坡汇亚（Transpac Capital）、瑞典Investor AB和新加坡政府科技发展基金。

2000年，马云为阿里巴巴引进第二轮2 500万美元投资，软银领投2 000万美元，富达、汇亚资金、TDF、Investor AB、日本亚洲投资公司等跟投500万美元。

2004年，阿里巴巴第三轮融资8 200万美元，成为当时中国互联网历史上融到的最大一笔资金。软银牵头出资6 000万美元，其余2 200万美元由富达、TDF和GGV出资。

前三轮融资在阿里巴巴创业史上至关重要。前两轮融资使得阿里巴巴在2001年互联网泡沫破灭之前获得了过冬的“粮草”，得以幸存。第三轮融资对于阿里巴巴从B2B到C2C的转型战略十分必要。软银的6 000万美元全部投到淘宝项目上。当时阿里巴巴刚熬过互联网寒冬，马云准备向风头正劲的eBay发起挑战，急需真金白银。有了软银的6 000万美元，一年后胜负分明，淘宝在C2C领域里称王，软银功不可没。

任凭风吹雨打，软银岿然不动

从阿里巴巴集团的第三轮融资开始，早期的VC/PE基金开始陆续套现。高盛因战略调整，退出了中国风险投资市场，其所持股份被GGV接手。高盛成为较早退出阿里巴巴的机构。

2005年，雅虎入股阿里巴巴，VC/PE基金开始大规模退出。当时，雅虎以10亿美元现金、雅虎中国的所有业务、雅虎品牌及技术在中国的使用权，换取阿里巴巴集团40%的股份及35%的投票权。软银通过售出淘宝网股份获利3.6亿美元，再次购入阿里巴巴股份，花费1.5亿美元，最终套现2.1亿美元；阿里巴巴管理层和其他股东套现5.4亿美元。前三轮的VC投资者大致获得了10倍左右的回报，这对于VC来说还算相对不错的回报。

2007年，阿里巴巴集团旗下B2B业务在港交所上市，给了剩余持有股份的VC基金套现退出的机会。当时软银在阿里巴巴投资的8 000万美元账面回报已经达到70～80倍，应该说已经创造了骄人的投资业绩，见好就收或许是不错的选择。2011年，阿里巴巴重启对PE融资大门，除了软银之外，其他所有的VC基金都已退出阿里巴巴。

守业融资史：2011年、2012年两轮PE融资

从阿里巴巴公布的招股说明书来看，阿里巴巴于2011年和2012年分别进行了两轮PE融资，融资额高达62.88亿美元。

2011年9月，阿里巴巴向美国银湖、俄罗斯DST、新加坡淡马锡以及中国的云峰基金融资近20亿美元。按照当时的融资计划，所有符合条件的阿里巴巴集团员工，均可以按照自己的意愿以每股13.5美元的价格将所持有的集团股权按照一定比例上限出售，从而获得现金收益。

2012年8月，为了支付回购雅虎持有股份所需的76亿美元，除了商业贷款以外，阿里巴巴向一系列PE基金和主权财富基金出售了26亿美元的普通股和16.88亿美元的可转换优先股。其中，普通股的价格为每股15.5美元，可转换优先股的价格为每股1 000美元。中投、中信资本、博裕资本、国开金融等机构成为新股东，美国银湖、俄罗斯DST、新加坡淡马锡分别进行了增持。

2014年美国时间9月19日，阿里巴巴宣布IPO发行价位68美元美股，在纽约交易所正式挂牌交易。此次募集的资金约为220亿美元，超越VISA上市时的197亿美元成为美国市场有史以来最大的IPO交易。

至此，阿里巴巴完成了其历时15年的6次融资历程。

资料来源：国立波. 阿里融资大事记：为什么是这些VC/PE［EB/OL］.［2017-03-27］. http://tech.163.com/14/0918/09/A6DR0BS0000915BF.html.

问题：该案例给你什么样的思考？

分析提示：软银不是阿里巴巴最初的风险投资商，却是坚持到最后的一个，从阿里巴巴集团的第三轮融资开始，早期的一些风险投资商陆续套现，只有软银一家风险投资商还一直在阿里巴巴的股份中牢牢占据主要地位。软银中国控股公司总裁及首席执行官薛村禾曾在媒体采访中提到，软银选择阿里巴巴的重要原因是马云及其团队的坚定信念，尤其是18位创业合伙人的精神。薛村禾说："当年我们放弃别的机会，集中精力投资马云这个团队，是因为他能把很多人聚在周围，团队非常厉害。VC很重要的一点是判断团队。"软银认为，马云有一种独特的分享意识以及不平凡的领导才能。薛村禾评价称，马云是性格非常饱满的人，非常有远见。另外，马云这个人是战略家也是战术家，而且他执行力也很强。

实践训练

本章主要讲授了风险投资要经历的筹资、投资和退出阶段，以及风险企业在经营过程中面临的技术、管理、资金、信息和其他风险等内容。为了加深学生对该部分内容的理解，本章实践训练主要包括以下内容：

1. 实训项目：比较我国与国外风险投资的行业分布的异同。

实训目的：了解国内外风险投资的行业分布。

实训步骤：

（1）搜集近5年美国风险投资的行业分布。

年份	合计	互联网	通信	计算机软件和服务	半导体/其他电子	医疗/保健	其他产品	生物技术	计算机硬件	消费相关产品	工业/能源

（2）搜集近5年英国风险投资的行业分布。

年份	合计	互联网	通信	计算机软件和服务	半导体/其他电子	医疗/保健	其他产品	生物技术	计算机硬件	消费相关产品	工业/能源

（3）搜集近5年德国风险投资的行业分布。

年份	合计	互联网	通信	计算机软件和服务	半导体/其他电子	医疗/保健	其他产品	生物技术	计算机硬件	消费相关产品	工业/能源

（4）搜集近5年日本风险投资的行业分布。

年份	合计	互联网	通信	计算机软件和服务	半导体/其他电子	医疗/保健	其他产品	生物技术	计算机硬件	消费相关产品	工业/能源

2. 实训项目：搜集风险投资在中国创业板市场的相关资料，并写出调查报告。

实训目的：认识风险投资在创业板市场中的作用。

实训步骤：

（1）搜集5～10家风险投资在创业板市场上市公司的资料。

（2）根据资料写出调查报告。

3. 实训项目：把握风险投资在不同时期的投资情况。

实训目的：了解风险投资资金的发展变化情况。

实训步骤：

（1）查找近10年风险投资资金募集情况的资料。

（2）总结风险投资资金发展变化的特点。

第6章　资产管理业务

学习目标

知识目标：通过本章学习，了解投资银行资产管理业务的基本含义、特征和类型；掌握资产管理业务的基本程序；了解投资基金的概念、特征和类型；掌握投资银行基金业务的运作与管理。

技能目标：通过本章学习，具有从事资产管理业务辅助工作的能力，具备熟练开展资产管理业务基础性工作的操作技能，能够识别不同类型基金的投资特点与风险状况，具备基金运作与管理操作的基本技能。

知识结构图

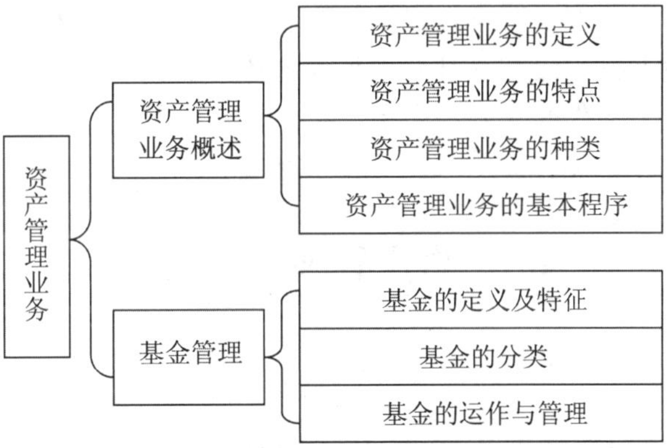

【导入案例】

中金公司资产管理业务介绍

中金公司资产管理部成立于2002年，参照国际行业标准与国内监管要求，构建了面向境内外市场统一的资产管理业务平台，致力于为境内外客户提供全方位优质服务，实现客户资产的长期稳步增值。

中金公司拥有全国社保基金管理人、企业年金投资管理人、境内集合/定向资产管理（定向专户）、QDII集合/定向资产管理、人民币境外合格机构投资者（RQFII）等多项业务资格，并在中国香港设立了独立的资产管理子公司，获得香港资产管理牌照。作为中国内地和香港地区的专业投资管理机构，资产管理部已建立了包括集合理财业务、定向专户业务、养老金业务（社保与企业年金）和跨境业务（QDII、RQFII、离岸）在内的四大业务线，产品线涵盖股票、债券、FOF、指数、对冲基金、衍生品、海外市场等全系列。

中金资产管理部主要服务于国内大型的机构投资者、银行和企业，包括全国社会保障基金理事会、中国电信集团公司、中国工商银行、中国建设银行、中国农业银行等。为了抓住中国资产管理行业快速发展的机遇，资产管理部正积极开发新的客户群，例如保险公司、地方养老基金以及高净值个人。资产管理部专注于对客户需求的深刻理解，致力于与客户建立长期稳定的合作关系。

中金资产管理部通过“定向专户”的形式为单一客户量身定制境内、境外或跨境的资产管理业务，包括提供定制化的投资策略和产品方案、开设独立账户、配备专属投资团队、提供个性化客户服务等全方位金融服务。中金资产管理部的QDII专户业务，可以为客户提供全方位、多样化的海外投资管理服务，包括海外新股认购（锚定或基石投资），上市公司增持，上市公司市值管理，境外对冲基金、私募股权投资基金投资等。

中金是国内最早提供海外投资管理服务的机构之一，投资范围包括股票、债券、金融衍生品等，投资市场涵盖中国香港等亚太地区市场。中金是首家获得QDII资格、首家发行QDII产品、首批获得RQFII资格、首批全额募集RQFII产品的证券公司。中金在香港的全资资产管理子公司拥有香港Type 4证券咨询牌照和Type 9资产管理牌照。

资料来源：佚名. 中金公司资产管理业务介绍［EB/OL］.［2017-03-28］. http：//www.cicc.com/portal/business/am_cn.xhtml.

这一案例中的中金公司是我国第一家典型意义上的投资银行，其资产管理业务牌照齐全、产品丰富。资产管理业务是投资银行业务中的新型业务，在国外投资银行中，其资产管理业务的收益占很大比重并且有增加的趋势。那么，什么是资产管理业务？它有何特点与种类？该业务运作的基本程序是什么？投资银行是如何进行基金管理的？这些正是本章要介绍的内容。

6.1 资产管理业务概述

6.1.1 资产管理业务的定义

资产管理业务是指证券公司作为资产管理人，依照《证券公司客户资产管理业务管理办法》的规定与客户签订资产管理合同，根据资产管理合同约定的方式、条件、要求及限制，对客户资产进行经营运作，为客户提供证券及其他金融产品的投资管理服务的行为。

资产管理业务是投资银行在传统业务基础上发展起来的。在较为成熟的证券市场中，投资者大都愿意委托专业人士管理自己的财产。投资者将自己的资金交给训练有素的专业人员进行管理，避免了因专业知识和投资经验不足可能引起的风险，对整个证券市场有一定的稳定作用。目前，资产管理业务已经成为投资银行的一项核心业务，它以其庞大的市场规模以及带动相关业务发展的能力，受到投资银行的高度重视。

2012年10月19日，证监会对2003年的《证券公司客户资产管理业务试行办法》进行修订后，正式发布了《证券公司客户资产管理业务管理办法》（以下简称《管理办法》）、《证券公司集合资产管理业务实施细则》及《证券公司定向资产管理业务实施细则》，证监会在多个项目上松绑券商资产管理业务。

新发布的《管理办法》把券商集合理财计划由原来的行政审批改为事后由证券业协会备案管理，这一修改有利于证券公司根据客户需求及市场情况，灵活设计产品，并及时推出，及时满足客户多样化、个性化的需求，将大大提高券商应对理财市场需求变化的能力。

《管理办法》还适度扩大了券商资产管理业务的投资范围。券商可根据客户认知能力、投资偏好及风险承受能力，对大集合、小集合和定向资产管理区别对待，将投资范围逐渐放宽，将有助于增强券商资产管理投资上的灵活性，有望提高资产管理产品的收益率。

2013年6月28日，中国证监会再次修订并公布了《证券公司客户资产管理业务管理办法》《证券公司集合资产管理业务实施细则》。本次修订就是为了贯彻实施2013年6月1日公布的新的《中华人民共和国证券投资基金法》（以下简称《证券投资基金法》），修改与《证券投资基金法》相冲突的条款，保持法规一致性。除此之外，其他条款未作修改。

6.1.2 资产管理业务的特点

1）资产管理业务是一种委托代理关系

在资产管理业务中，投资银行与客户之间是一种委托代理关系，客户是资产的所有者，签订协议后，投资银行作为资产管理人，仅享有资产的经营权，只能在委托人的意愿与授权范围内行使资产管理的职能。在这种委托代理关系中，由于委托代理契约对资产使用目的和条件有约定，因而委托人和代理人的市场风险都能得到有效控制。

2）投资银行的受托资产具有多样性

投资银行接受客户委托管理的资产主要是金融资产。金融资产具有多样性，所以在投资银行管理的资产中，不仅有现金资产，还包括股票、债券及其他有价证券。

3）资产管理服务体现个性化特征

由于资产管理业务中委托人委托的资产具有不同的性质，他们对投资银行管理资产的要求千差万别，因此在资产管理协议中赋予投资银行的权利也不尽相同，作为受托人的投资银行必须区别对待，对各个客户的资产分别设立账户，根据客户的不同要求，提供个性化的服务，这体现了鲜明的个性化服务特征。

4）资产管理业务监管存在困难

资产管理业务监管存在的困难表现在两个方面：一方面，相关法律、法规不够完善；另一方面，资产管理业务较自营业务更具隐蔽性，只要委托方与受托方不因利益纠纷而主张权利，取证将相当困难。

6.1.3 资产管理业务的种类

我国证券公司开展的客户资产管理业务主要有以下三种：

1）为单一客户办理定向资产管理业务

为单一客户办理定向资产管理业务是指证券公司与单一客户签订定向资产管理合同，通过该客户的账户为客户提供资产管理服务的一种业务。这种业务的特点是：第一，证券公司与客户必须是一对一的；第二，具体投资方向应在资产管理合同中约定；第三，必须在单一客户的专用证券账户中经营运作。

2）为多个客户办理集合资产管理业务

为多个客户办理集合资产管理业务是指证券公司通过设立集合资产管理计划，与客户签订集合资产管理合同，将客户资产交由取得基金托管业务资格的资产托管机构托管，通过专门账户为客户提供资产管理服务的一种业务。

集合资产管理业务的特点是：

（1）集合性，即证券公司与客户是一对多。

（2）客户资产必须进行托管。

（3）通过专门账户投资运作。

（4）较严格的信息披露。

3）为客户特定目的办理专项资产管理业务

为客户特定目的办理专项资产管理业务是指证券公司与客户签订专项资产管理合同，针对客户的特殊要求和基础资产的具体情况，设定特定投资目标，通过专门账户为客户提供资产管理服务。

证券公司应当充分了解并向客户披露基础资产所有人或融资主体的诚信合规状况、基础资产的权属情况、有无担保安排及具体情况、投资目标的风险收益特征等相关重大事项。

证券公司可以通过设立综合性的集合资产管理计划办理专项资产管理业务。

专项资产管理业务的特点是：

（1）综合性，即证券公司与客户可以是一对一，也可以是一对多。也就是说，既可以采取定向资产管理的方式，也可以采取集合资产管理的方式办理该项业务。

（2）特定性，即要设定特定的投资目标。

（3）通过专门账户经营运作。

6.1.4 资产管理业务的基本程序

1）申请阶段

在客户递交申请以及相关的文件资料后，投资银行要进行严格的审查，并结合有关的法律限制决定是否接受其委托。委托人如果是个人，应具有完全的民事行为能力；委托人如果是机构，必须是合法设立并有效存续，对其所委托的资产具有合法所有权，一般还必须达到受托人要求的一定数额。一些按法规规定不得进入证券市场的资金不得用于资产委托管理。

2）签订协议

经过审查合格后，投资银行将与客户签订资产委托管理协议。协议中将对委托资金的数额、委托期限、收益分配等做出具体规定。

3）管理运作

通常，投资银行都通过建立专门的附属机构来管理投资者委托的资产。投资银行在资产管理过程中，应该做到专户管理、单独核算，不得挪用客户资金或骗取客户收益。同时，投资银行还应该遵守法律上的有关规定，防范投资风险。

4）返还本金及收益

委托期满后，按照资产委托管理协议要求，在扣除受托人应得的管理费和报酬后，将本金和收益返还委托人。

6.2 基金管理

2013年2月18日，中国证监会公布《资产管理机构开展公募证券投资基金管理业务暂行规定》（以下简称《暂行规定》），该规定自2013年6月1日起施行。根据规定，符合条件的证券公司资产管理子公司或资产管理部门可在《暂行规定》实施后申请开展基金管理业务。

拓展阅读6-1

首只券商公募基金上市

证券公司开展公募基金管理业务有三条路径：一是证券公司将派驻人员从参股基金公司撤回，由母公司持有公司公募业务牌照，以独立一级部门形式开展公募业务；二是设立资产管理子公司，比照基金公司管理模式，在子公司下设立独立的公募业务部门，开展公募业务；三是控股基金管理公司，将母公司和基金公司公募牌照合二为一，将现有资产管理大集合整合入基金管理公司。

由于投资基金管理业务是投资银行一项非常重要的资产管理业务，有必要在此进行专门阐述。

6.2.1 基金的定义及特征

1）基金的定义

基金有广义和狭义之分，广义基金分为专项基金和投资基金。

专项基金是指通过国民收入的分配和再分配形成的具有指定用途的资金，主要包括各类福利基金、发展基金、保险基金、养老基金、救济基金等。这些基金大致分为三类：一是社会福利基金，它主要由企业、职工和国家财政拨款三部分构成，用于保障职工的生活福利；二是保险基金，这类基金主要来源于投保人的保费，用于补偿自然灾害或意外事故造成的损失；三是慈善基金，其资金主要来源于社会捐助，用于科教文化和社会治安等方面。

投资基金是指通过发售基金份额，将众多投资者的资金集中起来，形成独立财产，由基金托管人托管，基金管理人管理，以投资组合的方法进行证券投资的一种利益共享、风险共担的集合投资方式。各个国家投资基金的形式都不尽相同，称谓也有差异。在美国，投资基金被称为“共同基金”“互惠基金”；在英国及中国香港，通常称其为“单位信托基金”；在日本，称其为“证券投资信托基金”；我国内地一般将其称为“投资基金”。尽管称谓不一，形式不同，但其实质和特点都是一样的。

狭义的基金专指投资基金。本节所讲的基金是指投资基金。

2）基金的特征

（1）集合理财，专业管理

基金将众多投资者的资金集中起来，委托基金管理人进行共同投资，表现出一种集合理财的特点。通过汇集众多投资者的资金，积少成多，有利于发挥资金的规模优势，降低投资成本。基金由基金管理人进行投资管理和运作。基金管理人一般拥有大量的专业投资研究人员和强大的信息网络，能够更好地对证券市场进行全方位的动态跟踪与分析。将资金交给基金管理人管理，中小投资者也能享受到专业化的投资管理服务。

（2）组合投资，分散风险

为降低投资风险，我国《证券投资基金法》规定，基金必须以组合投资的方式进行基金的投资运作，从而使“组合投资、分散风险”成为基金的一大特色。“组合投资、分散风险”的科学性已为现代投资学所证明，中小投资者由于资金量小，一般无法通过购买不同的股票分散投资风险。基金通常会购买几十种甚至上百种股票，投资者购买基金就相当于用很少的资金购买了一篮子股票，某些股票下跌造成的损失可以用其他股票上涨的盈利来弥补，因此，可以充分享受到“组合投资、分散风险”的好处。

（3）利益共享，风险共担

基金投资者是基金的所有者。基金投资者共担风险，共享收益。基金投资收益在扣除由基金承担的费用后的盈余全部归基金投资者所有，并依据各投资者所持有的基金份额比例进行分配。为基金提供服务的基金托管人、基金管理人只能按规定收取一定的托管费、管理费，并不参与基金收益的分配。

（4）严格监管，信息透明

为切实保护投资者的利益，增强投资者对基金投资的信心，中国证监会对基金业实行比较严格的监管，对各种有损投资者利益的行为进行严厉的打击，并强制基金进行较为充分的信息披露。在这种情况下，严格监管与信息透明也就成为基金的一个显著特点。

（5）独立托管，保障安全

基金管理人负责基金的投资操作，本身并不负责基金财产的保管。基金财产的保管由独立于基金管理人的基金托管人负责。这种相互制约、相互监督的制衡机制对投资者的利益提供了重要的保护。

6.2.2 基金的分类

1）按照运作方式划分

按照基金运作方式，基金可划分为封闭式基金和开放式基金。

封闭式基金是指基金份额总额在基金合同期限内固定不变，基金份额可以在依法设立的证券交易场所交易，但基金份额持有人不得申请赎回的一种基金运作方式。

开放式基金是指基金份额总额不固定，基金份额可以在基金合同约定的时间和场所申购或者赎回的一种基金运作方式。

小实训6-1：

选择开放式基金和封闭式基金各一只，查看信息披露数据，并分析两只基金披露的信息有何不同。

小思考6-1：

封闭式基金与开放式基金主要有哪些区别？

提示：（1）期限不同。封闭式基金有固定的存续期，一般为10年或15年，当期满时，要进行基金清盘，在基金持有人大会通过并经监管机关同意的情况下，可以延长存续期。而开放式基金没有固定的存续期，只要基金的运作得到基金持有人的认可，基金的规模也没有低于规定的最低标准，基金就可以一直存续下去。

(2) 规模限制不同。封闭式基金在存续期内，如果未经法定程序认可，不能扩大基金的规模。而开放式基金的规模是不固定的，一般在基金设立3个月后，投资者随时可以申购新的基金单位，也可以随时向基金管理公司赎回基金单位。业绩好的基金，规模会越来越大；而业绩不佳的基金，会遭到投资者的抛弃，规模逐渐萎缩，直到规模小于某一标准时，基金就会被清盘。

(3) 交易场所不同。封闭式基金的投资者不能向基金管理公司赎回自己的投资，但可在交易所挂牌交易，投资者可以将其持有的基金单位转让给其他投资者，变现自己在基金上的投资。而开放式基金一般不上市，投资者要想买卖开放式基金，可以直接与基金管理公司或其代理人进行基金的买卖，交易在投资者与基金管理人之间完成。

(4) 价格形成方式不同。封闭式基金在证券交易所挂牌买卖，其价格随行就市，直接受到基金供求关系、其他基金的价格以及股市、债市行情等的共同影响，一般总是偏离基金的单位资产净值。开放式基金申购赎回的价格是每日计算出的该基金单位资产净值，这个价格不受市场供求关系变化的影响。

(5) 流动性要求不同。封闭式基金可以根据预先设定的投资计划进行长期投资和全额投资。开放式基金为满足投资者基金赎回的要求，必须保留一定的现金资产，并高度重视基金资产的流动性。在基金资产的流动性要求方面，开放式基金远远高于封闭式基金。

(6) 信息披露要求不同。封闭式基金不必按日公布资产净值，只需要每周公布一次单位资产净值，基金管理公司不直接受理基金的申购与赎回。而开放式基金要求基金管理公司每个开放日公布基金单位资产净值，并受理基金的申购与赎回业务。

2）按照组织形式划分

按照组织形式，基金可划分为契约型基金和公司型基金。

契约型基金是根据基金投资者、基金管理人、基金托管人之间所签署的基金合同而设立，基于一定的信托契约原理而组织起来的代理投资行为，是一种单位信托型投资基金。契约型基金是基于契约原理而组织起来的代理投资行为，参与基金各方的行为受到基金契约的约束。契约型基金根据信托契约建立和运作，随着契约期满，基金运营也宣告终止。英国、日本、新加坡、中国台湾和中国香港等国家和地区的基金多是契约型基金。

公司型基金是依据公司法成立的、以营利为目的的股份有限公司形式的基金。这种基金通过发行股份的方式筹集资金，具有独立的法人资格，投资者通过购买基金公司的股票成为公司股东，按照公司章程规定享受权利、履行义务。公司型基金成立以后，一般由专业的基金管理公司进行管理，管理公司通过与基金投资公司签订管理契约，向其提供专业资料、技术和咨询服务，收取佣金。美国的基金一般为公司型基金。

小思考6-2：

契约型基金与公司型基金的区别是什么？

提示：(1) 资金性质不同。契约型基金的资金是信托财产；公司型基金的资金是公司法人的资本。

(2) 投资者地位不同。契约型基金的投资者既是基金的委托人，又是基金的受益人；公司型基金的投资者购买基金公司的股票后成为该公司的股东。

(3) 基金营运依据不同。契约型基金依靠合同营运基金，公司型基金依据公司章程营运基金。

(4) 基金的筹资工具不同。契约型基金主要以受益凭证、基金单位为筹资工具；而公司型基金主要以股票为筹资工具。

3）按照基金的投资标的划分

按照投资对象的不同，基金可划分为股票基金、债券基金、货币市场基金和衍生证券投资基金等。

（1）股票基金

股票基金是指以上市股票为主要投资对象的证券投资基金。股票基金的投资目标侧重于追求资本利得和长期资本增值。股票基金是最重要的基金品种。在我国，根据《证券投资基金运作管理办法》的规定，60%以上的基金资产投资于股票的为股票基金。

（2）债券基金

债券基金是指一种以债券为主要投资对象的证券投资基金。由于债券的年利率固定，因而这类基金的风险较低，适合于稳健型投资者。债券基金的收益会受市场利率的影响，当市场利率下调时，其收益会上升；反之，收益则下降。在我国，根据《证券投资基金运作管理办法》的规定，80%以上的基金资产投资于债券的为债券基金。

（3）货币市场基金

货币市场基金是指以货币市场工具为投资对象的一种基金，其投资对象期限在1年以内，包括银行短期存款、国库券、公司短期债券、银行承兑票据及商业票据等货币市场工具。在我国，根据《证券投资基金运作管理办法》的规定，仅投资于货币市场工具的，为货币市场基金。货币市场基金的优点是资本安全性高、购买限额低、流动性强、收益较高、管理费用低，有些还不收取赎回费用。因此，货币市场基金通常被认为是低风险的投资工具。

（4）衍生证券投资基金

这是一种以衍生证券为投资对象的基金，包括期货基金、期权基金、认股权证基金等。这种基金的风险较大，因为衍生证券一般是高风险的投资品种。

小思考6-3：

若某基金资产的50%用于购买股票，50%用于购买债券，该基金为什么类型的基金？

提示：混合基金是指资金资产同时投资于股票、债券和货币市场等工具，但却没有明确的投资方向的基金。混合基金根据资产投资比例及其投资策略再分为偏股型基金（股票配置比例为50%～60%，债券比例为20%～40%）、偏债型基金（与偏股型基金正好相反，债券配置比例为50%～60%，股票比例为20%～40%）、平衡型基金（股票、债券比例比较平均，大致为40%～60%）和配置型基金（股债比例按市场状况进行调整）等。因此，该基金为混合基金中的平衡型基金。

4）按照其他标准划分

（1）成长型基金、收入型基金和平衡型基金

按照投资目标的不同，基金可分为成长型基金、收入型基金和平衡型基金。成长型基金是指以追求资本增值为基本目标，较少考虑当期收入的基金；收入型基金是指以追求稳定的经常性收入为基本目标的基金；平衡型基金则是既注重资本增值又注重当期收入的基金。一般而言，成长型基金的风险大、收益高；收入型基金的风险小、收益也较低；平衡型基金的风险、收益则介于成长型基金与收入型基金之间。

（2）在岸基金和离岸基金

按照基金的资金来源和用途的不同，基金可分为在岸基金和离岸基金。在岸基金是指在本国募集资金并投资于本国证券市场的证券投资基金；离岸基金是指一国的证券基金组织在他国发行证券基金份额，并将募集的资金投资于本国或第三国证券市场的证券投资基金。

（3）伞型基金和基金中的基金

伞型基金是指多个基金共用一个基金合同，子基金独立运作，子基金之间可以进行相互转换的一种基金结构形式。基金中的基金是指以其他证券投资基金为投资对象的基金，其投资组合由其他基金组成。

（4）保本基金

保本基金是指在一定时期后，通常为3～5年，投资者会获得投资本金的一定百分比的回报，同时，视基金运作情况，投资者还会获取额外收益的基金。保本基金具有部分“封闭式基金”的特点，通常具有一定的封闭期，如投资者在封闭期内赎回份额将无法得到基金管理公司的保本承诺，所以保本基金也被称为“半封闭式基金”，是一种理想的避险品种。

典型案例6-1：

基金投资方式案例

在外企工作的王女士平时工作较为忙碌，每个月的收入除去开销，就是放在银行卡上“吃”活期利息。在某证券公司工作的同学去年向她推荐了基金定投，每个月把收入的一部分固定拿来投资股票型基金，通过分时投资来分散风险，获取长期稳定的收益。

在老同学的建议下，王女士去年6月在工商银行开通了基金定投，每月购买1 000元广发稳健基金。今年2月，王女士一查账户，发觉投入的8 000元，现在已变成1万余元。王女士不禁怦然心动，每个月投1 000元都能有30%多的收益，如果一次性投入，岂不是收益更大？想起自己还有10多万元银行存款，王女士当即决定将其全部投入广发稳健基

金，让资产来个快速增值。

请根据以上资料，分析基金定投相比一次性购买基金有哪些优势？

分析：基金定投比一次性购买基金的优势表现为：一是平均投资成本。采用每月定期定额投资，可以降低因股市波动带来的系统性风险，长期来看，平均了投资成本。二是可以坚持长期投资。一次性办理相关手续，到期自动扣款申购，可以“强制”实现长期有规律的投资。三是平滑投资风险。基金定投依靠分批投资平滑风险，是震荡市场中理想的投资选择。四是低门槛、低费率，每月最低仅需投入100元。

6.2.3 基金的运作与管理

1）基金的当事人

（1）基金投资者

基金投资者（又称基金持有人）是指持有基金份额或基金单位的自然人或法人，其是资金的出资人、基金资产的所有者和基金投资回报的受益人。基金投资者是整个投资基金制度的基石，因此，维护投资者利益往往是各国投资基金立法的最高宗旨之一。

小思考6-4：

基金投资者具有哪些权利和义务？

提示：基金投资者享有的权利包括：分享基金财产收益，参与分配清算后的剩余基金财产，依法转让或者申请赎回其持有的基金份额，出席基金投资者大会，并对大会审议事项行使表决权，查阅或者复制公开披露的基金信息资料以及基金合同规定的其他权利。

基金管理者所应承担的义务包括：遵守基金契约，足额缴纳基金认购申请款项以及承担基金合同规定的费用，承担基金亏损或者终止的部分损失，不从事任何有损基金或者其他基金当事人利益的活动。

（2）基金管理人

基金管理人是负责基金具体投资事宜以及日常管理的机构，一般由基金管理公司或者法律规定可以从事基金管理业务的其他基金机构担任。各国法律对于基金管理人有不同的规定，大多数国家规定基金管理人必须符合以下条件：通过政府规定的主管当局的资格审核，资本规模不得低于规定数额，有合格的基金管理人才、完善的内部控制制度以及固定场所和必备设施等。

我国《证券投资基金法》规定，基金管理人由依法设立的公司或者合伙企业担任。公开募集基金的基金管理人，由基金管理公司或者经国务院证券监督管理机构按照规定核准的其他机构担任。

基金管理公司的主要职责包括：依照委托管理契约或者公司章程规定拟订可行的投资计划，自营或委托其他机构进行基金宣传和推销，编制基金财务会计报告，办理与基金有关的信息披露事项，指示基金托管人按照投资计划处置基金资产并监督托管人的行为（不能直接经手基金），代表基金投资者行使基金所投资公司股东大会的表决权。

知识链接6-1：

解读基金管理人

基金管理人是基金的组织者和管理者，在整个基金的运作中起着核心作用。它不仅负责基金的投资管理，而且承担着产品设计、基金营销、基金注册登记、基金估值、会计核算以及客户服务等多方面的职责。基金持有人利益保护也与基金管理人的行为密切相关。基金管理费是基金管理人的主要收入来源。基金管理人只有以投资者的利益为重，不断为投资者取得满意的投资回报，才能在竞争中立于不败之地。

资料来源：佚名．基金管理人［EB/OL］．［2017-03-30］．http：//baike.baidu.com/link？url=KeI98zo0gXImp9NaFnuwW3kVsA1A9L4CBWlKbAf2ETx3VCpt3- CMrum- fc7xmwGz6Z- awh9ZrYmYxTZ8yoGc8rKFUR9-GlzOOmOKvS2m7XMpyWt-YGKf1pXXTM045NEYoQROZNJR_dWqxdiGKVhj5K.

（3）基金托管人

基金托管人是与基金管理人订立托管契约，负责保管基金财产，执行基金管理人的划款或清算指令，监督基金管理人的投资运作以及复核、审查基金资产净值等业务的金融机构。基金托管人通常由信誉卓著的投资银行、商业银行或信托投资公司担任。我国《证券投资基金法》明确规定基金托管人由依法设立的商业银行或者其他金融机构担任。商业银行担任基金托管人的，由国务院证券监督管理机构和国务院银行业监督管理机构核准；其他金融机构担任基金托管人的，由国务院证券监督管理机构核准。

根据《证券投资基金法》的规定，申请取得基金托管资格，应当具备下列条件，并经国务院证券监督管理机构和国务院银行业监督管理机构核准：①净资产和风险控制指标符合有关规定；②设有专门的基金托管部门；③取得基金从业资格的专职人员达到法定人数；④有安全保管基金财产的条件；⑤有安全高效的清算、交割系统；⑥有符合要求的营业场所、安全防范设施和与基金托管业务有关的其他设施；⑦有完善的内部稽核监控制度和风险控制制度；⑧法律、行政法规规定的和经国务院批准的国务院证券监督管理机构、国务院银行业监督管理机构规定的其他条件。

（4）其他重要的当事人

其他重要的当事人主要有基金承销机构、基金代理商、会计师和律师等。

基金管理公司和托管机构都对基金发行、交易、赎回和分红派息等日常工作负责，但随着金融领域专业化分工的深化，这些工作一般委托基金承销机构来办理。基金承销机构几乎完全由投资银行来担任。基金代理商主要负责办理基金投资者的过户手续、基金单位登记以及红利发放等事项。会计师和律师主要负责提供专业、独立的会计和法律服务，并为基金管理人出具内部控制审计报告等。

2）基金的发起、设立和发行

（1）基金的发起

投资银行是最主要的发起人。对发起人的资格要求，各国法律都做出了一定的限制，即只有具备一定条件的个人或企业才能作为发起人申请设立基金。

申请设立开放式基金时，必须在人才和技术设施上能够保证每周至少一次向投资者公布基金资产净值和申购、赎回价格。

基金发起人在筹划设立投资基金之前，通常就基金是否符合国家产业政策、基金运营是否可行等基本问题展开调查研究，在得出肯定结论后，便着手设计基金的总体方案。总体方案经充分论证完善，成为基金设立与运作的指导性文件。

基金的设立必须由发起人向政府主管部门申请并获得政府主管部门的批准。基金发起人提出申请时应递交相关的法律文件，包括设立基金的申请报告、发起人协议、基金契约或公司章程、基金管理协议、基金托管协议和基金招募说明书等。

申请报告的内容主要包括：基金名称、拟申请设立基金的必要性与可行性、基金类型、基金规模、存续期间、发行价格、发行对象、基金的交易或申购与赎回安排、拟委托的基金管理人和基金托管人等。发起人协议应包括拟设立基金的基本情况、发起人的权利和义务、发起人认购基金单位的数量、拟聘任的基金管理人和基金托管人、发起人对主要发起人的授权等内容。基金契约、公司章程是基金的说明性文件，是使投资者进行投资及其利益得到保护的法律依据。基金管理协议是规范基金公司和基金管理人双方权利、义务的契约。基金托管协议又称委托保管协议，是规范基金公司与基金托管人双方权利、义务的契约。基金招募说明书是经主管机关批准同意后，为基金公司公开发行基金券，向社会提供有关基金的详细资料的文件。

政府主管部门收到发起人上报的文件后，对基金发起人资格、基金管理人资格、基金托管人资格以及基金契约、托管协议、招募说明书和上报资料的完整性、准确性进行审核，如符合有关标准，则正式下文批准基金发起人公开发行基金。

温馨提示6-1：

《证券投资基金法》规定，中国证监会应当自受理基金募集申请之日起6个月内做出核准或不予核准的决定。基金募集申请经中国证监会核准后方可发售基金份额。

（2）基金的设立

投资基金正式成立后，基金管理公司便正式承担基金管理的责任，使用募集资金进行投资运作，基金资产则交由基金托管公司保管。对基金管理公司的设立，不同国家和地区的法律规定不尽相同，但一般都要求基金管理公司的设立与运行必须符合投资基金法规，经政府证券主管部门审核批准。在我国，申请设立基金管理公司，必须经中国证监会审查批准，并按照中国证监会的要求提交有关文件。根据《中华人民共和国证券投资基金法》第十三条的规定，设立管理公开募集基金的基金管理公司应当具备下列条件，并经国务院证券监督管理机构批准：

①有符合本法和《中华人民共和国公司法》规定的章程；

②注册资本不低于1亿元人民币，且必须为实缴货币资本；

③主要股东具有经营金融业务或者管理金融机构的良好业绩、良好的财务状况和社会信誉，资产规模达到国务院规定的标准，最近三年没有违法记录；

④取得基金从业资格的人员达到法定人数；

⑤董事、监事、高级管理人员具备相应的任职条件；

⑥有符合要求的营业场所、安全防范设施和与基金管理业务有关的其他设施；

⑦有良好的内部治理结构、有完善的内部稽核监控制度和风险控制制度；

⑧法律、行政法规规定的和经国务院批准的国务院证券监督管理机构规定的其他条件。

知识链接6-2：

中华人民共和国证券投资基金法（2015年修正）——总则

第一条 为了规范证券投资基金活动，保护投资人及相关当事人的合法权益，促进证券投资基金和资本市场的健康发展，制定本法。

第二条 在中华人民共和国境内，公开或者非公开募集资金设立证券投资基金（以下简称基金），由基金管理人管理，基金托管人托管，为基金份额持有人的利益，进行证券投资活动，适用本法；本法未规定的，适用《中华人民共和国信托法》《中华人民共和国证券法》和其他有关法律、行政法规的规定。

第三条 基金管理人、基金托管人和基金份额持有人的权利、义务，依照本法在基金合同中约定。

基金管理人、基金托管人依照本法和基金合同的约定，履行受托职责。

通过公开募集方式设立的基金（以下简称公开募集基金）的基金份额持有人按其所持基金份额享受收益和承担风险，通过非公开募集方式设立的基金（以下简称非公开募集基金）的收益分配和风险承担由基金合同约定。

第四条 从事证券投资基金活动，应当遵循自愿、公平、诚实信用的原则，不得损害国家利益和社会公共利益。

第五条 基金财产的债务由基金财产本身承担，基金份额持有人以其出资为限对基金财产的债务承担责任。但基金合同依照本法另有约定的，从其约定。

基金财产独立于基金管理人、基金托管人的固有财产。基金管理人、基金托管人不得将基金财产归入其固有财产。

基金管理人、基金托管人因基金财产的管理、运用或者其他情形而取得的财产和收益，归入基金财产。

基金管理人、基金托管人因依法解散、被依法撤销或者被依法宣告破产等原因进行清算的，基金财产不属于其清算财产。

第六条 基金财产的债权，不得与基金管理人、基金托管人固有财产的债务相抵销；不同基金财产的债权债务，不得相互抵销。

第七条 非因基金财产本身承担的债务，不得对基金财产强制执行。

第八条 基金财产投资的相关税收，由基金份额持有人承担，基金管理人或者其他扣缴义务人按照国家有关税收征收的规定代扣代缴。

第九条 基金管理人、基金托管人管理、运用基金财产，基金服务机构从事基金服务活动，应当恪尽职守，履行诚实信用、谨慎勤勉的义务。

基金管理人运用基金财产进行证券投资，应当遵守审慎经营规则，制定科学合理的投资策略和风险管理制度，有效防范和控制风险。

基金从业人员应当具备基金从业资格，遵守法律、行政法规，恪守职业道德和行为规范。

第十条 基金管理人、基金托管人和基金服务机构，应当依照本法成立证券投资基金行业协会（以下简称基金行业协会），进行行业自律，协调行业关系，提供行业服务，促进行业发展。

第十一条　国务院证券监督管理机构依法对证券投资基金活动实施监督管理；其派出机构依照授权履行职责。

资料来源：作者根据《中华人民共和国证券投资基金法》整理所得。

（3）基金的发行

投资基金的发行是指在基金发行申请经主管机关批准同意后，将基金券（公司型基金）或基金受益凭证（契约型基金）向广大投资者推销出去的经济活动。基金发行是证券投资基金整个运作过程中的一个基本环节，也是基金市场的一个重要组成部分。

基金的发行方式也有公募和私募两种。在基金规模较小，基金的投资范围比较窄，发行总额在规定的范围内，且在特定的投资者认购的情况下，采用私募发行方式；而在发行总额较大，急需募集基金，或对所发行基金的受欢迎程度把握不准，并出于公开、公正原则考虑的情况下，采取公募发行方式。

基金的发行一般有中介机构的介入，由承销商将基金单位承销下来，再分销给零售商，由零售商分售给投资者，也可以不经过任何专门的销售机构，而直接面向投资者销售。直接销售方式是最简单的发行方式。目前，基金的承销发行日益普遍，投资银行作为承销商在其中发挥了重要作用。

在规定的期限内认购到足额的资金后，投资基金就可以成立。《证券投资基金法》规定：基金募集期限届满，封闭式基金募集的基金份额总额达到核准规模的80%以上，开放式基金募集的基金份额总额超过核准的最低募集份额总额，并且基金份额持有人人数符合国务院证券监督管理机构的规定，基金管理人应当自募集期限届满之日起10日内聘请法定验资机构验资，自收到验资报告之日起10日内，向国务院证券监督管理机构提交验资报告，办理基金备案手续，并予以公告。若基金不能成立，基金发起人必须承担基金募集费用，并将募集的资金连同活期存款利息返还给投资者。

3）基金的投资目标和投资政策

（1）基金的投资目标

基金的投资目标应表明该基金投资所具有的风险与收益状况，募集时必须在基金招募说明书中对投资目标加以明确，以供投资者选择。

目前，投资基金的投资目标大致分为三类：第一类是追求长期的资本增值，该类基金亦被称为成长型基金；第二类是追求当期的高收入，也称作收入型基金；第三类是兼顾长期资本增值和当期收入，也叫平衡型基金。投资目标不同，主要投资工具就不同，基金获取收益的方式也不同。收入型基金会有较高的当期收入，平衡型基金在得到利息和股利的同时也能够实现一定的资本利得，成长型基金只注重长期的资本利得，对当期的股利和利息收入并不注重。

（2）基金的投资政策

基金的投资政策是指投资基金为指导其证券投资活动而制定和实施的原则性、方针性措施。其中最为重要的是对各类证券投资进行选择的原则和方针。基金投资管理是基金管理公司的核心业务，基金管理公司要实现基金运作的科学性和稳健性，就必须建立一个理性、有效的投资决策机构。这个决策机构被称为“投资决策委员会”，属于基金管理公司的内设机构。投资决策委员会的功能是为基金投资拟定投资原则、投资方向、投资策略以及投资组合的整体目标和计划。

基金的投资政策具有相应的基本特征：第一，保持证券组合的类型，这在一定程度上反映了基金投资所追求的目标；第二，注意证券分散化的程度，由该基金所持证券的种类数以及基金总值中不同类型证券的比重决定，各个基金分散化政策是不相同的；第三，把握证券组合质量的高低，注意基金充分投资的程度和投资目标的稳定性。

知识链接6-3：

投资决策委员会

投资决策委员会是基金管理公司非常设机构，是基金管理公司最高投资决策机构。以定期或不定期会议的形式讨论和决定基金管理公司投资的重大问题。投资决策委员会一般由公司总经理、分管投资的副总经理、投资总监、研究总监等相关人员组成。

投资决策委员会的主要职责有：（1）制定公司投资相关制度；（2）根据公司投资管理制度和基金合同，确定基金投资的基本方针、原则、策略及投资限制；（3）审定基金资产配置比例或比例范围；（4）确定基金经理可以自主决定投资的权限；（5）审批基金经理提出的投资额超过自主投资额度的投资项目；（6）定期审议基金经理的投资报告，考核基金经理的工作绩效。

资料来源：佚名．投资决策委员会［EB/OL］．［2017-04-02］．http：//fund.sohu.com/20100816/n274235345.shtml.

4）基金投资政策的制定和执行

（1）基金投资政策的制定

基金投资政策的制定通常要经过以下几步：首先，公司研究发展部提出研究报告；其次，投资决策委员会审议和决定基金的总体投资计划；再次，基金投资部制订投资组合的具体方案；最后，风险控制委员会提出风险控制建议等。

（2）投资决策实施

基金管理公司在确定了投资决策后，就进入决策的实施阶段。根据投资决策中规定的投资对象、投资结构和持仓比例等，在市场上选择合适的股票、债券和其他有价证券来构建投资组合，并根据市场实际情况的变化及时对投资组合进行调整。

证券组合管理是一种以实现投资组合整体风险—收益最优化为目标，选择纳入投资组合的证券种类并确定适当权重的活动。资产配置是证券组合管理决策制定步骤中最重要的环节。不同的资产配置具有自身特有的理论基础、行为特征和支付模式，适用于不同的市场环境和客户投资需求。从范围上看，资产配置可分为全球资产配置、股票债券资产配置和行业风格资产配置；从时间跨度和风格类别上看，资产配置可分为战略性资产配置、战术性资产配置和资产混合配置；从资产管理人的特征与投资者的性质来看，资产配置可分为买入并持有策略、恒定混合策略、投资组合保险策略和战术性资产配置策略。

（3）基金的投资限制

基金的投资决策和投资方案等都是由基金管理人做出的，为了保护基金持有人的利益，各国的基金监管部门对基金投资活动规定了很多限制，包括对基金的投资对象、投资数量以及基金的运作方法。

投资数量的限制，可以分散投资，降低风险。投资数量的限制包括两个方面：一是对投资某一种股票的数量限制，即规定基金投资于任何一家公司股票的股份总额不得超过该公司已发行股票股份总额的一定比例；二是对某一种股票的投资总额在基金资产净值中所占比例的限制，即规定基金对于某一种证券的投资额不得超过该基金资产净值的一定比例。

投资方法的限制包括：禁止基金与基金关系人交易；限制同一基金管理人的多只基金之间的相互交易；禁止信用交易等。

5）基金收益来源及其分配

基金净收益是基金收益扣除按照国家有关规定可以在基金收益中扣除的费用后的余额。基金净收益是基金收益分配的基础。其中，费用包括基金管理费、基金托管费、基金交易费、基金运作费等。

在我国，基金收益分配遵循以下原则：

（1）关于封闭式基金的收益分配。根据有关法律规定，封闭式基金的收益分配，每年不得少于一次，封闭式基金年度收益分配比例不得低于基金年度已实现收益的90%。封闭式基金当年收益应先弥补上一年的亏损，如当年发生亏损则不进行收益分配。封闭式基金一般采用现金分红方式。

拓展阅读6-2

贝尔斯登危机起源——对冲基金

（2）关于开放式基金的收益分配。开放式基金的基金合同应当约定每年基金收益分配的最多次数和基金收益分配的最低比例。实践中，许多基金合同规定每年至少一次。开放式基金当年收益也应弥补上一年的亏损，如当年发生亏损则不进行收益分配。分红方式有现金分红和红利再投资转换为基金份额两种。

本章要点

本章主要介绍了投资银行资产管理业务的基本含义、特征、类型，资产管理业务的基本功能，资产管理业务的基本程序，投资基金的概念、特征、基本分类，投资银行基金的运作与管理。其中，重点是资产管理业务的基本程序和基金业务的运作与管理，难点是资产管理业务的运作。

问题讨论

1.查找资料讨论证券公司资产管理业务的经营风险。

2.讨论资产管理业务与基金业务的异同。

3.讨论基金投资者、基金管理者与基金托管者之间的关系。

推荐阅读

1.《中华人民共和国证券投资基金法》，2015年4月24日。

2.《资产管理机构开展公募证券投资基金管理业务暂行规定》，中国证券监督管理委员会，2013年2月18日。

3.《证券公司客户资产管理业务管理办法》，中国证券监督管理委员会，2013年6月26日。

4.《证券公司集合资产管理业务实施细则》，中国证券监督管理委员会，2012年10月18日。

5.《证券公司定向资产管理业务实施细则》，中国证券监督管理委员会，2012年10月18日。

6.叶有明. 股权投资基金运作：PE创造价值的流程［M］. 2版. 上海：复旦大学出版社，2012.

思考与练习

1.单项选择题

（1）在我国台湾地区和日本，证券投资基金一般被称为（　　）。

A.共同基金　　B.单位信托基金

C.证券投资信托基金　　D.私募基金

（2）基金发起人就发起设立基金的权利与义务、募集方案等有关事项达成一致的协议是（　　）。

A.基金契约　　B.发起人协议　　C.基金托管协议　　D.基金招募协议

（3）开放式基金的价格以（　　）为计价基础。

A.单位基金资产净值　　B.单位基金资产的账面价值

C.单位基金资产的市场价值　　D.单位基金资产的溢价

2.多项选择题

（1）我国证券投资基金三方当事人在基金运作过程中形成的三角关系是指（　　）。

A.投资人委托管理人投资、委托托管人托管

B.托管人保管基金资产，执行投资指令，同时，监督管理人并接受管理人的监督

C.投资人委托托管人保管资产，托管人委托管理人投资

D.管理人接受委托进行投资管理，监督托管人并接受托管人的监督

（2）基金管理公司的主要业务有（　　）。

A.发起设立基金　　B.基金管理业务

C.受托资产管理业务　　D.基金销售业务

3.简答题

（1）什么是资产管理业务？它有什么特征？

（2）资产管理业务是如何分类的？

（3）证券投资基金的特征有哪些？

（4）如何进行投资基金的运作和管理？

案例分析

西能科技公司诉国泰君安证券公司委托管理资产合同纠纷案

上诉人广西西能科技有限责任公司对与被上诉人国泰君安证券股份有限公司委托管理资产合同纠纷一案，不服上海市高级人民法院（2003）沪高民二（商）初字第1号民事判决，向最高人民法院提起上诉。

原审法院查明：2000年12月18日，广西西能科技有限责任公司（以下简称西能公

司）的前身广西创志科技有限责任公司（以下简称创志科技）作为甲方，与乙方国泰君安证券股份有限公司（以下简称国泰君安公司）签订了一份《国泰君安证券股份有限公司关于广西创志科技有限责任公司之资产管理委托协议书》（以下简称《资产管理委托协议书》）。2001年11月25日，国泰君安公司与西能公司经协商达成《资产委托管理延期协议》（以下简称《延期协议》）。《延期协议》签订后，国泰君安公司依约向西能公司支付了前期收益人民币600万元。在原协议和《延期协议》履行期间，国泰君安公司未按约定期向西能公司提供资产管理报告。《延期协议》约定的委托期限到期后，国泰君安公司未将证券账户内的股票变现，亦未将账户资金余额支付给委托人。根据国泰君安公司提供的股票交易对账单并经原审法院核对，截至2002年12月20日，西能公司账户内的股票市值（按所购股票当日收盘价格计算）和资金余额总计为人民币80 698 548.97元，形成委托资金交易损失人民币19 301 451.03元。

西能公司于2003年3月20日向上海市高级人民法院提起诉讼，请求判决国泰君安公司返还委托管理资金本金1亿元和逾期付款滞纳金360万元、违约金500万元，并承担本案诉讼费用。

在原审诉讼过程中，国泰君安公司于2003年5月13日主动向西能公司归还人民币5 000万元。

西能公司不服上海市高级人民法院上述民事判决，向最高人民法院提起上诉。最高人民法院称：

本院除确认一审查明的事实以外，二审中还查明：（1）一审法院《举证通知书》中要求当事人在收到该通知后30日内提交证据，国泰君安公司签收《举证通知书》的日期是2003年5月11日。（2）国泰君安公司于2003年5月28日向一审法院提交了《延期举证申请书》，并在举证延长期内提交了股票对账单。（3）国泰君安公司于2003年11月12日主动向西能公司归还了人民币3 070万元。

本院认为：本案诉讼双方系以证券市场投资为目标的委托资产管理合同关系。国泰君安公司作为一家经主管部门批准从事受托投资管理业务的综合类证券公司，具有受托投资管理业务的经营资质，其与西能公司之间签订的《资产管理委托协议书》和《延期协议》，系双方当事人真实意思表示，不违反法律、行政法规的禁止性规定，应认定合法有效。

根据本院查明的事实，国泰君安公司在原审举证期限届满前提出了延期举证的申请，原审法院亦同意其延期提交证据，国泰君安公司在延长期限内提交了股票对账单，未超过举证期限。西能公司在一审中已放弃对该股票对账单进行质证的权利，在二审庭审中对上述对账单的内容的真实性虽表示质疑，但其不能提供反证推翻国泰君安公司所出具的证据，又放弃了对上述证据进行鉴定审计的诉讼权利，故，本院确认该股票对账单可以作为认定本案事实即《资产管理委托协议书》终止时委托资产余额的证据。原审法院对本案证据的质证活动符合证据规则，西能公司关于原审庭审质证违反证据规则的主张没有事实依据，本院不予采信。

《延期协议》所确定的600万元是预收益，国泰君安公司不存在虚构盈利问题；因此，对西能公司关于国泰君安公司高买低卖股票，转移西能公司账户盈利，虚构收益，构成对西能公司的欺诈，应当承担相应后果的上诉理由，本院不予支持。

综上，原审法院认定事实清楚，适用法律正确，本院依据《中华人民共和国民事诉讼法》第一百五十三条第一款第（一）项的规定，判决如下：

驳回上诉，维持原判。

本案一审案件受理费553 010元，按原审判决执行；二审案件受理费160 010元，由上诉人广西西能科技有限责任公司承担。

本判决为终审判决。

资料来源：佚名. 西能科技公司诉国泰君安证券公司委托管理资产合同纠纷案［EB/OL］.［2017-04-05］. http：//www.110.com/panli/panli_60097.html.

问题：你对该案例有什么看法?

分析提示：一审判决认定西能公司的委托资产损失是股市行情处于低迷环境下的正常风险损失，国泰君安公司在受托管理过程中不存在明显过错，并无不当。在股市证券买卖操作中，国泰君安公司基于商业判断而做出的正常投资行为，即使出现投资判断失误，但其只要尽到了合同约定的谨慎、勤勉的管理人义务，不存在明显过错，就不能以受托人当时的商业判断与市场后来的事实发展相悖为由，要求其承担赔偿责任。

实践训练

本章主要讲授了投资银行资产管理业务的基本含义，以及投资基金的运作与管理。为了让学生深入理解投资银行的资产管理业务，熟练掌握基本运作，本章实践训练主要包括以下内容：

1. 实训项目：搜集市场上的开放式基金业绩资料并进行分析。

实训目的：分析基金公司业绩。

实训步骤：

（1）搜集2010—2017年开放式基金业绩。

（2）分析导致这些基金公司盈亏的管理状况方面的原因。

2. 实训项目：搜集市场上的基金类型资料并进行分析。

实训目的：分析基金公司的品种。

实训步骤：

（1）搜集开放式、封闭式基金的类型。

（2）分析不同类型的基金收益情况。

（3）给基金公司提出一些有益的建议。

第7章 财务顾问与投资咨询业务

学习目标

知识目标：通过本章学习，了解财务顾问与投资咨询业务的基本内容；熟悉财务顾问与投资咨询业务的运作原理；掌握财务顾问和投资咨询业务的运作程序。

技能目标：通过本章学习，具备开展财务顾问与投资咨询业务操作的基本技能，同投资银行财务顾问与投资咨询业务客户沟通的能力，为企业、政府和个人提供合理的财务顾问和投资咨询的基本素质，能够根据实际案例进行具体的业务操作。

知识结构图

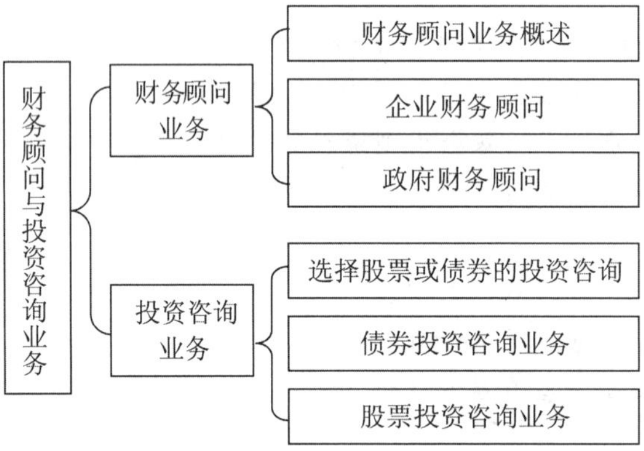

【导入案例】

并购财务顾问业务向大型券商集中

Wind数据统计显示，截至2017年，77家从事上市公司并购重组财务顾问业务的券商中，财务顾问业务市场份额前十的券商占据了并购市场超七成份额，总市场份额达71.54%。具体来看，中金公司以交易金额2 949.59亿元、占比份额13.14%稳居桂冠，中信证券（600030）、华泰联合证券、中信建投证券、广发证券（000776）和招商证券（600999）并购重组项目交易总金额也超过1 000亿元，分别高达2 604.60亿元、2 197.56亿元、1 832.46亿元、1 654.51亿元和1 138.39亿元，市场份额占比分别为11.60%、

9.79%、8.16%、7.37%和5.07%；而海通证券（600837）、西南证券（600369）、长城证券、国泰君安的市场份额占比超3.9%，位列第7名至第10名。

此外，券商兼并重组财务顾问领域市场份额的排序争夺战较为激烈。与2016年相比，浙商证券、华融证券、东兴证券、安信证券、东北证券（000686）、长江证券（000783）等20余家券商的排名均上升10名以上；华创证券、东海证券、中银国际证券等10余家券商的排名均下滑20名以上。

华南地区一家大中型券商投行部执行总经理告诉《经济日报》记者，2016年上市公司并购交易总量超4 300宗，并购交易总额达3万亿元，因兼并重组等投行业务操作流程复杂，专业知识与实践要求很高，所以3万亿元的并购市场“蛋糕”目前仍集中于规模大、市场占有率高、业内知名度高的大型券商。

资料来源：温济聪. 并购财务顾问业务向大型券商集中［N/OL］. 经济日报，2017-02-07［2017-04-06］. http：//www.ce.cn/xwzx/gnsz/gdxw/201702/07/t20170207_19999972.shtml.

这一案例主要说明了投资银行财务顾问业务在我国的发展情况。财务顾问业务是目前我国投资银行的创新业务之一，在我国发展还比较缓慢。但在国外，财务顾问业务给境外券商带来了巨额收入，已发展成为投资银行的核心业务之一，并购顾问业务作为境外券商主要的财务顾问业务，被欧美国家誉为低风险、高收益的“金奶牛”，已成为境外券商大力发展的重要创新业务。那么，投资银行如何开展财务顾问和投资咨询业务？这些正是本章要介绍的内容。

7.1　财务顾问业务

7.1.1　财务顾问业务概述

财务顾问业务是指经中国证监会核准具有财务顾问业务资格的机构，为上市公司的并购重组、证券交易、投资活动等对上市公司资产、负债、收入、利润和股权结构产生重大影响的相关业务活动提供交易估值、方案设计、出具专业意见等专业服务。财务顾问机构应当为符合规定的证券公司、投资咨询公司、具有独立法人资格的财务顾问公司。近些年来，各类金融市场主体对专业化顾问和理财服务的需求在广度和深度两个方面不断发展，投资银行的人力资源和信息资源优势，使得财务顾问业务具有较大的发展空间。

1）投资银行开展财务顾问业务的动因

（1）外在压力

①从投资银行的服务对象来看：近年来，企业专业化经营趋势在不断加强，投融资环境也在不断变化，企业越来越注重利用交易型战略来发展壮大自己，即主要通过兼并重组等形式寻求持续稳定的发展。而企业的资本运营是一项相当复杂的工作，企业本身不具备这方面的专业化水平，需要有专业的中介机构去完成目标企业的前期调查、财务评估、方案设计、协议执行、条件谈判以及相应配套的融资安排、重组规划等高度专业化的工作。可见，客户对投资银行提出了越来越高的要求。作为投资银行，如果还停留在为企业证券进行承销经纪等传统业务上，远不能满足企业对专业化、多样化服务的需要。

投资银行作为资本市场上最主要的中介机构，具备强大的金融信息收集能力和广泛的信息收集渠道，与其他金融机构相比，具有明显的信息优势，投资银行充当企业财务顾问，发挥了它的特长，降低了企业间的交易费用，也体现了专业化分工的行业发展趋势。

②从投资银行的同业竞争者来看：目前，金融市场上提供投资银行类业务的各类机构逐渐增多，如专业类投资咨询与财务顾问公司、商业银行、保险公司、信托投资公司以及其他一些金融机构等。在分业经营的环境下或金融管制较严厉的时代，投资银行业可以被视作一个垄断行业，但随着全球混业经营时代的到来，投资银行的这一优势逐渐丧失，证券市场从卖方市场到买方市场的转变，使投资银行面临巨大的挑战，投资银行的同业竞争将不断加剧。这些巨大的变化促使投资银行转变经营理念，变被动服务为主动服务，不断拓宽业务范围，提高服务质量，为客户提供个性化的服务，惟有如此，才能在激烈的竞争中脱颖而出。财务顾问业务是投资银行增强其竞争力不可缺少的重要手段。

（2）内在动力

财务顾问首先需要投资银行为客户提供各种最及时、最全面的资料，并在此基础上为企业出谋划策，充当好“参谋”或“战略设计师”的角色，最终才能很好地满足客户需要。投资银行能否成功开办财务顾问类业务，关键要看其是否具备优秀的专业人才，专业人才是投资银行取胜的重要条件。投资银行的专业人才，不仅具备良好的职业道德，遵守行为准则，而且具备财务顾问所必需的数量统计分析、经济学、财务分析、企业金融、证券分析、投资组合管理等方面的专业知识与技能，此外，他们还具备丰富的社交经验和灵活应变的能力。这些人才为投资银行开展财务顾问业务奠定了坚实的基础。

正是由于这些精英人才的存在，投资银行可以在巩固传统业务的基础上，开展各种创新型业务，以增加利润来源，进而使传统业务利润占所有利润的比重呈逐渐下降趋势，而创新业务的比重呈上升趋势。财务顾问业务作为中介类的业务种类，具有低成本、低风险、高收益的特点，无疑是投资银行较佳的选择。

在拥有丰富人力资源的基础上，投资银行才能不断地求变，不断地开拓创新，从而具备开展新的业务、不断前进的内在动力。

小思考7-1：

选择财务顾问，实力越强、规模越大越好？

提示：一般来说，实力强、规模大的财务顾问可能整体服务经验更丰富，整体实力较强，可能对上市目标更为有利。但是不能一概而论，根据业内人士意见，首先，投资银行一般都是项目团队服务，公司实力不代表项目团队实力；其次，真正到了某些特定市场或金融服务的顶端，不论投资银行的规模大小，其所凭借的专业服务团队、中介机构几乎都是同一个圈子，服务质量差别并不大。因此，企业在选择财务顾问的时候，不必一味贪大，往往合作最好的，是那种“门当户对”的投资银行和团队。因此，选择财务顾问，关键是看大家是否有共同的信念，是否会店大欺客，是否更愿意为企业配置最专业、最好的团队，同时要看条件、要求是否合理，服务态度是否良好。

2）投资银行开展财务顾问业务的意义

财务顾问业务是投资银行业务的精华所在，投资银行开展财务顾问业务具有重要意义，主要体现在以下几个方面：

（1）财务顾问业务能够提高投资银行的声誉

财务顾问业务是一项难度高、投入大的工作，涉及当地的产业结构、产品结构、城市规划、社会保障等诸多方面的问题。由于投资银行能够充分利用与资本市场相关的专业技能，帮助企业进行战略策划、谋求长远发展，财务顾问业务受到了企业的欢迎。

投资银行通过为客户提供高质量的财务顾问业务服务，可以发展与政府、企业、个人及社会各界的关系，逐步树立起良好的专业形象，打造出优良的品牌，从而间接带来巨大的无形收益，这些是投资银行从事财务顾问业务所获取的最大财富。

财务顾问业务能够增加投资银行的直接收入，但对投资银行的信誉更为重要，因为专业形象是投资银行的宝贵财产之一。在财务顾问业务中，投资银行既要协调企业重组各方的关系，又要设计具体方案，它是金融中介机构的一项长期投资，一旦策划方案被企业接受，这一业务所带来的间接的无形收益是巨大的。财务顾问业务尤其是并购重组业务是对中介机构品牌、综合实力的大检验，成功的重组案例可以大大提高中介机构自身的声誉，为以后参与重组业务及一级市场业务打下良好的基础。

（2）财务顾问业务能够大大增加投资银行利润

财务顾问业务作为中介类业务，投资银行无须投入大量的资金，而获得的利润却相当可观。因而，成功的财务顾问业务产生的经济效益是十分明显的。

投资银行承担财务顾问业务的目的，有时并不是为了收取咨询费，而是通过担任公司财务顾问，能够与公司经常接触，详细地获知该公司的业绩动向和经营上的各种问题以及有关项目融资、设备租赁等方面的问题，一旦企业需要，投资银行可以迅速介入，提供更多、更全面的服务，为取得后续收益打下基础。公司财务顾问业务的重要事宜要充分公开，或者至少让金融界知晓，才能吸引和稳定新客户。因而，财务顾问业务是开拓其他业务的重要桥梁。

（3）财务顾问业务能够造就技术与能力素质较高的专业人才

公司财务顾问业务是一种系统性、专业化的高级投资银行业务，开展此项业务能使个人的综合素质水平得到有效的锤炼，积累比较丰富的资产运作经验，培育财务顾问业务方面的人力资源，造就技术与能力素质较高的专业人才。

财务顾问业务是培养投资银行人才的催化剂。从事财务顾问业务的投资银行人员不但在业务素质上，而且在精神意志以及其他一些个人性格上将会得到很好的锤炼。通过开展这项业务，他们的业务能力和个人价值将会得到充分的体现。

3）投资银行执行财务顾问职能的方式

投资银行执行财务顾问职能的方式多种多样，但概括起来主要有两种方式：

（1）直接式

这种方式是指投资银行直接向重要客户企业派遣自己的股东担任非股东董事，由非股东董事充当财务顾问、为企业出谋划策的角色。有的投资银行还进一步投入资本，由自己的股东直接参与企业的业务经营。

（2）间接式

这一方式以“股东应专心经营自己的公司”为原则，禁止自己的股东兼任别家公司董事的职位，对于重要客户，均以近似责任顾问的形式，为企业提供服务。投资银行一般采用间接式财务顾问方式居多。

4）投资银行开展财务顾问业务的业务范围

财务顾问业务的业务范围包括：为企业申请证券发行和上市提供改制改组、资产重组、前期辅导等方面的咨询服务；为上市公司重大投资、收购兼并、关联交易等业务提供咨询服务；为法人、自然人及其他组织收购上市公司及相关的资产重组、债务重组等提供咨询服务；为上市公司完善法人治理结构、设计经理层股票期权、职工持股计划、投资者关系管理等提供咨询服务；为上市公司再融资、资产重组、债务重组等资本营运提供融资策划、方案设计、推介路演等方面的咨询服务；为上市公司的债权人、债务人对上市公司进行债务重组、资产重组、相关的股权重组等提供咨询服务以及中国证监会认定的其他业务形式。随着投资银行客户群体的不断增长，为客户提供财务顾问业务成为投资银行的必备功能之一。

5）投资银行开展财务顾问业务的收费方式

财务顾问业务有两种收费方式：

（1）独立收费方式

独立收费方式，即投资银行接受客户委托，为客户提供各类独立的顾问服务，顾问费用由双方商定，也可由投资银行根据该项目所耗费的时间和人力自行确定。

（2）非独立收费方式

投资银行提供的顾问服务包括在其他业务当中，如证券承销、企业并购和风险管理等。在这种情况下，顾问报酬也就列入其他业务收费当中计算。

值得注意的是，上述两种方式的区别仅在于顾问项目是否单独计费，而顾问业务的标的则往往不是完全独立的，它总是或多或少地与其他业务相关联。过去，人们往往认为财务顾问业务不是投资银行主要的、稳定的收入来源，提供顾问服务的主要功能在于加强与客户的关系。但目前发展方向是顾问业务逐步采取单独收费，而且顾问业务收入在投资银行整体收入中所占的比重正呈现上升趋势。

7.1.2 企业财务顾问

投资银行的企业财务顾问业务的内容包括很多方面，既有以顾问咨询服务为主而处于中介地位的，也有在其他业务开展过程中附带提供财务顾问服务的。

1）证券发行、交易财务顾问

发行证券的公司通过二级市场以现金买回已发行的证券，或者发行新证券交换已发行的证券，其目的主要是改善公司的财务指标，从而为再融资创造条件。投资银行在证券发行、交易财务顾问业务中提供咨询服务的重点在于确定双方都能接受的条件。一般来说，新证券交换旧证券的条件是以旧证券的到期收益率为基础，参考偿债顺序以及最近的市场价格而确定的。其步骤为：

①拟定新发行证券的息票利率，利率水准必须接近市场行情，从而能够吸引投资者；

②计算旧证券的到期收益率；

③计算并确定新发行证券的面额，使得新旧证券的到期收益率恰好相等。

证券发行、交易财务顾问要做到既能改善公司财务指标，又能为原有投资者所接受，关键是确定适当的交换条件，只要条件适当，证券发行、交易无论对投资者还是对发行公司而言都是有利的。

2）并购财务顾问

投资银行可以在企业的各项融资活动中充当财务顾问，但更多情况下是在企业并购和反并购等资产重组活动中充当财务顾问。

在公司并购活动中，并购公司和目标公司一般都要聘请投资银行等作为财务顾问。一家财务顾问既可以为并购公司服务，也可以为目标公司服务，但不能同时为并购公司和目标公司服务。

（1）财务顾问为并购公司提供的服务

①寻找目标公司。替并购公司寻找合适的目标公司，并从并购公司的战略和其他方面评估目标公司。

②提出并购建议。提出具体的并购建议，包括并购策略、并购价格与其他条件、并购时间表和相关的财务安排。

③商议并购条款。与目标公司的董事或大股东接洽，并商议并购条件。

④其他服务。帮助准备要约文件、股东通知和并购公告，确保准确无误。

（2）财务顾问为目标公司提供的服务

①预警服务。监视目标公司的股票价格，追踪潜在的并购公司，对一个可能性并购目标提供早期的警告。

②制定反并购策略。制定有效的反并购策略，阻止敌意并购。

③评价服务。评价目标公司和它的组成业务，以便在谈判中达到一个较高的要价；提供对要约价格是否公平的建议。

④利润预测。如有需要，帮助目标公司准备利润预测。

⑤编制文件和公告。编制有关文件和公告，包括新闻公告，说明董事会对并购建议的初步反应和他们对股东的建议。

在并购重组活动中，投资银行所得到的酬金主要有以下几种类型：一是较高的出售价格，百分比可以下降；二是不管出售价格如何，可能是一个固定的百分比；三是如果交易价格超过某一特定水平，在一定的百分比基础上再加上一笔鼓励酬金。采用第三种结构的投资银行将对第一个100万美元收取较低的费用，而后逐步增加鼓励酬金，即收取所谓的“累进比例佣金”。从这三种酬金结构来看，投资银行并购业务中一般提取交易总价格的2%～3%作为财务顾问费用。

知识链接7-1：

上市公司收购中的财务顾问

根据《上市公司收购管理办法》，收购人进行上市公司的收购，应当聘请在中国注册的具有从事财务顾问业务资格的专业机构担任财务顾问。收购人未按照本办法规定聘请财务顾问的，不得收购上市公司。财务顾问认为收购人利用上市公司的收购损害被收购公司及其股东合法权益的，应当拒绝为收购人提供财务顾问服务。并且，收购人聘请的财务顾问应当履行以下职责：

（1）对收购人的相关情况进行尽职调查；

（2）应收购人的要求向收购人提供专业化服务，全面评估被收购公司的财务和经营状况，帮助收购人分析收购所涉及的法律、财务、经营风险，就收购方案所涉及的收购价格、收购方式、支付安排等事项提出对策建议，并指导收购人按照规定的内容与格式制作申报文件；

（3）对收购人进行证券市场规范化运作的辅导，使收购人的董事、监事和高级管理人员熟悉有关法律、行政法规和中国证监会的规定，充分了解其应当承担的义务和责任，督促其依法履行报告、公告和其他法定义务；

（4）对收购人是否符合本办法的规定及申报文件内容的真实性、准确性、完整性进行充分核查和验证，对收购事项客观、公正地发表专业意见；

（5）接受收购人委托，向中国证监会报送申报材料，根据中国证监会的审核意见，组织、协调收购人及其他专业机构予以答复；

（6）与收购人签订协议，在收购完成后12个月内，持续督导收购人遵守法律、行政法规、中国证监会的规定、证券交易所规则、上市公司章程，依法行使股东权利，切实履行承诺或者相关约定。

资料来源：佚名．上市公司收购管理办法［EB/OL］．［2017-04-10］．http：//www.legalinfo.gov.cn/index/content/2014-12/05/content_5875370_5.htm.

3）合资财务顾问

在企业合资中充当代理人和财务顾问角色的投资银行，可以代表国外当事人在国内寻找投资者，也可以受国内当事人的委托寻找外国投资者。投资银行的任务不仅是把两者联系在一起，而且也要协助商议合资条款和条件。在合资企业建立的过程中，其财务顾问职能主要体现在：

（1）市场调查与合伙人的寻找。一方面，在合资企业组建的前期要做好市场调查，对投资环境进行分析；另一方面，应根据实际情况尽可能同时与几个可能成为合作方的对象进行接触，分析每个投资者的条件，均衡利弊，选择最佳合作对象，推荐给委托方作为合伙人。

（2）对合资项目的可行性进行研究，仔细评估，编制项目建议书和初步可行性研究报告。

（3）提供信誉资料，包括客户资信、技术资料，也包括市场信息和法律资料。

（4）作为财务顾问参与谈判及商议合资的条款和条件，拟订合资经营企业协议、合同和章程。

（5）与政府接触，督促政府批准或给予新的合资企业以投资优惠特权，尤其是利息、税收方面的优惠。

4）资产重组财务顾问

企业资产重组是一项复杂的系统工程，就形式上说有并购、分拆重组、股份互换和对公有制企业的私有化等多种类型，如果把资产重组的形式与金融工具的创新联系在一起，重组模式会不断翻新。目前，企业重组数量不仅继续保持上升趋势，而且单个重组案例的规模越来越大。随着资产交易规模和方式的不断增加，以及交易工具和手段的不断复杂化，资产重组的过程越来越离不开投资银行的参与。在企业资产重组活动中充当财务顾问成为投资银行的重要创收业务。

（1）投资银行开展资产重组财务顾问业务步骤

投资银行作为公司的财务顾问，可以通过以下步骤帮助公司进行资产重组：

①认真分析公司的财务状况，找出目前的危机所在，并提出度过危机应解决的问题。

②帮助公司重新制定发展战略和经营战略，内容应该比较保守，重在生存中求发展而不能期望高增长。

③协助公司安排股票或长期债券的私募，补充发展所需的经营资本。

④帮助公司重新分析经营计划，根据公司的客观实际，重新排列出主次，剔除一些不太实际的部分，以便集中利用有限的资金和其他资源。

⑤深入细致地审查公司的业务分支机构，对于公司发展没有影响的或者有副作用的机构应予以撤销。

⑥对于部分可以出售的分支机构，根据该分公司或子公司的现状确定适当的出售条件，寻找潜在的购买者并代理公司与其协商、谈判，对整个销售过程做出安排。

⑦帮助企业同债权人分别进行协商，介绍公司当前的困难处境，提出由专家制定的公司债务重组计划，争取债权人的信任，以帮助公司渡过难关。

（2）财务顾问在重大资产重组中的作用与职能

根据相关法规的规定，在重大资产重组交易中的一些特定问题上，必须有财务顾问参与和发表意见。财务顾问包括一般财务顾问和独立财务顾问两种情形：一般财务顾问是指上市公司聘用的财务顾问，其作用是为上市公司的重大资产重组方案提供财务及相关环节可行性等专业意见，并协助上市公司完成整体方案的实施；独立财务顾问则不同，其必须在没有参与重大资产重组谈判、设计等环节，与公司没有任何利害冲突的前提下，对重大资产重组交易发表独立的财务顾问意见。

在重大资产重组交易中，独立财务顾问在以下情况下依法出具意见：

①董事会需为公司聘请财务顾问，其出具的专业意见随同董事会决议一起公告，供广大股东和投资者参考；

②重大重组涉及关联交易的，独立财务顾问必须针对关联交易出具独立财务顾问意见，说明该关联交易是否损害非关联股东权益；

③为挽救上市公司财务危机而进行上市公司收购时，中国证监会规定必须参照重大资产重组的模式上报文件，收购方也应聘请财务顾问针对财务危机出具专业意见，同时，在向中国证监会提交豁免要约的申请文件中提出切实可行的重组方案，上市公司应聘请独立的财务顾问对该方案发表专业意见。

（3）独立财务顾问发表意见时须注意的问题

独立财务顾问必须站在客观、公正的立场上对重大资产重组交易是否符合上市公司和全体股东的利益发表意见。另外，独立财务顾问在对重大资产重组发表意见时还必须注意以下问题：

①对《上市公司重大购买、出售、置换资产报送材料内容与格式》第四条第六至第十二项内容逐一进行核查的说明；

②如该项购买、出售、置换资产行为必须提供资产评估报告，财务顾问还应对所选取的评估方法的适当性、评估假设前提的合理性发表独立意见；

③对上市公司负债结构是否合理及本次重大资产重组交易是否为上市公司带来大量负债或者或有负债等发表意见；

④对重大资产重组交易实施后上市公司在人员、资产、业务、财务和机构方面的独立

性发表意见；

⑤对重组方与上市公司的同业竞争问题及关联交易问题发表意见；

⑥对重组方是否存在侵害上市公司利益发表意见。

5）国有企业民营化财务顾问

对于业绩不良的国有企业，政府为了减轻财政负担，会考虑将这部分企业出售。政府在出售这些企业时，要避免某些行业被私人集团所控制，出于分散化的考虑，往往通过证券市场来进行。投资银行作为国有企业的财务顾问，在其出售过程中可以提供以下服务：

（1）国有企业出售后，公司的经营状况可能也会发生相应的变化。投资银行应充分考虑公司出售后的这些变化，分析预测私有化公司的经营前景，从而判断企业出售对投资者的吸引力。

（2）分析国有企业当前的经营状况和前景预测，并结合国有企业未来的获利能力，估算并确定合理的出售价格。

（3）对国有企业出售的总价值和证券市场的现状进行分析，并确定出售成功的可能性，以此制定出相应的促销办法。

（4）分析不同类型投资者对国有企业的兴趣，并在此基础上，确定采用私募还是公募的发行方式。

（5）投资银行应制定相应的策略，使股权分散化，如在公募发行中，允许小股东享有优先购买权；在私募发行中，尽量使股东持股平均化。

小实训7-1：

搜集并分析投资银行为企业发展充当战略顾问的案例。

6）发展战略顾问

（1）为企业提供完善的法律顾问咨询，提交有关企业的发展方向、投资建议、资产重组方案，使企业利用资本市场迅速发展；帮助企业完善信息披露制度，熟悉资本市场的运作；为企业的经营管理决策、行业的信息交流、分配方案设计、企业形象包装、产业政策咨询、公共关系协调等方面提供良好服务；为企业建立信息档案，以保证业务的连续性，定期向企业通报国内外的行业发展趋势、产品市场信息，充分掌握企业的发展动态和业务需求。

（2）利用自身在宏观经济环境和行业分析方面的研究优势，帮助企业制定长期发展战略和具体实现的方式，包括企业资本运营方式以及内部组织结构改进，并围绕企业并购活动开展有效的工作。

7.1.3 政府财务顾问

投资银行为了与政府建立一种长期的合作伙伴关系，以便在今后的业务拓展中得到政府的支持，往往还充当政府经济决策部门的财务顾问。

各级政府在制定该地区的经济发展政策时，如政府产业政策和区域经济政策的实施、经济体制和经济结构的转型，国际借款以及各级政府的公共工程建设等，需要一些经济机构充当地区经济发展的“经济顾问”或“智囊团”，投资银行在这方面担当重要角色。投资银行通过对一系列地区宏观经济指标资料的收集、整理和分析，为政府提供宏观经济形势的分析以及预测，这些指标一般包括经济增长率、通货膨胀率、货币发行量、失业率、各大产业增长指标等，在此基础上，投资银行可以为政府提出适合于本地区的宏观经济政策和经济发展战略的建议。投资银行还可以为政府的大型基础设施建设进行可行性分析和项目融资。例如，摩根士丹利为加拿大地方省政府提供水力发电项目的财务顾问服务，保证了这一项目的顺利完成。

在国际资本市场上，各国政府可能进行各种筹资活动，在选择何种筹资渠道，采取何种金融工具，如何规避汇兑风险，国有资产的估价、出售和资产转换等问题上，投资银行对于政府决策均有重大影响，如日本多家投资银行在新日铁的私有化过程中提供基础的财务方案。

我国国有经济改革过程中非常需要投资银行发挥顾问作用。实际上，国内一些券商已在这方面先行一步，它们帮助地方政府制定经济发展战略，就区域经济和行业经济的整合提出决策方案。

投资银行在充当政府财务顾问角色时，不仅可以拓展自己的业务，而且可以更方便地获取当地的宏观经济资料和率先了解宏观经济政策，从而为开展其他业务创造良好条件。

7.2 投资咨询业务

根据《证券、期货投资咨询管理暂行办法》的规定，证券投资咨询业务是指从事证券投资咨询业务的机构及其咨询人员为证券投资人或者客户提供证券投资分析、预测或者建议等直接或者间接有偿咨询服务的活动。证券公司可以经营证券投资咨询业务。

1）证券投资咨询业务形式

2010年10月9日，中国证监会公布了《证券投资顾问业务暂行规定》和《发布证券研究报告暂行规定》，进一步确立了证券投资咨询的两种基本业务形式。

（1）证券投资顾问业务

按照《证券投资顾问业务暂行规定》，证券投资顾问业务是证券投资咨询业务的一种形式，是指证券公司、证券投资咨询机构接受客户委托，按照约定，向客户提供涉及证券及证券相关产品的投资建议服务，辅导客户做出投资决策，并间接获取经济利益的经营活动。投资建议服务内容包括投资的品种选择、投资组合以及理财规划建议等。

证券公司从事证券经纪业务，附带向客户提供证券及证券相关产品的投资建议服务，就该项服务没有与客户单独做出协议约定、单独收取证券投资顾问服务费用的，其投资建议服务行为参照执行《证券投资顾问业务暂行规定》有关要求。

（2）发布证券研究报告

按照《发布证券研究报告暂行规定》，发布证券研究报告是证券投资咨询业务的一种形式，是指证券公司、证券投资咨询机构对证券及证券相关产品的价值、市场走势或者相关影响因素进行分析，形成证券估值、投资评级等投资分析意见，制作证券研究报告，并向客户发布的行为。证券研究报告主要包括涉及证券及证券相关产品的价值分析报告、行业研究报告、投资策略报告等。研究报告可以采用书面形式或者电子文件形式。

拓展阅读7-1

证券投资咨询行业现状及发展趋势

2）证券投资顾问业务与发布证券研究报告的联系与区别

（1）联系

在服务流程上，证券研究报告一般是证券投资顾问服务的重要基础，证券投资顾问团队依据证券研究报告以及其他公开证券信息，整合形成有针对性的证券投资顾问建议，再按照协议约定向客户提供。

（2）区别

①立场不同。证券投资顾问，基于特定客户的立场，遵循忠实客户利益原则，向客户提供适当的证券投资建议；证券分析师，基于独立、客观的立场，对证券及证券相关产品的价值进行研究分析，撰写研究报告。

②服务方式和内容不同。证券投资顾问，在了解客户的基础上，依据合同约定，向特定客户提供适当的、有针对性的操作性投资建议，关注品种选择、组合管理建议以及买卖时机等；证券研究报告在操作上应向不特定的客户发布，提供证券估值等研究成果，关注证券定价，不关注买卖时机选择等具体的操作性投资建议。

③服务对象有所不同。证券投资顾问，一般服务于普通投资者，强调针对客户类型、风险偏好等提供适当的服务；证券研究报告，一般服务于基金、QFII等能够理解研究报告和有效处理有关信息的专业投资者，强调公平对待证券研究报告接收人。

④市场影响有所不同。证券投资顾问服务与特定客户的证券投资及其利益密切相关，但通常不会显著影响证券定价；证券研究报告向多个机构客户同时发布，对证券价格可能产生较大影响。

3）证券投资咨询的业务类型

证券投资咨询业务主要包括债券投资咨询业务和股票咨询业务两大类。证券投资咨询业务与投资银行的其他业务往往交叉在一起，具有附属性质，但随着证券市场的发展，投资银行的证券投资咨询业务越来越重要，其在投资银行业务中的比重也不断上升。

典型案例7-1：

非法证券投资咨询案例

张某在东方财富网的股吧上发现一篇文章，标题是“明日重大利好消息出台 敬请关注”。他很好奇，点击一看，是中信证券公司的网站，网站顶部写着“公司经过中国证监会批准”，并有电子版的批准证书。网站内容主要有“强力个股推荐”“精确市场预测”“实战业绩”“涨停板股票服务”等板块。张某拨打了网站底部显示的手机号码，业务员陈某说公司实力很强，有专人研究、分析股票，近期几只大牛股都抓住了。张某心动不已，于是按要求向业务员陈某的账户缴纳了一个季度的服务费4 380元，对方也传真了一份已盖章的服务合同，并口头保证15个交易日获利120%，总获利不低于360%。但此后，按公司推荐的股票操作，却只跌不涨，一周后张某后悔了，想讨回服务费，但他发现再也无法联系到陈某，公司的电话也无人接听。

请根据以上资料，分析该非法证券投资咨询的作案手法及启示。

分析：作案手法：不法分子常常利用网络平台假冒合法证券公司设立山寨网站和冒牌机构，企图鱼目混珠，混淆视听。在收取投资者服务费时，往往要求投资者将款项汇到个人银行账户中。

启示：合法证券投资咨询机构提供咨询服务一般要与客户签订书面服务合同，一般通过公司专用收款账户收取咨询服务费。

7.2.1 选择股票或债券的投资咨询

投资银行通过深入细致的分析，帮助投资者做出对股票或债券进行投资的建议。

从总体上看，股票是一种高收益、高风险的证券，债券是一种收益固定、风险较小的证券，投资银行根据客户的自身情况，在帮助投资者选择这两种证券时，既要考虑收益，又要考虑风险。如果投资者十分看重收益并甘愿承受较大的风险，建议其选择股票投资；如果希望把收益的获取建立在稳定可靠的基础上，甚至只是为了实现保值目标，不愿冒太大风险，建议其选择债券投资。此外，也要考虑当时所处的政治环境因素。一般来说，在政治稳定、经济发展时期，股票收益增长较快，相对风险也较小，建议证券投资者投资股票；反之，在政治不稳定、经济衰退时期，债券投资收益率虽低但风险较小，建议证券投资者投资债券。

7.2.2 债券投资咨询业务

1）帮助客户选择债券类型

投资银行帮助客户进行债券投资时，应先对债券按期限长短、还本付息方式、收益率水平和可转换性等进行不同的分类。不同类型的债券，投资者承担的风险和获得的收益也相应不同。投资银行可以根据各种债券的风险收益特点，以及客户的自身情况和偏好，选择合适的债券品种进行投资。

投资银行在帮助客户选择投资债券的类型时，没有统一的模式，而是根据收益和风险两方面的情况权衡决定的。例如，国债的安全性好、收入稳定、变现能力强，但没有资本溢价，并且无法抵御通货膨胀和利率变动的风险；公司债券收益率虽然较高，但安全性较低，变现能力不强；外国债券收益水平高低不一，而且存在较大的汇率风险及政治、经济风险。

此外，投资银行在推荐债券投资品种时还要参考有关机构对债券信用评级的等级。

2）帮助客户进行债券的价格选择

在债券发行时，投资银行应根据不同的发行价格计算出相应的收益率水平，然后把分析的结果提供给投资者参考。债券的转让可以通过债券市场进行，也可以进行协议转让，但前者的流动性大大高于后者，其交易成本也较低。所以，投资银行不仅应计算出债券在当前价格下的收益率，而且要针对债券的质量、期限、流动性以及市场利率的走势，向投资者提出投资建议，供投资者进行综合判断。

3）帮助客户分析债券投资风险

投资银行首先要让投资者认识到债券相对而言有固定的收益且风险较小，但是不能因债券的固定回报而忽视其风险。债券的投资风险非常复杂，主要有政治风险、经济波动风险、通货膨胀风险、再投资风险、违约风险等。提供咨询服务的投资银行不仅要帮助投资者树立风险意识，而且要帮助投资者有效地规避风险。

投资银行提供投资咨询服务时，一般向投资者提供各种债券的风险分析报告，进行债券信用评级，以帮助投资者进行正确的决策；指导客户分散投资，确定债券投资组合的比例，以分散风险；指导客户进行组合投资，对债券的期限、收益率、安全性和变现能力进行组合；指导客户对债券投资采取套利方法，利用市场基差来消除风险。

投资银行应尽力提高从业人员的素质，保证咨询服务的高质量和高水平。如果投资银行向投资者提供债券投资咨询建议严重失误，那么就会给投资者带来很大的损失，从而影响投资银行的信誉，甚至危及投资银行的生存。

知识链接7-2：

债权投资咨询与管理服务协议

本协议由以下双方于2017年5月10日签署。

合同编号：

甲方（购买人）：

i财富账户ID：

证件类型：

证件号：

乙方：深圳市迈时信息科技有限公司及其经营的i财富网站

1.甲方拥有富余资金拟投资购买具有利息回报的债权以获取投资收益。

2.乙方拥有丰富的优质债权获取渠道信息，与专业的渠道风险评价和管理服务平台，受债权转让人的委托为其组合债权的出售提供媒介服务。

3.甲方愿意接受乙方提供的债权投资咨询与管理服务，按照乙方设计完成的i财富产品债权交易产品模式，由乙方撮合甲方与债权转让人达成债权转让交易，并由乙方提供与债权转让交易的履行有关的其他服务，乙方愿意向甲方提供该等服务。

根据《中华人民共和国合同法》及相关法律法规的规定，双方遵循平等、自愿、互利和诚实信用原则，经友好协商，就甲方自愿购买i财富债权组合达成如下一致意见。

……

资料来源：佚名. 债权投资咨询与管理服务协议［EB/OL］.［2017-05-10］. http://www.icaifu.com/user/help/creditor.shtml.有改动。

7.2.3 股票投资咨询业务

1）帮助投资者分析股票市场行情

投资银行通常专门设立部门对股票市场行情进行动态跟踪和分析，向投资者提出投资建议。由于客户的类型和实际情况千差万别，投资银行的分析要适合投资者的操作风格，做到有针对性。投资银行主要帮助客户进行基本面分析和技术面分析。

基本面分析主要包括对政治因素、经济因素、产业因素、区域因素和公司因素的分析，形成对公司股票投资价值的基本判断。

技术面分析是指运用各种技术分析理论和手段对股市走势进行分析，并提出具体的操作意见。

2）帮助投资者树立正确的投资理念

投资银行应帮助投资者克服各种不良心态，如急于求成、贪得无厌、“羊群效应”等。具有这种心态的投资者通常容易被市场投资气氛感染，发出错误的操作指令，频繁地短线操作，增大了造成损失的可能性。投资银行可以帮助投资者在充分分析基本因素和技术因素的基础上，获得经济发展和公司成长所带来的巨大利益，避免过于频繁的操作所引起的巨额交易成本。

拓展阅读7-2

美银美林建议投资者减持股票

投资银行通过这种咨询服务可以带来良好的市场形象和其他无形资产，从而稳定和扩大客户群，有利于一级市场的发展。

3）指导投资者形成正确的投资方法

投资银行在咨询服务中应根据自己的专业分析和判断，帮助客户形成正确的投资方法，使客户在风险一定的情况下尽可能获得更多的收益。主要投资方法有：

（1）顺势投资操作法

顺势投资操作法是投资银行建议证券投资者顺着股价的趋势进行股票买卖的操作策略。

股市的行情变化有一定的规律性，行情的上涨或下跌趋势一旦形成，就会强劲地持续一段时间。如果投资者逆这种趋势买卖股票，必然会导致损失。因此，顺应股市变化的趋势进行操作是一种明智的选择。当股市呈挺升趋势时，进行买入操作；当股市呈下跌趋势时，则卖出股票，静观行情发展，伺机而动。

采用这种方法必须确定的前提是，尽可能早地发现趋势的变动迹象，而不是在一种趋势已快到尽头时再操作，否则，不仅难以获利，还可能蒙受巨大的损失。因此，顺势操作方法要注意两点：一是必须真正看清行情大趋势。无论股市处于上升趋势中还是下跌趋势中，价格都可能出现与大势相反的暂时性的反向的表现，如果为其迷惑，看错了股市变动趋势，就变成了事实上的逆势操作。二是必须把握时机，即要注意观察趋势的反转，及时操作，如果市场趋势开始转向上升时应及时购入，市场趋势将要转向下落时及时抛出。

投资银行一般建议小额投资者采用顺势投资操作法，因为小额证券投资者本身谈不上操纵行情，可以跟随股市走势操作。

（2）拨档子操作法

拨档子操作法是投资银行建议投资者用以降低投资成本的操作策略，是指投资者在股价较高时，卖出所持股票，等价位下降以后，再予以补回的投资方法。投资者采取拨档子策略，旨在降低自身的投资成本，保持实力，并及时赚取买卖价差。做拨档的投资者虽然要实施卖出，但并非真正对股市前景持悲观态度，也不是为了获利了结，只是希望趁价位较高时，先行卖出，在价位较低时再买回，这样就可以先赚一笔差价，并降低所持股票的成本。

拨档子一般可以分为两种：一种为行情上涨一段后卖出，回降后补进的“挺升行进间拨档”；一种为行情挫落时，趁价位仍高时卖出，待跌落后再予买回的“滑降间拨档”。“挺升行进间拨档”多为主力大户在推动行情上涨之时，见价位已涨升不少，或遇到沉重的上升阻力干脆自行卖出，迫使股价短暂冷却，以化解涨升阻力，一旦股价小幅回落，再行大批补回，以使行情再度猛升。“滑降间拨档”是指投资者在高价套牢或做多头者自知实力弱于卖方，在股价下跌或尚未跌低以前，先行将所持股票卖出，待价位跌落后，再予以补回，从而降低投资成本，达到转败为胜的目的。

通常拨档时在卖出与买回之间所花的时间不会太长，短的可能只有两三天，长时也不过一两个月。拨档可以反复操作，如果成功，则投资增值会相当明显。

投资银行一般建议大户采用拨档子操作方法，而不建议一般投资者采用该方法。因为一般投资者在行情再度急剧回升时，如果没有及时补进，就达不到高卖低买的目的。

（3）保本投资操作法

保本投资操作法是避免投资者血本耗尽的一种投资方法。一般是在经济不景气、股价趋势难以确认时，投资银行帮助投资者利用此法，避免投资者的本金遭受损失。

这里所指的“本”，并不是投资者用于购买股票的总金额，而是指投资者认为在最坏的情况下，不愿意被损失的那部分金额，即处于停止损失点的基本金额。由于不同的投资者对风险的承受力不同，所以，有的投资者其投资资金中“本”的比重会大些，而有的投资者的“本”所占的比重会小些。

采用此法最重要的不在于买进的时机选择，而在于卖出的时机选择，因此，获利卖出点和停止损失点的制定是采用保本投资法的关键。

获利卖出点是投资者获得一定数额投资收益时，毅然将所持的一部分股票卖出的那个时点。这时卖出的不是所有的股票，而是卖出所要保“本”的那部分。

例如，某投资者以每股50元的价格买进100股某种股票，投资总额为5 000元（50×100），如果该投资者心目中的“本”为总投资的50%，那么，该投资者要保本金额为2 500元（50%×5 000），即在行情上升时，当价格上升到使其所持有的股票的总值达到投资总额加上其所要保的“本”时，即达到获利卖出点。那么，获利卖出点为7 500元（5 000+2 500），75元/股（7 500÷100）。也就是说，当股价上涨到每股75元时就达到了获利卖出点。这时，投资者可卖出2 500元保“本”，即可卖出原持有股的1/3。保本之后的持股数量为66.67股（100−100÷3），股价总值为5 000元（7 500−2 500）。保本后，持股数量虽然减少了，但其持股价值与其最初投资总金额一样。实际上，投资者所收回的“本”2 500元，可看作投资利润。

投资者第一次保本之后，所持有股票的市价总值，由于与最初的投资金额相同，这时投资者可以再定其所要保的第二次“本”，其比例可按第一次保本的比例来确定，也可另定不同的比例。一般说来，第二次保本比例可定低一些，等到价格上升到获利卖出点时，再卖出一部分，行情如果持续上涨，可继续卖出获利，以此类推，可作多次获利卖出。

此外，投资银行还要建议投资者制定停止损失点防范过分亏损。停止损失点就是行情下跌到只剩下股票投资人心目中的“本”时，即予卖出以保住其最起码的“本”的那一点。假定某一投资者制定的“本”是其投资金额的80%，那么当股价下跌20%时，就是投资者采取“停止损失”措施的时候了。在前例中，假设股价不是上升而是下降了，当股价下降到25元（（5 000−2 500）÷100）时，就是停止损失点。这时将所持股票全部卖出，正好保住要保的“本”，即2 500元（100×25）。

投资银行在股市行情走势怪异的情况下会建议投资者采用保本投资策略法，因为此时没有办法把握预测行情的涨落及转折。

（4）以静制动操作法

以静制动操作法是投资银行在股市处于换手和轮做阶段，行情走势出现东升西跳、此起彼落时，投资银行一般会建议投资者不被某些强势上涨的股票吸引，而是选择涨幅较小，或者未调整价位的股票买进持有，并静待时机脱手变现的方法。

证券投资者一般愿追涨，或跟主力进出。但在股市处于轮做阶段时往往吃亏，因为追涨的做法可能买到上涨的股票，而这些股票可能就要停止上涨或要回落了，而没有持有的股票却又开始回升，使投资者既蒙受损失，又失去较好的投资时机。采取以静制动操作，买进涨幅较小，或者尚未调整价位的股票则具有获取较大收益的潜在可能性。因为在股市轮做阶段，尚未调整价位的股票一般是平时交易较少，大户尚未注意到的股票，或是价位长期偏低，尚未使人们普遍认识其增长潜力的股票，一旦股市主力发现其股价偏低并予大量购进，其股价将会出现一个强劲的涨升。

投资银行一般建议投资者在股市的换手轮做阶段采取以静制动投资策略，要善于发现股价平静且有发展潜力的股票，并具有良好的心理素质。

（5）摊平操作法

摊平操作法是指投资银行建议投资者上档加码和下档摊平的投资操作方法。所谓上档加码就是买进股票后，股价上升了，再加码买进一定数量的股票，以使持股数量增加，扩大获利比率。所谓下档摊平，即在股价下跌过程中，分批买进，股价愈低，买进数量愈多，达到降低投资成本的目的。摊平操作法的示例见表7-1。

表7-1 **摊平操作法示例1**

股价（元）	买入股数	金额（元）
10	1 000	10 000
9	2 000	18 000
8	3 000	24 000
7	4 000	28 000
6	5 000	30 000
5	6 000	30 000
4	7 000	28 000
合计	28 000	196 000

如果股价跌至4元之后再开始回升，也可计算利润情况，见表7-2。

表7-2 **摊平操作法示例2**

股价（元）	股数	市值（元）	成本（元）	利润/亏损（元）
5	28 000	140 000	196 000	−56 000
6	28 000	168 000	196 000	−28 000
7	28 000	196 000	196 000	0
8	28 000	224 000	196 000	28 000
9	28 000	252 000	196 000	56 000
10	28 000	280 000	196 000	84 000

下档摊平的操作方式分为三种：

①逐次平均买进摊平法，即将资金分为三部分，每一次都以1/3的资金买进，而不论股价行情的变化。这样做的目的是不愿冒太大的风险。

②加倍买进摊平法，一般又有二段式和三段式两种。二段式是将总投资资金分成3份，第一次买进1/3；如行情再下跌，则利用另外的2/3买进。三段式是将总资金分成7份，第一次买进1/7；如行情下跌，则第二次买进2/7；如行情再下跌，则第三次买进4/7。

③加倍卖出摊平法。它是将资金分成3份，第一次买进1/3的资金；如发现股市逆转，行情已下跌，则第二次卖出2/3的资金，即要多卖出一倍的股票，这样可尽快摊平，增加获利机会。

采用摊平操作法，投资银行一般要求投资者灵活运用，既重视过去的操作经验，又不死板、教条，才能获得较满意的投资收益。

本章要点

本章主要介绍了投资银行财务顾问与投资咨询业务的基本内容，财务顾问与投资咨询业务的运作原理，财务顾问和投资咨询业务的运作程序。重点是财务顾问与投资咨询业务的运作原理，难点是投资咨询业务的运作程序。

问题讨论

1.讨论我国投资银行开展财务顾问业务的必要性。

2.分析投资银行投资咨询业务和其他业务的关系。

推荐阅读

1.《证券、期货投资咨询管理暂行办法》，国务院证券委员会，1997年12月25日。

2.《证券投资顾问业务暂行规定》，中国证券监督管理委员会，2010年10月12日。

3.《发布证券研究报告暂行规定》，中国证券监督管理委员会，2010年10月12日。

思考与练习

1.单项选择题

（1）（　　）是指投资银行直接向重要客户企业派遣自己的股东担任非股东董事，非股东董事充当财务顾问、为企业出谋划策的角色。

A.直接式　　B.间接式　　C.公开式　　D.不公开式

（2）（　　）财务顾问业务为专业管理人接受资产所有人委托，代为经营和管理资产，实现委托资产收益优化的行为。

A.企业　　B.委托　　C.政府　　D.其他

2.多项选择题

（1）财务顾问业务的收费方式有（　　）。

A.独立收费方式　　B.非独立收费方式

C.直接收费　　D.不收费

（2）投资银行的企业财务顾问业务有（　　）及发展战略顾问业务等。

A.证券发行、交易财务顾问　　B.并购财务顾问

C.资产重组财务顾问　　D.国有企业民营化财务顾问

（3）证券投资咨询的业务形式主要有（　　）。

A.证券投资顾问业务　　B.IB业务

C.发布证券研究报告　　D.资产管理业务

3.简答题

（1）投资银行开展财务顾问业务的动因来源于哪些方面？

(2) 投资银行开展财务顾问业务有何意义?

(3) 投资银行的企业财务顾问业务包括哪些内容?

(4) 简述投资银行的政府财务顾问业务。

(5) 简述投资银行的投资顾问业务和发布研究报告的区别和联系。

(6) 简述投资银行的投资咨询业务的两种形式。

案例分析

枝江市政府聘请长江证券当“财务顾问”

2016年9月6日上午,枝江市人民政府与长江证券股份有限公司签订战略合作协议。长江证券将以政府“财务顾问”的身份,充分发挥资金和专业人才优势,为枝江市提供“融资+融智”的金融服务。

根据协议,长江证券将为枝江市提供投资银行、直接投资、资产管理、证券经纪、资金管理、人员培训、研究咨询等服务。双方将在资源整合、股权债权融资、市政基础设施建设和产业发展融资平台搭建等方面开展全方位、深层次的合作,谋求互利共赢。

长江证券党委书记、董事长尤习贵说,将全力协助枝江市政府发展地方资本市场,竭诚为枝江的政府部门、企业和投资者提供及时、周到、专业的全方位金融服务。

枝江市委副书记、市长刘丰雷说,枝江市委、市政府也将以最大的诚意、最优质的服务,改善信用环境,优化金融生态。

枝江市金润源集团公司与长江证券签订了25亿元的公司债券承销协议。枝江市金润源水务公司与长江证券签订新三板挂牌辅导协议。同时,8亿元的项目收益债、10亿元的第二期企业债等融资产品也稳步推进。

资料来源:佚名. 枝江市政府聘请长江证券当“财务顾问”[EB/OL]. [2017-04-12]. http://news.cnhubei.com/xw/hb/yc/201609/t3693828.shtml.

问题:

(1) 基层政府为什么要请投资银行做财务顾问,而不自给自足,比如说通过政府的政策研究室以及国资经营管理公司等力量?

(2) 开展政府财务顾问业务对证券公司的影响是什么?

分析提示:

(1) 第一,除了投资银行具有很好的渠道优势之外,对于地方政府而言,由于各类资产的资质参差不齐,如何评估,如何分门别类,如何包装,采用什么样的方式和途径,这些按地方政府人员的政策、经济理论知识以及信息面来看,都是很显欠缺的,很多地方官员都是从基层一步步上来的,视野要窄一些。第二,以前各地的企业分布零散,竞争很不规范,又没有规模优势,如能有效整合重组,一旦显现“规模效应”,退则可以卖个好价钱,进则可以方便引入国际资本和先进的管理经验,或者上市融资。但按以前的经验来看,政府自己操刀,很容易造成“拉郎配”,投资银行介入,会更好地协调当中的利益。第三,以区域发展战略规划来看,各地的投资项目一哄而上,重复建设在以前相当普遍,而如何高点起步,如何体现区域经济的差异优势,投行机构在此更具备经验和优势。

（2）影响：第一，财务顾问业务是我国投资银行的一项创新业务，可以扩大投行利润来源。从美林、摩根士丹利、高盛等巨头近年来的收入结构看，包括战略咨询、并购重组、房地产开发咨询等在内的财务顾问咨询服务收入占了投资银行业务总收入的半壁江山，与证券发行收入相当，而以投资银行见长的高盛的咨询收入则超过了证券发行的收入。第二，建立投资银行与政府的长期友好的合作关系，为投资银行其他业务的开展铺路搭桥。在几乎所有的政府财务顾问协议中，都会有这样一个条款："对于当地的企业上市、重组并购以及其他财务顾问项目，当地政府将优先推荐财务顾问单位为中介机构。"第三，提高投资银行的信誉度和知名度。投资银行通过为政府提供一整套的专业化服务，获得政府的认可，进而树立客观公正、敬业诚信的机构职业形象，形成自己独特的品牌形象。

实践训练

本章主要讲授了财务顾问与投资咨询业务的基本内容、运作原理、运作程序。为了让学生加深对该部分内容的了解，本章实践训练主要包括以下内容：

1. 实训项目：了解国内外投资银行财务顾问业务的开展情况。

实训目的：认识国内投资银行财务顾问业务的开展现状。

实训步骤：

（1）查找国内外大型投资银行开展财务顾问业务的资料。

（2）分析各家投资银行提供了哪些财务顾问服务。

（3）比较分析我国投资银行与著名投资银行开展财务顾问业务的差距。

（4）提出我国开展财务顾问业务的建议。

2. 实训项目：了解国内外投资银行投资咨询业务的开展情况。

实训目的：认识国内投资银行投资咨询业务与国外投资银行的差距。

实训步骤：

（1）到附近的投资银行网点，了解我国投资银行开展投资咨询业务的现状。

（2）查找国外著名投资银行投资咨询业务的资料。

（3）比较分析我国投资银行与著名投资银行开展投资咨询业务的差距。

（4）提出我国开展投资咨询业务的建议。

3. 实训项目：撰写投资咨询报告。

实训目的：掌握投资咨询报告的撰写技巧。

实训步骤：

（1）打开交易软件，选择一只自己熟悉的股票。

（2）查找该股票的各项基本资料，运用基本分析法对该股价值进行分析。

（3）运用K线分析、形态分析等技术分析法分析该股买卖时机。

（4）综合前述分析内容，撰写该股票的投资报告。

4. 实训项目：分析证券投资咨询案例

实训目的：加深对非法证券投资咨询的理解。

实训资料：

李某在浏览网页时，看到一个财经类博客，该博客发布了"重大借壳机会，潜在暴力黑马”等40多篇股评、荐股文章。在对这些文章的评论中，一些匿名人士回复说：“绝对高手”“好厉害，我佩服死了”“继续跟你做”等。李某通过博客中提供的QQ号码与博主取得了联系，缴纳3 600元咨询年费后成为会员，但换来的却是几只连续下跌的股票，李某追悔莫及。

问题：

（1）该案例中的李某遇到了什么问题？

（2）提出防范的对策。

第8章　资产证券化业务

学习目标

知识目标：通过本章学习，学生应该了解资产证券化的基本含义、特征与类型，熟悉资产证券化的相关主体，掌握资产证券化的运作流程，熟悉资产证券化在我国的发展实践。

技能目标：通过本章学习，学生应该具备开展资产证券化业务操作的基本技能，能够合理设计资产证券化的产品，能够胜任投资银行相关岗位的工作。

知识结构图

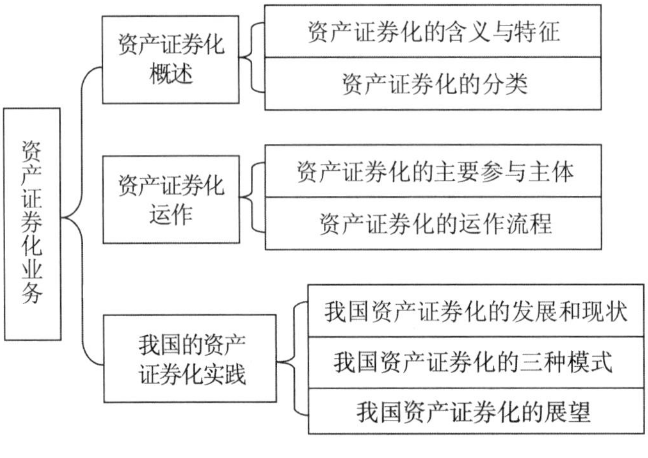

【导入案例】

2017年最佳财富机遇——资产证券化

2017年3月25日，中债资信评估有限责任公司在北京举办第二届资产证券化创新与发展论坛暨《中国资产证券化白皮书（2016）》发布会，相关主管部门领导、业内专家及市场机构代表围绕“资产证券化创新与发展”发表了主题演讲，并展开现场交流。会上，《中国资产证券化白皮书（2016）》正式发布。

在党中央、国务院一系列方针政策的指导下，我国债券市场发展的广度和深度不断延伸。资产证券化作为成熟债券市场的重要品种及拓展金融体系“宽度”的创新手段，已逐渐成为债券市场深化发展的重要“助推器”，在分散信用风险、去杠杆、降成本等方面发挥了积极作用。截至2015年年末，金融机构共发行200单信贷资产证券化产品，累计发行金额为7 894亿元，实现了重启3年来的跨越式发展。2017年年初，中国人民银行、国家发改委、财政部等八部委联合发文，进一步明确了资产证券化市场发展方向，我国资产证券化有望迎来黄金发展期。

资料来源：佚名.2017年最佳财富机遇——资产证券化［EB/OL］.［2017-03-30］. http://mt.sohu.com/business/d20170330/131011133_471632.shtml.

这一案例表明：资产证券化是指将缺乏流动性的资产转换为在金融市场上可以自由买卖的证券的行为，使其具有流动性，是通过在资本市场和货币市场发行证券筹资的一种直接融资方式。资产证券化在国际上已有近50年的发展历史。从1968年美国最早的住房抵押贷款支持证券问世发展至今，资产证券化已成为国际资本市场上发展最快、最具活力的金融创新之一。资产证券化是创立由资产担保的证券的融资过程，是一项创新的融资技术。而投资银行在资产证券化中扮演着多重角色，体现了其发现价值、创造价值的能力。

8.1 资产证券化概述

8.1.1 资产证券化的含义与特征

随着金融创新的发展，金融产品的外延不断扩展，在金融工程的支持和推动下，新的金融工具层出不穷，资产证券化就是金融创新的结果，从本质上讲，资产证券化是一种金融工具。

1）资产证券化的含义

资产证券化是储蓄者与借款者通过金融市场得以部分或全部匹配的一个过程或工具。这一含义包括两个层次的概念：其一是融资证券化。这是指资金需求者在货币市场和资本市场上通过发行证券直接从资金供给者那里获得资金的融资方式，如发行股票、债券、商业票据等。这种证券化被称为“一级证券化”或“初级证券化”，也被称为企业证券化；其二是资产支持证券化。这是指以一定的存量资产为支持，通过一定的结构安排，对这些缺乏流动性但能够产生可以预见的未来现金流的资产的风险与收益要素进行分离和重组，通过发行证券的方式把这些资产转换成在金融市场上流通的证券过程。这种存量资产证券化被称为二级证券化。本章所讲的资产证券化就属于二级证券化。

尽管融资证券化（企业证券化）和资产证券化都表现为直接融资，但从投资者的角度来看，它们是完全不同的两种证券化。企业证券化是根据发行证券企业的价值判断证券的价值；资产证券化是根据证券化基础资产的价值来判断证券的价值，并不评估资产所有人的价值。

资产证券化并不适用于所有的资产，具体而言，可证券化资产的特点是：能在未来产生可预测的稳定的现金流；有持续一定时期的低违约率、低损失率的历史记录；金融资产的债务人有广泛的地域和人口分布；本息的偿付分摊于整个资产的持续期间；原所有者已持有该资产一段时间，有良好的信用记录；金融资产抵押物有较高的变现价值或它对于债务人的效用较高；金融资产具有标准化、高质量的合同条款。

一般而言，我们可以把资产证券化的定义表述为：资产证券化是指将缺乏流动性但可以产生稳定的可预见的未来现金流的资产，按照某种共同特征分类，形成资产组合，并以这些资产为担保发行可在二级市场上交易的固定收益证券，据以融通资金的技术和过程。

2）资产证券化的特征

资产证券化是一种有效融合了间接融资方式和直接融资方式的创新金融工具，资产证券化有着区别于传统融资方式的特征。

（1）资产证券化是一种结构型融资方式

资产证券化融资的核心是构建严谨、有效的交易结构。这种交易结构把资产的偿付能力与原始权益人的资信能力分割开来，以保证即使原始权益人破产也与资产证券化无关。同时，这一结构能使发起人利用金融担保公司的信用级别来改善资产支持证券的发行条件并充分享受政府的税收优惠。

（2）资产证券化是一种表外融资方式

利用资产证券化技术进行融资不会增加发行人的负债，是一种不显示在资产负债表上的融资方式。通过资产证券化，将资产负债表中的资产剥离改组后，构造成为市场化的投资工具，发行人资产负债表的资产和负债同时发生变化，即资产存量减少。由于资产证券化是在资本没有发生变化的情况下进行的，所以它可以提高发行人的资本充足率，降低发行人的资产负债率。同时，由于发行人获得了一笔资产销售收入，因而发行人有能力扩大资产规模，能够以原有的名义资本运作更大的资产规模，获得更大的收益。

（3）资产证券化是一种无追索的融资方式

资产证券化是融资者将其资产出售给中介机构，由中介机构进行包装、重组，以发行证券的方式进一步出售给投资者的过程。在这个过程中，当融资者售出其资产之后就与资产不发生任何联系，所有的与售出资产相关的权利与义务都转移到中介机构，这就是资产证券化中"资产真实出售"的原则。显然，如果支持证券化的资产是真实出售的，那么融资者今后的经营业绩将不再影响售出的资产，即使融资者破产也一样。

（4）资产证券化是一种收入导向型融资方式

传统的融资方式是依赖于资金需求者本身的资信能力来融资的。投资者在决定是否进行投资或提供贷款时，主要依据的是资金需求方的资产、负债、利润和现金流状况，而对公司拥有的某些特定资产的质量关注较少。但是，资产证券化融资方式则主要是依赖于支持证券化资产的质量和现金流状况，外来的投资者可以完全撇开发行公司的经营业绩来决定是否进行投资。在具体操作中，它将一些项目的资产作为支持，是以资产的未来收入能力作为保证，发行证券。

（5）资产证券化是一种低成本的融资方式

资产证券化利用成熟的交易结构和信用增级手段改善了证券的发行条件，可以使发行利率降低；同时，它不需要其他权益的支持，财务费用较低。因此，虽然其支出费用种类较多，但由于其融资交易额较大，所以其费用比例相对较低。

小思考8-1：

资产证券化有哪些作用？

提示：（1）信用等级较低的金融机构发行存款和债务凭证的成本高昂，如果能够通过证券化将一部分资产出售，可以获得较低的融资成本。

（2）证券化能够使金融机构减少甚至消除其信用的过分集中现象，同时继续发展特殊种类的组合证券。

（3）证券化使得金融机构能够更充分地利用现有的能力，实现规模经济。

（4）证券化能够将非流动资产转换成可流通证券，使其资产负债表更具有流动性，能够改善其资金来源。

（5）证券出售后，被证券化的资产就从原始权益人的资产负债表中消失，可以提高资本比率。

（6）资产证券化还具有明确的金融创新意义。资产证券化具有转移信用风险、提高流动性和信用创造等创新意义。

8.1.2 资产证券化的分类

资产证券化作为一种新型的融资工具，经过几十年的发展，产生了很多种类。按照不同的标准，资产证券化可以划分为不同的类型。

1）住房抵押贷款证券化与资产担保证券化

根据基础资产的不同，资产证券化可分为住房抵押贷款证券化（MBS）和资产担保证券化（ABS）。

（1）住房抵押贷款证券化

住房抵押贷款证券化是最早的资产证券化品种。其基本结构是：把贷出的住房抵押贷款中符合一定条件的贷款集中起来，形成一个抵押贷款的集合体，利用贷款集合体定期发生的本金及利息的现金流入发行证券，并由政府机构或政府背景的金融机构对该证券进行担保。

住房抵押贷款证券化可以把银行等金融机构持有的流动性较低的长期住房抵押贷款转化为流动性较高的证券，极大地改善了这些机构的资产流动性。而且，如果选择的是表外融资形式，就不会增加这些机构的负债率，还可以释放资本金。此外，由于住房抵押贷款支撑的证券化的基础资产是违约率较低的抵押贷款，现金流量比较稳定且易于预测。

实施住房抵押贷款证券化必须具备一定的市场条件：首先，要有相当规模的住房抵押贷款市场，大量的购房者以所购住房作抵押向贷款机构申请贷款，使贷款余额迅速增大，这是初级抵押贷款市场存在的基础。由于抵押贷款年限较长，贷款人总是希望将这些缺乏流动性的资产在二级市场顺利出售，这需要有良好的信誉，这种信誉有相当一部分来自政府的担保。其次，要有多品种的抵押贷款，如期限不同的抵押贷款、偿还方式不同的抵押贷款、利率不同的抵押贷款、不同担保机构的抵押贷款。

（2）资产担保证券化

资产担保证券化是指除住房抵押贷款证券化以外的证券化的统称。它实际上是MBS

拓展阅读8-1

京东白条ABS正式在深交所挂牌交易

相关链接8-1

视频：京东启动"白条"资产证券化

技术在其他资产上的推广和应用。与住房抵押贷款证券化不同，资产担保证券化的资产没有从政府那里得到担保，而是通过统计手法测算出风险后，再由信用级别高的银行提供部分担保，或进行优先/滞后部分安排，对滞后部分的风险进行控制，优先部分取得高信用评级后卖给一般投资者。从广义上来讲，住房抵押贷款证券化属于资产担保证券化的一种，但是由于住房抵押贷款证券化出现最早，规模最大，因此，将其单独予以说明，但从本质上来看，二者没有重大区别。

目前比较成熟的资产担保证券化主要有：汽车贷款证券化、信用卡证券化、贸易应收账款证券化。此外，它还包括：基础设施收费证券化、设备租赁费证券化、学生贷款证券化、门票收入证券化、俱乐部会费收入证券化；各种有固定收入的贷款，如航空机票收入、收费公路或桥梁和其他公用设施收入等的证券化；各种商业贷款，如商业房地产贷款、各类工商企业贷款、汽车贷款等的证券化。而且随着资产证券化技术的不断发展，证券化的范围在不断扩大。

2）过手型证券化与转付型证券化

根据对现金流的处理方式和证券偿付结构的不同，资产证券化可以划分为过手型证券化和转付型证券化。

（1）过手型证券化

过手型证券化是以组合资产池为支撑所发行的权益类证券，它代表了具有相似的到期日、相似的利率和特点的组合资产的直接所有权。基础资产池中的典型资产是住宅抵押贷款和消费者的应收款（如汽车贷款和信用卡应收款），这些资产从贷款发起人的资产负债表中剥离，出售给一个信托机构，随着贷款的出售，发起人把资产的各项权利，如资产所有权、利息以及收取所有到期款的权利，都转让给信托机构，然后该信托机构向投资者发行所有权凭证，即过手证券。证券持有者将按比例获得资产池所产生的所有现金流减去相关费用支出（如服务费、担保费和过手费等）后的余额。这些现金流包括由借款人按计划支付的月利息、按计划摊还的本金和提前偿还的本金，投资者要承担相关的风险。过手证券基本上不对资产所产生的现金流进行特别处理，而是在扣除了有关"过手"费用后，将剩余的现金流直接"过手"给投资者，因此，过手证券所获得的现金流完全取决于基础资产所产生的现金流状况。

（2）转付型证券化

转付证券是根据投资者的偏好，对证券化资产产生的现金流进行重新安排而发行的证券。它与过手证券的最大区别在于：前者根据投资者对风险、收益和期限等的不同偏好对基础资产组合产生的现金流进行了重新安排和分配，使本金与利息的偿付机制发生了变化；而后者则没有进行这种处理。

目前，广泛使用的转付型证券化产品有抵押担保债券（CMO）、仅付本金债券（PO）、仅付利息债券（IO）等。它们的一个重要特征就是采用了分档技术，所谓分档是指根据投资者对期限、风险和收益的不同偏好，将债券设计成不同的档次，每档债券的特征各不相同，从而满足不同投资者的偏好。转付债券也被用于非抵押资产证券化，如汽车贷款证券化、信用卡贷款证券化、无担保的消费者信贷证券化等。在私募中，转付债券也被用于寿险投保人贷款的证券化。

3）单一借款人型证券化与多借款人型证券化

根据基础资产卖方数量的多寡，资产证券化可以分为单一借款人型证券化与多借款人型证券化。值得注意的是，这里的借款人是指基础资产的卖方，即证券化的融资方，也就是原始权益人，而不是指抵押贷款借款人（即原始债务人）。单一借款人和多借款人的指称是一种习惯用法，更确切的提法应该是单一卖方和多卖方。

4）单宗销售证券化与多宗销售证券化

根据基础资产销售结构的不同，资产证券化可以分为单宗销售证券化和多宗销售证券化两种类型。

在单宗销售证券化交易中，卖方一次性地将基础资产出售给买方；而在多宗销售证券化交易中，随着原始债务人对债务本息的不断偿付，基础资产池的未清偿余额也不断下降，资产规模不断缩小。这种情况下，买方将通过备用协议、可再投资的信托结构、主信托结构等向卖方进行基础资产的循环购买，以不断对资产池进行填充，使资产池的未清偿余额保持在一个合理的水平上。

5）单层销售证券化与双层销售证券化

根据发起人与特别目的机构（SPV）的关系以及由此引起的资产销售的次数，资产证券化结构可以划分为单层销售证券化与双层销售证券化。

单层销售结构由基础资产的卖方向与其有合并会计报表关系的子公司SPV转移资产，而不论这种资产转移是一次完成还是循环进行的。由于这种资产销售结构是在母、子公司的层面上进行的，因此被称为单层销售结构。按照严格的会计标准需要将被转移资产从母公司的资产负债表中剔除，这就要求将已销售给子公司SPV的资产再次转移给与母公司无合并关系的第三方SPV，这种由子公司SPV再向无关的、独立第三方SPV销售的结构被称作双层销售结构。

6）发起型证券化与载体型证券化

在一项具体的资产证券化交易中，贷款发起人与交易发起人的角色可能重合也可能分离。当贷款发起人同时又是证券化交易的发起人时（即由原始权益人自己来构造交易结构、设立SPV并发行证券,完整地参与整个证券化过程），这种证券化交易结构就被称为发起型证券化。

如果贷款发起人只发起贷款，然后将这些资产销售给专门从事证券化交易的证券化载体，由后者架构证券化交易并发行证券，这种证券化交易结构就是载体型证券化。

7）基础证券化与衍生证券化

按照证券产生过程和层次的不同，资产证券化还可以划分为基础证券化与衍生证券化。以抵押贷款或应收款等基础资产为支撑发行的证券统称为基础证券化，衍生证券化则是指以这些基础证券组合为支撑所发行的证券。

衍生证券化反映了证券化交易的未来发展趋势，即根据不同投资者的需求，不断进行产品创新，设计出满足特定投资者的个性化产品。投资银行为了吸引那些对由发起人创立的SPV所发行的证券不感兴趣的投资者，创造出独立的SPV，它的吸引力是成分相对单一的基础资产担保证券无法比拟的。

8.2 资产证券化运作

8.2.1 资产证券化的主要参与主体

在资产证券化的过程中，涉及多个主体，一般来说，一个完整的资产证券化过程主要包括：发起人、服务人、发行人、投资银行、信用提高机构、信用评级机构、托管管理人、投资者、律师事务所、会计师事务所、资产评估机构等中介机构。其中，最基本的当事人为：发起人、发行人、投资者。典型的资产证券化过程可以用图8-1来表示。

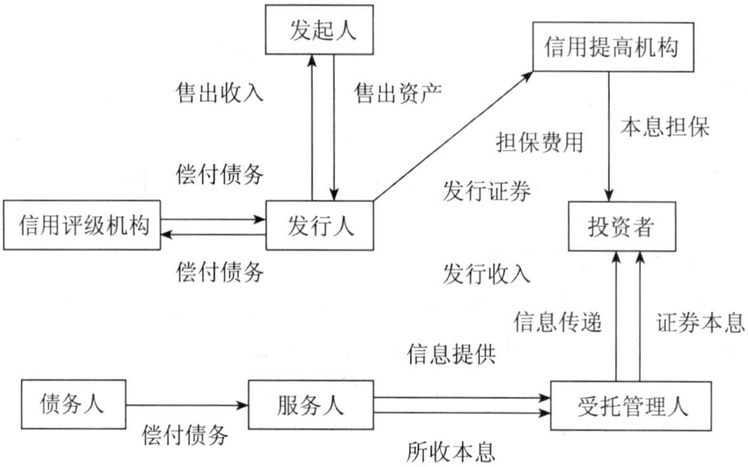

图8-1 典型的资产证券化操作流程

由图8-1可以看出，资产证券化是一个复杂的系统工程，它涉及很多方面的参与者。

1）发起人

发起人即原始权益人，它是把将要资产证券化的资产出售给中介机构而获得资金的一方。发起人的作用是确定证券化的资产，并真实地出售给中介机构。在实际操作过程中，凡是具有稳定的预期现金流收入的公司或组织均可作为资产证券化的发起人。

2）服务人

在资产证券化有效期内，投资者要委托服务人来管理和维护证券化资产，向原始权益人收取到期的本金和利息，以及追收过期的应收账款，并转交给中介机构。服务人一般是由资产支持证券的发起人或发起人的子公司担任。

3）发行人

发行人可以是中介机构，发行人从许多发起人处购买证券化资产，然后将这些资产组成一个资产池，再以这些资产池中的资产为支持发行证券。在资产证券化中，发行人有一个特殊的名称——特殊目的机构（special purpose vehicle，SPV）。SPV的原始概念来自于中国墙（China Wall）的风险隔离设计，它的设计主要为了达到“破产隔离”的目的。

SPV的业务范围被严格限定，所以它一般是不会破产的高信用等级实体。SPV在资产证券化中具有特殊的地位，它是整个资产证券化过程的核心，各个参与者都将围绕着它来展开工作。SPV是一个法律实体，组织形式有信托型、公司型和有限合伙型三种。

资产证券化运行机制中最核心的设计是其风险隔离机制，而风险隔离机制最具典型的设计是设立一个特殊目的机构SPV。SPV是一个专门为实现资产证券化而设立的信用级别较高的机构，它在资产证券化中扮演着重要角色。它的基本操作流程就是从资产原始权益人（即发起人）处购买证券化资产，以自身名义发行资产支持证券进行融资，再将所募集到的资金用于偿还购买发起人基础资产的价款。SPV不仅通过一系列专业手段降低了证券化的成本，解决了融资困难的问题，关键是通过风险隔离降低了证券交易中的风险。

知识链接8-1：

资产证券化破产隔离的实现方式

资产证券化的破产隔离是通过设立SPV，并将资产从原始权益人转移到SPV实现的。资产转移的方式具体有两种：信托和真实出售，与之相对应，SPV可以分为信托型和公司型两种。

信托型SPV又称为特殊目的信托（special purpose trust，SPT），在这种形式下，资产转移是通过信托实现的，即原始权益人将基础资产信托给作为受托人的SPT，成立信托关系，由SPT作为资产支撑证券的发行代表对基础资产享有权利。在这样一个信托关系中，委托人为原始权益人；作为受托人的SPV是法律规定的营业受托人，即有资格经营信托业务的信托机构；信托财产为基础资产；受益人则为受益凭证的持有人——投资者。

公司型SPV又称为特殊目的公司（special purpose company，SPC），在这种形式下，资产转移是通过原始权益人将基础资产真实销售给SPC实现的，即原始权益人将基础资产的所有权完全、真实地转让给SPC，SPC向投资者发行资产支持证券，募集的资金作为购买基础资产的对价。真实销售旨在保证在原始权益人破产时，出售给SPC的资产不会被列为破产财产，从而实现破产隔离。

资料来源：佚名. SPV［EB/OL］.［2017-04-13］. http://baike.baidu.com/link? url=attjezbHt9_o3DQKqby3U7JVdzSHx6FpxFOJMAaBA1_LLj2-JXz3GFCXn4L2U-gxwfH_9Q1WpeicLQRwIoWD0K. 有改动。

4）投资银行

证券化资产由投资银行承销。投资银行或者向公众出售其包销的证券，或者私募证券。作为包销人，投资银行从发行人处购买证券，然后出售给公众。对于私募证券，投资银行并不购买证券，而是作为发行人的代理人，为发行人提供更多的购买者。

投资银行自始至终参与资产证券化交易的全部活动。通常，投资银行要向发起人推销这个交易，之后汇集和分析大量的信息以确定证券化的可行性，然后开始投入其他力量如会计师、法律顾问以及投资分析师等，并构造交易活动。最后，投资银行安排证券的初次发行，监控和支持这些证券随后在二级市场上的交易。投资银行需要很多的技巧使整个程序的管理紧密衔接，尽量避免重复劳动以及相应的时间与费用的浪费。

5）信用提高机构

信用增级环节是资产证券化过程中的关键环节。投资者的投资利益能否得到有效保护和实现，关键在于证券化所产生的信用保证。因为只有提高了信用级别才可以使资产支持证券在较低的利率水平下发行出去。一般而言，信用提高机构由发行人或第三方提供，对资产支持证券的信用的提高可以同时有许多种信用增级，国际上发行资产支持证券的信用级别一般都在AAA级。

6）信用评级机构

信用评级机构是一个独立单位，具体的评级程序和原则与对债券的评级相似。评级过程的主要依据为：第一，发行人违约的可能性；第二，发行人承担的法律条款和特性；第三，发生破产时，发行人承担责任的程度。

7）受托管理人

证券化过程中，受托管理人是服务人和投资者的中介，它代表发行人的利益向发起人购买资产，同时也是通过它向投资者发行证书。当债务人归还资产抵押的本金和利息时，服务人把收入存入发行人的账户，由受托管理人把它们转给投资者。受托管理人有责任对没有及时转给投资者的资金进行再投资。如果服务人取消或不能履行其职责，受托管理人应该并且能够取代服务人担当其职责。

拓展阅读8-2

招商资管发行50亿元规模资产证券化产品

8）投资者

投资者是指购买资产担保证券的机构和个人，如银行、保险公司、养老金、其他的投资基金、公司以及零星的散户投资者。一般这些投资者都具有丰富的经验，在研究了资产担保证券所具有的风险特征后，从承销商手中购买资产证券，所支付的资金通过承销商等机构返还给原始权益人，并按约由受托管理人支付证券本金和利息。

8.2.2 资产证券化的运作流程

一般的资产证券化运作步骤主要包括：确定证券化资产，资产的出售，资产的购买，资产的信用提高与资产证券的评级等。

1）发起人确定将要证券化的资产

资产证券化的发起人（即资产的原始权益人）在分析自身融资需求的基础上，通过发起程序确定用来进行证券化的资产。尽管证券化是以资产所产生的现金流为基础，但并不是所有能产生现金流的资产都可以证券化。一般来说，那些现金流不稳定、同质性低、信用质量较差且很难获得相关统计数据的资产一般不宜于被直接证券化。

小思考8-2：

一般地，发起人会担任服务商，这种安排有何实践意义？

提示：发起人比较熟悉基础资产的情况，并与每个债务人建立了联系。而且，发起人一般都有管理基础资产的专门技术和充足人力。当然，服务商也可以是独立于发起人的第三方，这时，发起人必须把与基础资产相关的全部文件移交给新服务商，以便新服务商掌握资产池的全部资料。

2）出售资产

发起人确定好自身将进行证券化的资产之后，就要将此资产真实地出售给发行人（SPV）。资产出售后，买方（发行人）拥有对标的资产的全部权利，而卖方（原始权益人）则相应地从买方得到资金，从而完成它的融资需求。但在资产真实地卖给发行人后，通常由发起人（原始权益人）充当发行人的资产组合代理人，向债务人收回到期资产的本息，并交与发行人偿付资产证券的本息。

在资产出售时，最为关键的就是要保证证券化资产的真实出售。只有真实出售，才能达到“破产隔离”的目的。所谓破产隔离，是指发起人（原始权益人）破产与否与证券化资产没有一点相关性，即如果发起人真的进入破产程序后，被证券化的资产是不能被列入清算范围内的。破产隔离使证券化的资产质量与发起人（原始权益人）自身的信用水平分离开来，投资者就不会再受到发起人（原始权益人）的信用风险影响。

3）购买资产，发行人完善交易结构

发行人（SPV）应该是一个单一的目的实体，它不能开展除资产证券化外的业务，不能建立任何子公司。发行人要对它购买的资产进行分析、调查，进而可以组成一个结构合理的资产池，之后再基于这些资产发行债券。由于发行人购买的资产金额、期限、收益率各不相同，设计一个结构良好的资产池是一项很复杂的工作，但它也是极其重要的，直接影响到以此资产支持的证券的发行难易程度、价格及信用级别。

4）信用增级

为吸引投资者并降低融资成本，必须对资产证券化产品进行信用增级，以提高所发行证券的信用级别。信用增级可以使证券在信用质量、偿付的时间性与确定性等方面能更好地满足投资者的需要，同时满足发行人在会计、监管和融资目标方面的需求。信用增级可以分为内部信用增级和外部信用增级两类，具体手段有很多种，如内部信用增级的方式有：划分优先/次级结构、建立利差账户、开立信用证、进行超额抵押等。外部信用增级主要通过金融担保来实现。

拓展阅读8-3

资产支持证券上市公告

典型案例8-1：

兴业银行国内首发绿色金融信贷资产支持证券

备受期待的我国首单绿色金融信贷资产支持证券终于落地。

2014年9月16日,由兴业银行发起、兴业信托作为受托机构的国内首单绿色金融信贷资产支持证券——“兴元2014年第二期绿色金融信贷资产支持证券”在全国银行间债券市场成功招标，招标总额为33.18亿元，投标总额为82.96亿元，投标倍率为2.5倍，其中优先A档投标总额为67亿元，投标倍率为2.56倍，优先B档投标总额为12.18亿元，投标倍率为3.83倍。

该单信贷资产支持证券基础资产池全部为兴业银行绿色金融类贷款，发行金额为34.94亿元，分为优先A档资产支持证券、优先B档资产支持证券和次级档资产支持证券。其中，优先A档资产支持证券发行金额为27.6亿元，评级为AAA，加权平均期限0.69年，发行利率5.1%；优先B档资产支持证券发行金额为3.35亿元，评级为AA/A+，加权平均期限为1.88年，发行利率为5.89%；次级档资产支持证券发行金额为3.99亿元，加权平均期限为2.07年。

问题：为什么要进行信用划分与增级，这样做有什么意义？

资料来源：佚名. 兴业银行国内首发绿色金融信贷资产支持证券［EB/OL］.（2014-09-14）. http://finance.ce.cn/rolling/201409/17/t20140917_3552050.shtml.

分析：通过优先/次级结构分类，这只资产支持证券实现了内部信用提升。优先/次级结构分类就是指通过设定杠杆，按一定比例募集优先级份额和次级份额，用次级份额资金来保障优先级投资人的本金与收益。具体而言，优先级就是优先保障的层次，次级就是最后保障的层次，当一个产品有了一定收益要分红的时候，首先要保障优先级的收益分配，再次分配给次级；当一个产品亏损后要清盘，首先要保证优先级的本金，其次要保证次级的本金。实际在产品设计的时候，优先级往往固定收益，次级不固定收益，当该产品获得超越优先级收益的时候，优先级的收益就低于次级。

5）进行信用评级

在进行信用增级后，发行人要聘请评级机构对该资产支持的证券进行评级，而后将评级的结果向社会公告。信用评级机构通过审查各种合同和文件的合法性及有效性，给出评级结果。信用等级越高，表明证券的风险越低，从而使发行证券筹集资金的成本越低。

6）发行证券并向发起人支付购买价格

在信用评级之后，发起人要委托证券承销商销售该证券。当承销商售出该证券后将发行款项划归发行人，发行人再支付给承销商约定的发行费用，而后发行人再向发起人支付资产的购买价格。这样发起人就完成了融资目的。

7）对证券化资产进行管理

发起人指定一个资产管理公司或亲自对证券化资产进行管理，负责收取、记录由该资产产生的现金流，并将该现金流存入托管的账户。

8）还本付息

到了约定的期限，托管人就将账户中的资金支付给投资者。如果该账户在付完本息后还有剩余，则按约定的方法在各个机构间进行分配。这样，资产证券化交易的全部过程也随即结束。

小思考8-3：

在资产证券化操作中，破产隔离是资产证券化的核心。资产证券化中的破产隔离的含义包括几个方面？

提示：一是资产的出售必须是真实的；二是SPV本身是隔离的，即发起人破产时，发起人的债权人对已转移的基础资产没有追索权。

8.3 我国的资产证券化实践

8.3.1 我国资产证券化的发展和现状

1）第一阶段：资产证券化业务的试点阶段（2005—2008年）

2005年3月，中国人民银行、中国银监会等十部委组成信贷资产证券化试点工作协调小组，正式启动我国信贷资产证券化试点。2005年12月，国家开发银行和中国建设银行分别发行了我国首只信贷资产支持证券和住房贷款支持证券，成为我国试点发行的首批信贷资产证券化产品。

2005年9月，证监会推出中国联通CDMA网络租赁费收益计划，是我国推出的首支企业资产证券化产品。2007年9月，我国启动第二批信贷资产支持证券试点。国际金融危机期间，我国出于宏观审慎和控制风险的考虑暂停了资产证券化试点。

2）第二阶段：资产证券化业务常态发展阶段（2011—2014年）

2011年9月，证监会重启对企业资产证券化的审批。2012年5月，中国人民银行、中国银监会和财政部联合发布《关于进一步扩大信贷资产证券化试点有关事项的通知》，标志着在经历了国际金融危机之后，我国资产证券化业务重新启动，进入第二轮试点阶段，试点额度为500亿元。

2012年8月，银行间交易商协会发布《银行间债券市场非金融企业资产支持票据指引》，资产支持票据（ABN）正式诞生。至此，我国三种主要资产证券化产品类型（企业资产证券化、信贷资产证券化、资产支持票据）全部推出。

2013年3月，证监会发布《证券公司资产证券化业务管理规定》，证券公司资产证券化业务由试点业务开始转为常规业务。2013年7月，国务院发布《关于金融支持经济结构调整和转型升级的指导意见》，明确要逐步推进信贷资产证券化常规化发展，盘活资金支持小微企业发展和经济结构调整。2013年8月，中国人民银行、中国银监会推动国家开发银行、工商银行等机构开启第三轮试点工作，试点额度达到4 000亿元，我国资产证券化市场正式进入常态化发展时期。

3）第三阶段：资产证券化业务快速发展阶段（2014年至今）

2014年年底，我国资产证券化业务监管发生了重要转折，完成了从过去的逐笔审批制向备案制的转变。通过完善制度、简化程序、加强信息披露和风险管理，促进市场良性快速发展。

信贷资产证券化方面：实施备案制+注册制。2014年11月20日，银监会发布《关于信贷资产证券化备案登记工作流程的通知》，宣布针对信贷资产证券化业务实施备案制；2015年1月4日，中国银监会下发批文公布27家商业银行获得开展信贷资产证券化产品的业务资格，标志着信贷资产证券化业务备案制在实操层面落地；3月26日，中国人民银行发布《关于信贷资产支持证券试行注册制的公告》，宣布已经取得监管部门相关业务资格、发行过信贷资产支持证券并且能够按照规定披露信息的受托机构和发起机构可以向央行申请注册，并在注册有效期内自主发行信贷ABS。

企业资产证券化方面：实施备案制+负面清单管理。2014年12月26日，中国证监会发布《资产支持专项计划备案管理办法》，开始针对企业资产证券化实施备案制，同时配套《资产证券化业务风险控制指引》和《资产证券化业务基础资产负面清单指引》，提出8类负面清单，大大拓宽了发行人及基础资产的可选范围，促进企业资产证券化在2015年以来的高速发展。

拓展阅读8-4

美国资产证券化市场

8.3.2 我国资产证券化的三种模式

我国资产证券化的三种模式包括：银监会监管的信贷资产证券化、证监会监管的企业资产证券化、银行间市场交易商协会主导的资产支持票据。

1）信贷资产证券化（信贷ABS）

信贷资产证券化是指银行业金融机构作为发起机构，将信贷资产信托给受托机构，由受托机构以资产支持证券的形式向投资机构发行受益证券，以该财产所产生的现金支付资产支持证券收益的结构性融资活动。信贷资产证券化主要包括以下几个环节：

（1）基础资产：包括各类信贷资产。

（2）信用增级：分为内部增级（优先级、次级分层结构、超额利息收入、信用触发机制）、外部增级（保险、外部担保）以及风险自留。

（3）信贷资产出表：发起机构将信贷资产所有权上几乎所有（通常指95%或者以上的情形）的风险和报酬转移时，应当将信贷资产从发起机构的账上和资产负债表内转出；考虑到5%的风险自留需计提62.5%的风险准备金。

（4）交易场所：在全国银行间债券市场上发行和交易。

2）企业资产证券化（企业ABS）

企业资产证券化是指以特定基础资产或资产组合所产生的现金流为偿付支持，通过结构化方式进行信用增级，在此基础上发行资产支持证券的业务活动，证券公司通过设立特殊目的载体开展资产证券化业务。企业资产证券化主要包括以下几个环节：

（1）基础资产：包括企业应收款、信贷资产、信托受益权、基础设施收益权等财产权利和商业物业等不动产财产等。

（2）资产出表：以专项资产管理计划作为SPV，可以出表也可以不出表，权益类不出表。

（3）增级：相对于信贷资产证券化，更需要外部信用增级。

（4）交易场所：包括交易所、证券业协会机构间报价与转让系统、柜台交易市场及中国证监会认可的其他交易场所。

3）资产支持票据（ABN）

资产支持票据是指非金融企业在银行间债券市场发行的，由基础资产所产生的现金流作为还款支持的，约定在一定期限内还本付息的债务融资工具。

国内三种资产证券化模式对比见表8-1。

表8-1 **国内三种资产证券化模式对比**

	信贷ABS	企业ABS	ABN
主管部门	央行、银监会	证监会	交易商协会
发起人	银行业金融机构（商业银行、政策性银行、邮政储蓄银行、财务公司、信用社、汽车金融公司、金融资产管理公司等）	非金融企业（包括部分金融企业，如金融租赁公司）	非金融企业
发行方式	公开发行或定向发行	公开发行或非公开发行	公开发行或非公开定向发行
投资者	银行、保险公司、证券投资基金、企业年金、全国社保基金等	合格投资者，且合计不超过200人	公开发行面向银行间市场所有投资人；定向发行面向特定机构投资者
基础资产	银行信贷资产（含不良信贷资产）	企业应收款、信贷资产、信托受益权、基础设施收益权等财产权利或商业物业等不动产财产或财产权利和财产的组合	符合法律法规的规定，权属明确，明确产生可预测现金流的财产、财产权利或财产和财产权利的组合。基础资产不得附带抵押、质押等担保负担或其他权利限制

续表

	信贷ABS	企业ABS	ABN
SPV	特殊目的信托	证券公司专项资产管理计划	不强制要求
信用评级	需要双评级，并且鼓励探索采取多元化信用评级方式，支持对资产支持证券采用投资者付费模式进行信用评级	具有证券市场资信评级业务资格的资信评级机构，对专项计划受益凭证进行初始评级和跟踪评级	公开发行需要双评级，并且鼓励投资者付费等多元化的信用评级方式；定向发行则由发行人与定向投资人协商确定，并在《定向发行协议》中明确约定
交易场所	全国银行间债券市场	证券交易所、证券业协会机构间报价与转让系统、证券公司柜台市场	全国银行间债券市场
登记托管机构	中央国债登记结算有限责任公司	中国证券登记结算有限责任公司	上海清算所
审核方式	审核制	标准制	注册制

小实训8-1：

查找我国近年来资产证券化的案例，并对其进行简要分析。

8.3.3　我国资产证券化的展望

2017年2月23日，“2017陆家嘴资产证券化论坛”在上海陆家嘴金融城举行。这个由上海金融业联合会、上海证券交易所与中国证券投资基金业协会共同主办的论坛，众多业内人士为中国ABS发展之路建言献策。

1）资产证券化可以提升金融服务实体经济效率

2016年12月，证监会与国家发改委联合发布了《关于推进传统基础设施领域政府和社会资本合作（PPP）项目资产证券化相关工作的通知》，正式开启了PPP项目资产证券化的大门。

我国资产证券化主要包括中央银行、银监会监管的金融机构信贷资产证券化，证监会基金业协会监管的企业资产证券化和交易商协会管辖的非金融企业资产支持票据。

传统经济是一个高污染的经济结构。据世界银行最新测算，中国环境污染成本大概相当于GDP的9%。据中国人民银行课题组测算，未来土地污染修复这一项所需要的投入可能就达50万亿元人民币。中国证券投资基金业协会党委书记、会长洪磊在论坛上表示，在此背景下转向绿色增长的动力主要来源于三个方面：一是大规模的国土整治和环境治理；二是城市公共设施改造升级和新农村建设；三是重大基础性技术创新。这三个方面都需要源源不断的长期资本提供支持，将公共治理形成的各类公共设施作为基础资产进行证券化，并上市交易，通过规范运营和风险管理获得稳定回报，实现长期资本与长期资产的对接，可以极大地提升金融服务实体经济的效率，推动供给侧结构性改革的深入发展。

2）资产证券化有利于银行业可持续发展

随着供给侧结构性改革的深入推进，资产证券化在提高资金配置效率、盘活存量资产、降低企业融资成本等方面起到越来越重要的作用，成为我国新常态下缓解经济增速下滑、缓解金融机构与企业财务风险、提高直接融资占比和构建多层次资本市场的有效工具。尤其值得一提的是，资产证券化对于我国银行业未来发展意义重大。

作为中国经济增长重要的资金支持力量，中国银行业功莫大焉。截至2016年年末，我国银行业金融机构本外币负债总额已达215万亿元。作为资产证券化市场的重要的参与者，商业银行具有客户基础、网络渠道、资金实力、品牌形象等资源，通过开展资产证券化业务，能够从信贷资金提供者，向交易安排者、资源整合者、资产创设者转变，共同促进市场的发展。大型银行可发挥客户众多、区域广泛、管理健全的优势，输出，也是为市场引入客户、技能、风险控制、渠道资源，成为资产仓库，形成大银行创设资产与其他银行吸纳资产的良性互动格局。而商业银行的风险控制，对于项目进行了一次很好的筛选。

3）上海证券交易所积极助推资产证券化

作为我国资本市场的重要基础设施，上海证券交易所目前已初步形成了覆盖股票、衍生品、债券、基金等品种的产品体系，成为跨期现市场的综合性交易所。

自2014年证监会发布《证券公司及基金子公司资产证券化业务管理规定》以来，上海证券交易所资产证券化业务得到较快发展。上海证券交易所副理事长张冬科透露，2016年，在上海证券交易所市场完成发行及备案的资产支持证券项目共计250个，发行金额共计3 097亿元，逐步形成了以租赁债权、信托受益权、消费贷款债权、收费收益权和应收账款债权等大类基础资产为主要构成的资产证券化业务市场。

上海证券交易所企业资产证券化市场紧扣宏观政策导向，有序推进产品创新，扶优限劣发展大类基础资产，践行了供给侧改革中推行的“三去一降一补”的政策，推动降低企业杠杆率，提升了上海证券交易所服务实体经济的广度和深度。具体包括：推动绿色领域证券化，支持服务绿色产业；结合国家相关政策，推进保障房、住房租赁、消费金融类资产的证券化；结合国家对于盘活商业地产存量的支持政策，积极扩大权益型房地产信托投资基金（REITs）产品发行规模，同时新增抵押型REITs（CMBS）品种，丰富了交易所不动产证券化的产品线；盘活存量资产，推动供应链金融、票据、保单质押贷款等创新类基础资产的证券化；积极研究通过资产证券化方式支持国家重点领域建设，配合证监会做好与国家发改委联合推动传统基础设施PPP项目资产证券化的相关工作。

值得一提的是，在规则制度完善层面，上海证券交易所对资产证券化业务相关自律规则进行了修订和完善，进一步明确了挂牌转让流程及条件，并对涉及产能过剩行业、房地产行业与互联网借贷的资产及项目制定了更为严格的信息披露要求和审查标准，防范可能存在的系统性监管及信用风险。同时，上海证券交易所还建立了资产证券化业务外部咨询专家制度，汲取监管机构与市场智慧，提升资产证券化业务政策影响力与监管水平。

2017年，上海证券交易所将大力助推企业资产证券化业务发展，在中国证监会的工作部署与指导下，严格落实国家政策要求，完善监管执行标准，稳中求进，发展资产证券化业务。在完善资产证券化业务审核执行标准及信息披露政策方面，上海证券交易所将进一步明确和完善资产证券化大类资产的审查执行标准，并通过多种形式向市场公布、强化风险控制管理，提高监管标准的透明度。同时，上海证券交易所将研究、完善资产证券化业务信息检测监控体系与监管联动机制，强化市场风险的识别和管控，提高持续监管、风险监测和处置能力。

4）资产证券化市场将爆发式发展

目前，我国资产证券化业务方兴未艾。经历了2014年和2015年的布局与探索，2016年我国资产证券化市场呈现出快速扩容、创新迭出的良好发展态势，从小渐大的资产证券化创新试点如同雨后春笋般涌现，各类“首单”产品不断问世，市场存量规模突破万亿元，不良资产证券化、绿色资产证券化、PPP项目资产证券化等领域实现重要突破，法律法规及鼓励政策也不断出台。

未来，我国资产证券化市场机遇大于挑战，2017年市场会呈现爆发式发展，传统市场间的壁垒将逐渐被打破，消费金融、供应链金融、PPP项目、绿色资产、票据、商业地产等领域都是未来资产证券化市场的新增长点，券商、基金子公司等各类企业参与资产证券化的积极性将更高。

典型案例8-2：

美国次贷危机中我国资产证券化获得的启示

近年来，我国资产证券化加速发展，在众多金融创新中，资产证券化俨然成为学术界和社会各界关注的焦点。从我国资产证券化发展历程来看，其探索阶段始于1992年，2005年正式进入试点阶段。但受美国次贷危机影响，我国资产证券化曾于2008年至2011年间暂停，2012年后获得重启，并于2014年进入加速发展阶段。目前，社会各方对资产证券化持续关注，并投入极大的热情。在资产证券化热的背后，我们依然不能忘记美国次贷危机所带来的冷思考：资产证券化缘何成为风险导火索？如何合理利用资产证券化服务实体经济？如何避免由道德问题引发的风险？笔者试图从银行业参与资产证券化的角度切入，对美国次贷危机进行反思，并总结其对我国开展资产证券化业务的启示。

美国银行业在次贷危机中扮演了何种角色？

资产证券化于20世纪60年代末在美国产生，90年代起，资产证券化在美国进入高速发展阶段。90年代后期，迫于公共政策压力，“两房”（房利美和房地美）开始将贷款收购目标向中低收入家庭倾斜。2001年至2003年间，美国的低利率政策在刺激购房需求的同时，也导致了再融资需求的上升，“两房”的住房抵押贷款证券化（MBS）规模迅速扩张。在利润的诱惑下，美国银行业风险偏好不断提升，传统的固定利率、分期摊销的住房抵押贷款品种被旨在吸引更多潜在客户的新贷款产品取代，一些不具备偿还能力的借款人也获得了住房抵押贷款。比如，出现了前期无须偿还本金只需支付少量利息，后期偿付本息额升高的次级住房按揭贷款产品。这就导致了银行住房抵押贷款资产质量以及“两房”MBS基础资产质量的下降，MBS以及以MBS作为基础资产标的的再证券化产品（CDO），尤其是信用违约互换（CDS）的风险大幅提升。

2004—2006年，出于对于经济过热和资产泡沫的担忧，美联储连续17次加息，利率的大幅攀升增加了购房者还贷负担，美国房地产市场大幅降温。伴随房价下跌，越来越多次级抵押贷款的借款人无法按期偿还贷款，银行回收住房后亦难变现。2007年，CDO和CDS大量出现违约，成为点燃次贷危机的直接导火索。随后次级抵押贷款机构出现破产、市场信用急剧紧缩，全球资本市场剧烈震荡。

反思美国的次贷危机，信贷机构资产无序扩张是引发金融危机爆发的根本原因之一。在美国“发起–销售”的证券化模式下，抵押贷款金融机构通过发行资产证券化产品，使资产出表，提高了信贷机构的资本充足率。虽然从表面上看，基础资产相关风险通过证券化转移给了证券化产品的投资者，但特殊目的机构（SPV）通常是金融机构自己设立的，与母机构有着紧密的联系，难以真正彻底隔离信贷风险。

同时，资产证券化具有显著的顺周期特点，在经济扩张周期中，资产池的“公允价值”容易被高估，但由于ABS资产池是静态的，一旦出现ABS违约，资产池市价将大幅减值，投资者将蒙受巨额损失。尽管资产证券化产品在交易结构的设计中能通过增信和特定交易结构安排对（优先级）证券提供保障，部分参与机构也会风险自留，但对于道德风险的防范，仍缺少有效的约束。

此外，虽然相对传统的以商业信用作为支撑的融资方式，资产证券化很大程度上减少了投资者与融资者之间的信息不对称性。但在次贷危机中，由于资产证券化再证券化衍生品引入了分层结构，资产多次打包重组，产品结构日趋复杂化，资金链条过长，反而加剧了信息不对称性，投资者的权益难以得到充分保护。随着资产证券化及其衍生金融产品规模的迅速扩张，系统性风险逐渐累积，并最终导致了次贷危机的爆发。

资料来源：梁旭. 美国次贷危机中我国资产证券化获得的启示［EB/OL］.［2016-05-17］. http://www.zgyhy.com.cn/zixun/2016-05-17/2074.html.

问题：发达国家的资产证券化对我国证券化的发展有何启示？

分析： 目前，在我国仍以间接融资为主，在经济转型阶段，要保持中高速经济增长，银行贷款仍将扮演重要角色。在此过程中，资产证券化的发展既丰富了直接投资渠道，又释放了银行的资本占用，可谓一举两得，发展空间巨大。但在操作过程中也要切实防范资产证券化加速发展阶段潜在的风险。因此，我国应反思次贷危机中美国在监管、基础资产选择、信贷机构自身资产配置行为、配套法律制度等多方面暴露的问题与缺陷，防微杜渐，并逐步完善我国资产证券化的制度构建。

拓展阅读8-5

信贷资产证券化十几年风雨路

本章要点

本章主要介绍了投资银行的资产证券化业务的基本含义、特征与类型，资产证券化业务的相关主体，资产证券化业务的运作流程，资产证券化业务在我国的发展实践。其中，重点是资产证券化业务的相关主体与运作流程，难点是资产证券化业务在我国的发展实践。

问题讨论

1. 讨论说明我国三种资产证券化模式的不同。
2. 讨论资产证券化业务与投资银行传统业务的区别与联系。
3. 讨论资产证券化运作中内部增级与外部增级的优劣。

推荐阅读

1. 沈炳熙. 资产证券化中国的实践［M］. 北京：北京大学出版社，2012.
2. 《证券公司资产证券化业务管理规定》，中国证券监督管理委员会，2013年3月。

3.《银行间债券市场非金融企业资产支持票据指引》，中国人民银行，2012年7月。

4.《关于进一步扩大信贷资产证券化试点有关事项的通知》，中国人民银行，2012年5月。

思考与练习

1.单项选择题

(1)(　　)是专门为资产证券化设立的一个特殊实体，它是资产证券化运作的关键性主体。

A.特殊目的机构　　B.发起人　　C.服务人　　D.投资银行

(2)当银行的住房抵押贷款实行证券化后，资产的收益转移给了证券的投资者，而风险也同时转移给了证券的投资者。这属于资产证券化的(　　)环节。

A.基础资产的现金流分析　　B.资产重组

C.风险隔离　　D.信用增级

(3)真实出售的目的是为了实现证券化资产与原始权益人之间的(　　)。

A.优化配置　　B.套期保值　　C.破产隔离　　D.利润最大化

2.多项选择题

(1)根据基础资产的不同类型，资产证券化可分为(　　)。

A.过手型证券化　　B.表内证券化

C.住房抵押贷款证券化　　D.资产担保证券化

(2)资产证券化的风险主要包括(　　)。

A.信用风险　　B.证券化风险　　C.法律风险　　D.提前支付风险

(3)信用增级包括(　　)。

A.内部信用增级　　B.外部信用增级　　C.建立利差账户　　D.超额抵押

(4)资产可被证券化的基本前提是(　　)。

A.具有明显的信用特征　　B.可预测的现金流

C.拖欠率和违约率低　　D.完全分期偿还

(5)在美国投资银行资产证券化的运作实践中，主要操作品种有(　　)。

A.住宅抵押贷款证券化　　B.汽车贷款的资产证券化

C.信用卡贷款的证券化　　D.应收账款的证券化

3.简答题

(1)简述资产证券化的特征。

(2)简述资产证券化的主要步骤。

(3)资产证券化的风险有哪些?

(4)我国开展资产证券化的现实意义。

案例分析

楼市之火：中国居民住房抵押贷款支持证券高速膨胀

楼市的星星之火已经烧到了居民住房抵押贷款支持证券(RMBS)。

中央国债登记结算有限责任公司和上海清算所的数据显示，2016年1—9月，居民住房抵押贷款支持证券（包括以商业银行和公积金中心的个人住房按揭贷款为基础资产的资产证券化产品）公开发行规模较去年全年发行量翻了3倍，约为728亿元。此外，居民住房抵押贷款支持证券占到全部信贷资产支持证券发行总量的近4成，远高于去年6%的水平。

据分析，推动RMBS快速增长有两大原因：一是在目前中国“资产荒”和违约风险加剧的大背景下，即便收益率不高，但由于有房屋抵押，RMBS风险相对较低；二是中国楼市火爆使按揭贷款激增，银行也有动力将房贷打包出售。

中信建投证券固定收益部高级副总裁蒋果表示：“对个贷来说，资产期限较长，比较难以转化，从盘活存量资产的角度，银行以证券化形式打包转出该类资产的动力较强。”

根据统计，2016年上半年，建行、农行、招行等10家上市银行的新增房贷占到同期新增贷款的42%左右，成为上半年银行贷款增长的主要驱动因素。

在企业贷款需求疲弱的背景下，一、二线城市的楼市走势强劲，叠加政策引导去库存，再加上房贷不良率低，房贷早已经成了银行眼中的优质资产。更重要的是，这种膨胀速度还将持续一段时间。不少银行高层都表态，下一步将继续加大按揭业务，攻占房贷按揭市场。

彭博资讯指出，2016年9月，银行间市场共发行了三笔居民住房抵押贷款支持证券，总发行规模接近220亿元。9月6日，由中国银行发起的一单总规模约104亿元人民币的居民住房抵押贷款支持证券簿记发行。从发行结果来看，预期期限约为9个月的优先A1档的票面利率仅有2.45%，较发行当日的银行间AAA级9个月期的超短期票据收益率估值还要低将近27个基点。

“资产荒下，商业银行、券商资管、保险资金都在投，”一创摩根投行部执行总经理王学斌表示，“现在这些资产认购倍数都是比较高的，确实现在没什么可以拿的，这个资产又比较优质，我们发行的时候，很多客户直接打电话过来要这种产品，不用像以前那样登门去销售。”

尽管中国RMBS被认为是信用风险较低的一类产品，不过，在房价疯涨的背景下，房地产市场未来或面临调整，可能会给RMBS的底层资产带来一些风险。

穆迪驻香港分析师Jerome Cheng称，RMBS在中国还是相对新生的事物，中国的经济也还没完全度过之前的危机，如果经济发生硬着陆，银行发放的住房贷款违约率肯定会提升。

不过，彭博资讯指出，大多数受访的人士均认为中国的住房贷款依然是安全资产，从而对RMBS的信用风险表示乐观。

惠誉中国银行业评级负责人Grace Wu对彭博资讯表示，过去1～2年，银行在住房按揭贷款发放方面很激进，而且这个趋势延续到了2016年上半年，但整体而言，和美国的次级抵押贷款市场相比，中国的贷款与价值比率要低很多，暂时这两者还没有明确的相似性。

资料来源：佚名. 楼市之火：中国RMBS高速膨胀［EB/OL］.（2016-09-13）. http：//money.163.com/16/0913/22/C0SHVAHJ002580S6.html.

问题：

（1）居民住房抵押贷款支持证券（RMBS）是否具备资产证券化的基本特征？

（2）将存量的住房抵押贷款资产释放之后，银行是否还会继续将资金拿来做房贷业务？

（3）在证券化过程中，采用了哪些信用增级措施和风险控制手段？它在哪些方面还不够成功或不够规范？

分析提示：住房贷款不良率显著低于汽车贷款、信用卡应收账款等个人贷款的不良率，并且近年来都低于1%且有下降趋势，这表明我国具有大量的优质住房按揭贷款基础，适宜证券化。从房贷业务的需求端来看，房贷利率一降再降，消费者还贷压力相对减小，所以还是会有庞大的消费者群体选择从银行申请住房贷款。房贷业务作为银行信贷业务的重要组成部分，不会被轻易放弃。证券化过程中需要采用多种信用增级手段，控制风险，确保安全、稳定地发展。

实践训练

资产证券化是20世纪70年代以来美国金融市场上最重要的创新之一，目前，已正式开展证券化的国家有英国、德国、法国、意大利、西班牙、瑞典等。与西方国家相比，我国金融资产证券化程度很低。为了提高商业银行的竞争能力，增强银行资产的流动性，减少金融市场风险，学习和借鉴西方先进的金融创新工具具有十分重要的意义。

1.实训项目：写出典型国家资产证券化的运作模式与特点，并进行运作模式比较。

实训目的：认知资产证券化。

实训步骤：

（1）写出典型国家资产证券化的运作模式与特点。

国家	运作模式	特点
美国		
英国		
澳大利亚		
法国		
意大利		

（2）比较典型国家资产证券化的运作模式。

（3）比较我国居民住房抵押贷款资产证券化与典型国家资产证券化的区别。

第9章　金融衍生品业务

学习目标

知识目标：通过本章学习，理解金融衍生品的含义、特点与类型；掌握金融衍生品交易的方式；熟悉期货、期权、互换等基本的金融衍生产品交易；了解投资银行对金融衍生品的运用；掌握金融衍生品的风险及其相应的风险管理。

技能目标：通过本章学习，具备开展期货、期权、互换等金融衍生品交易操作的基本技能，能够正确识别金融衍生品交易中的各种风险，并能采用合理的方法进行金融衍生品交易风险管理。

知识结构图

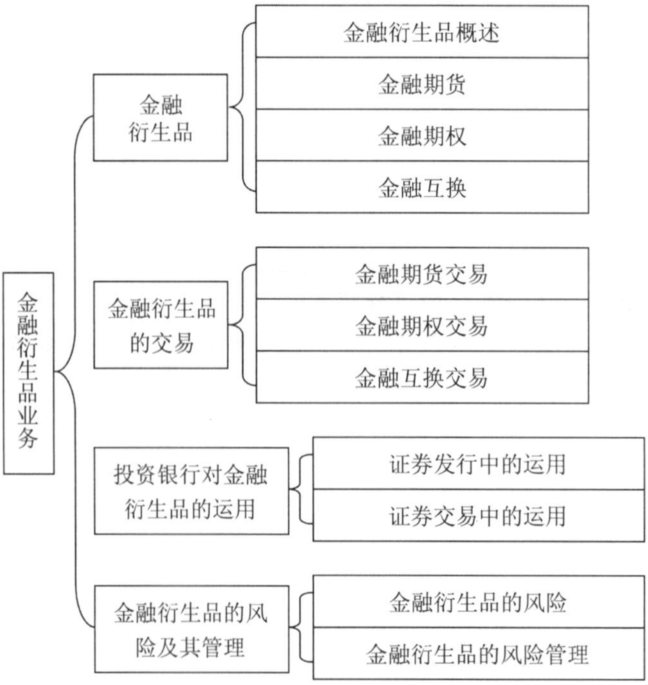

【导入案例】

首只离岸市场中国国债期货上市

香港交易所（以下简称港交所）推出的5年期中国财政部国债期货（HTF）合约于2017年4月10日正式交易，这是首只离岸市场交易的中国内地国债期货，也是全球首只对离岸投资者开放的在岸利率产品。上市首日，HTF共成交227手，相当于名义合约金额1.135亿元人民币。

港交所称，国债期货合约是管理人民币利率风险头寸高效、透明及便捷的工具。此前，中金所已经分别于2013年和2015年在中国内地市场推出了5年和10年期国债期货品种，各有4个合约月份，合约金额为100万元。此次港交所推出的5年期国债期货合约与内地合约在设计上存在一定差异。在合约月份设计上，港交所国债期货合约为最近的2个季月（季月即3月、6月、9月及12月）合约，数量少于内地市场。港交所国债期货属于离岸市场，没有现券进行交割，因此，采用的是现金交割制度。港交所国债期货投资者既有境内机构也有境外机构，境外投资者在参与中国银行间市场获取现货方面相比境内投资者处于劣势，采用现金结算比实物交割更为合理。国信证券研究报告指出，与中金所的国债期货产品相比，港交所的国债期货最大的不同就是境外投资者和国内的商业银行、保险公司等不能参与中金所国债期货的主要国债持有机构可以参与其中，这一类投资者或机构的保值需求非常大。

中国债券市场近几年发展迅猛，增速位列全球第一，截至2016年年底，市场余额达63.7亿元，是全球第三大债券市场。在中国债券市场进一步开放以及人民币国际地位提升等因素的推动下，中国债券市场的国际参与者也在持续增加。截至2017年3月末，境外机构在中国银行间债券市场债券托管余额为7 660.14亿元，国债持有规模为4 203.03亿元。中金公司固定收益研究团队指出，港交所国债期货的推出，一方面，可以为境外投资者提供利率风险对冲的手段，极大地方便境外投资者参与到我国债券市场中去；另一方面，推动了我国在岸与离岸市场的接轨，是我国内地与港交所互联互通中重要的一步，对我国金融开放和发展有着深远的意义。

从长期来看，境外机构增持人民币债券的趋势未发生改变，核心驱动力依旧在于我国债券市场开放程度的不断提高以及人民币加入SDR等政策效应持续发酵。由于中金所国债期货不对境外机构投资者开放，对已参与到或即将参与到我国债券市场的境外投资者而言，他们对我国国债现券的操作只能是单向的，缺乏有效的规避利率风险的对冲手段，港交所国债期货的推出可以在一定程度上弥补这一缺失。

资料来源：佚名. 首只离岸市场中国国债期货上市　为债券通铺路［EB/OL］.［2017-04-10］. http://rmb.xinhua08.com/a/20170410/1698509.shtml.

在这一案例中，首只离岸市场中国国债期货上市，激发了国际机构参与我国内地债券市场的热情，对推动我国债券市场发展、完善我国多层次的资本市场意义深远。那么，还有哪些金融衍生品？它们分别具有什么特征？基本交易规程是什么？投资银行如何运用金融衍生品并进行有效的风险管理？这些就是本章将要介绍的内容。

9.1 金融衍生品

9.1.1 金融衍生品概述

所谓衍生品是指从原生事物中派生出来的事物，如豆浆就可以称为大豆的衍生品。金融衍生品是指过去传统的金融业务中派生出来的交易形态。

1）金融衍生工具的类型

随着金融创新的发展，金融衍生品经过衍生再衍生、组合再组合的螺旋式发展，现在种类已经十分繁多。

（1）按基础资产不同划分

按基础资产的不同，金融衍生品可分为金融类衍生品和商品类衍生品。金融类衍生品包括利率（债券）、股票、货币等基础资产的衍生品。商品类衍生品包括农产品、有色金属、贵金属、能源、畜产品等基础商品的衍生品。

（2）按衍生品自身交易方法不同划分

按衍生品交易方法的不同，金融衍生品可分为远期合约、期货、期权、互换。其中，远期合约是其他三种工具的始祖，其他衍生品可以认为是远期合约的延伸或变形。

远期合约是在指定的未来时刻以确定的价格交割某物的协议。

期货是一种标准化的远期合约，期货合约的交割日和交割物的数量都是由期货交易所事先固定的，期货交易只能在交易所进行，并实行保证金制度。

期权是一份选择权的合约，在此合约中，立权人授给期权的买方在规定的时间内以事先确定的价格从卖方处购买或卖给卖方一定商品的权利而不是义务。

互换是一种由交易双方签订的在未来某一时期相互交换某种资产的合约。互换中较常见的是利率互换合约和货币互换合约。互换合约中规定的交换货币是同种货币的，则为利率互换；交换货币是不同种货币的，则为货币互换。

（3）按交易地点不同划分

按金融衍生品交易地点的不同，金融衍生品可分为场内交易衍生品和场外交易衍生品。

场内交易衍生品，是指在有组织的交易所内进行集中交易的衍生品，其合约往往是标准化的（包括合约的实际价格、截止日期、数量等）。由于交易双方都是直接与交易所发生联系与结算，因此其买卖合约往往能得到严格执行，信用风险较小，且相对场外交易衍生品而言，流动性较强。在场内交易的产品主要包括金融期货与金融期权。

场外交易衍生品，是指在交易所外交易的衍生品，它是众多的金融机构、经纪人和顾客之间通过个别磋商而进行的无形的、组织松散的交易，主要通过电信设备的联系来完成。其交易对象包括未在证券交易所上市的股票、债券，以及不在期货、期权交易所规定数量、日期和品种范围内的金融资产，如远期合约、互换、金融期权、利率封顶（或保底）期权、互换期权等。

（4）按金融衍生品形式的不同划分

按金融衍生品形式的不同，金融衍生品可分为普通型衍生品和结构性或复合型衍生品。普通型衍生品即远期合约、期货、期权和互换，其结构与定价方式已基本标准化和市场化；结构性或复合型衍生品是将各种普通衍生品组合在一起，有时也与存贷款业务联系在一起，形成一种特制的产品。这类产品或方案是专门为满足客户的某种特殊需要而设计的，是投资银行根据其对市场走势的判断以及运用数学模型推算而创造出来的。它们的内部结构一般被视为一种“知识产权”而不会向外界透露。因此，它们的价格与风险都难以从外部加以判断。

2）金融衍生品的特征

从本质上看，金融衍生品都是一系列远期合约的组合。金融衍生品一旦出现，就呈现出不同于基础商品的特点，具体归纳为：

（1）金融衍生品交易是在现时对基础工具未来可能产生的结果进行交易，交易结果要在未来时刻才能确定盈亏。

（2）金融衍生品交易的对象并不是基础工具，而是对这些基础工具在未来某种条件下处置的权利和义务，这些权利和义务以契约形式存在，构成所谓的产品。

（3）金融衍生品是对未来的交易，按照权责发生制的财务会计规则，在交易结果发生之前，交易双方的资产负债表并不反映这类交易的情况，因此，潜在的盈亏无法在财务报表中体现。

（4）金融衍生品是一种现金运作的替代物，如果有足够的现金，任何衍生品的经济功能都可以通过运用现金交易来实现。

（5）从理论上讲，金融衍生品可以有无数种具体形式，它可以把具有不同现金流量特征的工具组合成新的工具，但不管组合多么复杂，基本构成元素还是远期、期货、期权和互换。

（6）由于金融衍生品交易不涉及本金，从套期保值者的角度看，减少了信用风险。

（7）金融衍生品交易可以用较少的成本获取现货市场上需较多资金才能完成的结果，因此具有高杠杆性。

（8）金融衍生品独立于现实资本运动之外，却能给持有者带来收益，是一种收益获取权的凭证，本身没有价值，具有虚拟性。

3）金融衍生品的功能

对于金融衍生品的投资者而言，金融衍生品的功能主要有以下几个方面：

（1）规避风险

金融衍生品市场的首要功能是规避风险，这是金融衍生品市场赖以存在和发展的基础。而防范风险的主要手段是套期保值。

（2）投机

与降低风险、进行套期保值相对应的交易就是投机，套期保值和投机涉及交易的双方，如果交易只有规避风险的一方，而没有风险偏好的一方，金融衍生品交易是无法完成的。衍生产品为风险偏好者提供了一个高风险、高收益的机会。投机者通过承担风险获取利润，只要在公开透明的条件下进行，投机就是有利于提高市场效率的。

（3）价格发现

金融衍生品市场集中了各方面的参加者，带来了成千上万种关于衍生品基础资产的供求信息和市场预期，通过交易所类似拍卖方式的公开竞价，形成了市场均衡价格。金融衍生品的价格形成有利于提高信息的透明度，金融衍生品市场与基础市场的高度相关性，提高了整个市场的效率。

（4）套利

金融衍生品市场存在大量具有内在联系的金融产品，在通常情况下，一种产品总可以通过其他产品分解组合得到。因此，相关产品的价格应该存在确定的数量关系，如果某种产品的价格偏离这种数量关系，就可以低价买进某种产品，高价卖出相关产品，从而获取利润。

小实训 9-1：

举例说明并计算分析金融衍生品的投机和套利功能。

（5）构造组合

利用金融衍生品可以对一项特定的交易或风险暴露的特性进行重新构造，实现客户所预期的结果。

小思考 9-1：

现货交易中，交易双方可能遇到的经济风险有哪些？

提示：（1）一般性商业风险：如自然灾害等。（2）违约风险：到期不履行合约。（3）购买风险：买什么，买多少，怎样买。（4）交易风险：何时买入，何时卖出。（5）价格风险：市场价格的波动等。

9.1.2 金融期货

1）金融期货的基本概念和特征

（1）金融期货的基本概念

金融期货是交易所按照一定规则反复交易的标准化金融商品合约。这种合约在成交时双方对规定品种、数量的金融商品协定交易的价格，在一个约定的未来时间按协定的价格进行实际交割，承担着在若干日后买进或卖出该金融商品的义务和责任。

（2）金融期货的特征

金融期货具有以下明显的特征：

①交易的间接性。金融期货交易均在交易所进行，交易双方不直接接触，而是各自跟交易所清算部或专设的清算公司结算。清算公司充当了所有期货的买者和所有期货的卖者，因此交易双方无须担心对方违约。由于交易集中在交易所进行，这样就克服了远期交易所存在的信息不对称和违约风险高的缺陷。

②具有提前平仓机制。金融期货合约的买者或卖者可在交割日之前采取对冲交易以结束其期货头寸（即平仓），从而无须进行最后的实物交割，克服了远期交易流动性差的问题。由于通过平仓结束期货头寸比实物交割既省事又灵活，因此目前大多数期货交易都是通过平仓结束头寸。据统计，最终进行实物交割的期货合约不到2%。

③标准化的交易。金融期货合约的规模、交割日期、交割地点等都是标准化的，唯一需要协商的就是价格，从而增加了期货合约的流动性。交易双方所要做的唯一工作就是选择适合自己的期货合约。同种金融工具的期货合约可以有不同的交割月份，但它是由交易

所事先规定的，并在合约中事前载明，而不是由交易双方协商后载明。

2）金融期货的类型

根据金融期货合约标的物的差异，可将金融期货交易分为以下三种类型：

（1）利率期货

利率期货是指协议双方同意在约定的将来某个日期，按约定条件买卖一定数量的某种长短期信用工具的可转让的标准化协议。利率期货交易的对象有长期国库券、政府住宅抵押证券、中期国债、短期国债等。

（2）外汇期货

外汇期货是指协议双方同意在未来某一时期，根据约定价格买卖一定标准数量的某种外汇的可转让的标准化协议。外汇期货包括以下币种：日元、英镑、欧元、瑞士法郎、加拿大元、美元等。

（3）股票价格指数期货

股票指数期货是指协议双方同意在将来某一时期按约定的价格买卖股票指数的可转让的标准化合约。最具代表性的股票指数有美国的道琼斯股票指数和标准普尔500种股票指数、英国的金融时报工业普通股票指数、香港的恒生指数、日本的日经指数等。

9.1.3　金融期权

期权又称选择权，是指其持有者能在规定的期限内按交易双方商定的价格购买或出售一定数量的某种特定商品的权利。期权交易就是对这种选择权的买卖。金融期权是指以金融商品或金融期货合约为标的物的期权交易形式。金融期权的种类有：

1）按期权买者的权利划分

按期权买者的权利划分，金融期权可分为看涨期权、看跌期权和双向期权。

（1）看涨期权

看涨期权是指期权的买方享有在规定的有效期限内按某一具体的敲定价格买进某一特定数量的相关商品期货合约的权利，但不同时负有必须买进的义务。期权的购买价格称为期权价格或期权费，它表示如果执行期权有利可图，买方为执行权利而付出的代价；卖方收到期权价格，来抵偿日后可能遭受的损失。

（2）看跌期权

看跌期权是指期权的买方享有在规定的有效期限内按某一具体的敲定价格卖出某一特定数量的相关商品期货合约的权利，但不同时负有必须卖出的义务。

（3）双向期权

双向期权是指期权的买方既享有在规定的有效期限内按某一具体的敲定价格买进某一特定数量的相关商品期货合约的权利，又享有在规定的有效期限内按同一敲定价格卖出某一特定数量的相关商品期货合约的权利。双向期权的期权费为看涨期权的期权费加看跌期权的期权费。

2）按照执行期限来划分

按照执行期限来划分，金融期权可分为美式期权和欧式期权。

（1）美式期权

美式期权是指期权买方在规定的有效期限内的任何交易日内均可以行使权利的期权，既可以在期权合约到期日这一天行使权利，也可以在期权到期日之前的任何一个交易日行使权利。美国国内交易的绝大多数期权都是美式期权。

（2）欧式期权

欧式期权是指在规定的合约到期日方可行使权利的期权。期权买方在期权合约到期日之前不能行使权利，过了期限，合约就自动作废。

3）按照标的物来划分

按照标的物来划分，金融期权可分为股票期权、股票指数期权、货币期权、利率期权和金融期货合约期权。

（1）股票期权

股票期权允许期权的买方在合同的有效期内以约定的价格购买或出售一定数量的股票。证券交易所内的股票期权有标准化的数量，一份合约是100股某种指定普通股。成为交易标的物的股票一般是上市公司股票，但一些场外交易活跃的大公司的股票也可成为股票期权的标的物。

期权清算公司对上市的期权都设计了标准的执行价间隔，如在美国，对于价格在100美元以上的股票，期权执行价格以10美元为一个间隔；对于价格在30美元以上100美元以下的股票，执行价以5美元为一个间隔；对于价格在10美元之上30美元之下的股票，执行价间隔为2.5美元。

（2）股票指数期权

股票指数期权是指以股票指数为标的物，买方在支付了期权费后，即取得在合约有效期内或到期时以协议指数与市场实际指数进行盈亏结算的权利。股票指数期权是一种避险工具，没有可作为实物交割的具体股票，采取现金轧差的方式结算。股票指数期权的交易标的为某种股票指数，每一份合约的金额为指数的100倍。例如，投资者买入一份标准普尔100看涨期权，执行指数为500，当指数上涨到550时，决定执行期权，即以50 000美元买入指数，而以当时指数的市场价值55 000美元卖出，差价5 000美元由交易所作为中介，从期权的卖方划拨给期权的买方。

（3）货币期权

货币期权又叫外币期权、外汇期权，是指买方在支付了期权费后即取得在合约有效期内或到期时以约定的汇率购买或出售一定数额的某种外汇资产的权利。货币期权合约主要以美元、欧元、日元、英镑、瑞士法郎、加拿大元及澳大利亚元等为标的物。

（4）利率期权

利率期权是指买方在支付了期权费后，即取得在合约有效期内或到期时以一定的利率（价格）买入或卖出一定面额的利率工具的权利。利率期权合约通常以政府短期、中期、长期债券，欧洲美元债券，大面额可转让存单等利率工具为标的物。

拓展阅读9-1

中国金融期货交易所简介

（5）金融期货合约期权

金融期货合约期权是指以金融期货合约为交易对象的选择权，它赋予其持有者在规定时间内以协议价格买卖特定金融期货合约的权利。如果期货期权是买权，则期权买方有权以执行价从卖方买入指定的期货合约，即买方有权获得指定期货合约的多头寸。如果买方执行买权，则卖方会相应得到该期货合约的空头寸。

9.1.4 金融互换

1）金融互换的基本概念

金融互换是指两个或两个以上的交易当事人按照约定的条件，在约定的时间内交付一系列款项的金融交易合约。金融互换是比较优势理论在金融领域的最生动的应用，根据比较优势理论，只要满足以下两个条件，互换就可能发生：一是双方对对方的资产或负债均有需求；二是双方在两种资产或负债上存在比较优势。

2）金融互换的主要类型

（1）货币互换

货币互换是将一种货币的本金和固定利息与另一货币的本金和固定利息进行交换，其主要原因是双方在各自国家中的金融市场上具有比较优势。订立协议后，每年按照约定的利率和资本额进行利息支付互换，协议到期后，再按原约定汇率将原资本额换回。这样，货币互换可以使得交易双方降低融资成本。

（2）利率互换

利率互换是指双方同意在未来一定期限内根据同种货币的同样的名义本金交换现金流，其中一方的现金流根据浮动利率计算，而另一方的现金流则根据固定利率计算。互换的期限通常在2年以上，有时甚至超过15年。与货币互换的不同之处在于，利率互换是在同一种货币之间展开的，并且利率互换一般不进行本金互换，而只是互换以不同利率为基础的资本筹措所产生的一连串利息的互换，并且即便是利息也无须全额交换，仅对双方利息的差额部分进行结算。

9.2 金融衍生品的交易

投资银行的金融衍生品业务主要包括金融期货业务、金融期权业务、金融互换业务以及其他金融衍生品业务。

9.2.1 金融期货交易

1）金融期货交易的参与者

在金融期货市场上，投资银行扮演多重角色：既可作为咨询机构，为投资者提供咨询服务；又可作为经纪公司，为投资者的期货交易提供经纪服务；也可作为投资者，开展金融期货的自营业务。金融期货交易所、经纪公司、清算所及投资者是金融期货交易最直接的参与者。

（1）金融期货交易所

金融期货交易所是专门进行各种标准化金融期货合约交易的场所。其性质是不以营利为目的，按照其章程的规定实行自律管理。期货交易所是一种具有高度系统性和严密性、高度组织化和规范化的交易服务组织，自身不参与交易活动，不参与期货价格的形成，也不拥有合约标的金融商品，只是为客户提供一个进行交易的场所。

（2）期货经纪公司

期货经纪公司是指依法设立的以自己的名义代理客户的期货交易并收取一定手续费的中介组织。作为交易者与期货交易所之间的桥梁，期货经纪公司具有如下职能：根据客户指令代理买卖期货合约、办理结算和交割手续；对客户账户进行管理，控制客户交易风险；为客户提供期货市场信息，进行期货交易咨询，充当客户的交易顾问。经纪公司一般都有结算部门、保证金部门、信息传递部门及现货交割部门等，为客户核对每宗交易，审核未平仓合约与结算所的记录是否一致，提供客户盈亏及资金情况，在客户与经纪人之间传递期货买卖单，以及负责未平仓期货合约的金融期货实物的交割和处理有关交收文件、贷款的往来等。

（3）期货结算机构

期货结算机构是期货市场的一个重要组成部分。期货结算机构对所有的期货市场上的交易者起到第三方的作用，即对每一个卖方会员而言，结算机构是买方；对每一个买方会员而言，结算机构是卖方。结算机构通过对每一笔交易收取交易保证金，作为代客户履约的资金保证，在制度上保证了结算机构作为期货交易最终履约担保人的地位。由于期货合约的买卖双方不必考虑交易对手的信用程度，因而使期货交易的速度和可靠性得到大大提高。期货结算机构的存在起到了计算期货交易盈亏、担保交易履约、控制市场风险的作用。

（4）投资者

投资者是指那些出于套期保值或投机考虑而买卖金融期货的个人或机构。多数投资者委托经纪公司代理买卖金融期货，并为此支付佣金。而一些资金实力雄厚、交易额大的期货交易大户以及频繁买进、卖出的中小投机商则一直在交易大厅进行交易。当然，期货经纪公司也可以作为投资者自营金融期货。

知识链接 9-1：

什么是沪深300指数

中国金融期货交易所首个上市交易的品种为沪深300股指期货，其标的物就是沪深300股票价格指数，简称沪深300指数。

沪深300指数于2005年4月8日正式发布，由沪深两市A股中规模大、流动性好、最具代表性的300只股票组成，目前被境内外多家机构开发为指数基金和ETF产品，跟踪资产在A股股票指数中高居首位。

沪深300指数在编制方法上主要有三大特点：其一，与大家熟悉的上证综合指数以总股本为权重的做法不同，沪深300指数以自由流通量作为权重计算的依据。与总股本加权比较，以自由流通股本加权具有两大优势：一是自由流通股本加权使指数样本股的权重较为分散；二是以自由流通股本加权，基本不存在因为总股本与自由流通股本之间存在的巨大差异而导致的杠杆效应，增强了指数的抗操纵性。其二，采用分级靠档技术，确保样本公司用于指数计算的股本数相对稳定，以有效降低股本频繁变动带来的跟踪成本。其三，指数样本调整时设置缓冲区，排名在前240名的新样本优先进入指数，排名在360名之前的老样本优先保留。缓冲区技术使每次调整的幅度得到一定程度的控制，指数能够保持良好的连续性。

资料来源：佚名. 沪深300指数［EB/OL］.［2017-04-15］. http：//wiki.mbalib.com/wiki/%E6%B2%AA%E6%B7%B1300%E6%8C%87%E6%95%B0.

2）金融期货市场的交易制度

金融期货市场的规则主要有以下几个方面：

（1）期货合约规范化

金融期货交易合约具有法律约束力，因此必须规范化和标准化。通常必须具有的标准是：必须是双向合约，以此来保证流动性；必须简单明确，不得含糊其辞；要规定交割时间、合约品种数量及单位、价格变动单位、价位涨跌幅度的限制、每日交易限量罚款及保证金数额等事项；必须使交易程序公开化，买卖双方不能私下增减内容，必须严格按照交易所的规章制度进行交易，但不排除单方面转卖。

（2）保证金制度

买卖双方都必须向经纪公司交纳一定比例的保证金，主要作用是防止客户发生亏损时不予支付，并抑制投机过分增长。

保证金的数量因合约的性质、特定的交易价加浮动幅度以及客户的资信情况等而有所不同，在确定保证金时，交易所需考虑的因素是：第一，结算所对会员经纪公司每张合约的保证金收取标准。经纪公司征收的保证金是以合约的价格为基础的；一般情况下，交易所定的收费标准比结算所定的高。第二，不同金融证券期货合约价格变动幅度。价格变动幅度越大，风险也越大，因此收费越高。第三，期货合约的不同类型。当客户在同一商品不同月份同时买卖，风险就小，保证金就比单买或单卖的客户低。第四，套期保值者的保证金比投机者低，因为套期保值者大多拥有实货。另外，资金雄厚的经纪公司对信誉好的、稳定的、长期的客户收取的保证金一般要低。

小思考9-2：

对投资者而言，保证金比例为1%和保证金比例为10%，哪个较安全？对投资银行呢？

提示：10%较安全。

（3）逐日钉市制度

由于期货合约价格在每个交易日都有波动，投资者头寸的权益价值随之发生变化。钉市制度是在每一交易日结束时，交易所决定期货合约的结算价格，据此来调整投资者头寸的价值，并将所发生的收益或损失很快地反映到投资者的权益账户中。权益账户中超出初始保证金的部分，投资者可以随意提取。如果投资者遭受损失，权益账户中的价值降低到初始保证金之下，即交易所允许的最低水平时，投资者必须立即追加保证金，使之恢复到初始保证金之上。如果投资者在24小时内不能按要求足额存入追加保证金，其经纪人将强行平仓，损失部分从其保证金中扣除。

（4）交割制度

每种金融期货合约者都规定有交割月份、交割日期和交易终结日。交割月份指的是在一年哪几个月内进行交割，交割日期指到期合约进行现货交割的日期，在交易终结日到来之前，合约的持有者可以在期货市场上通过“平仓”来抵消手中合约赋予的权利和义务。一旦过了这一天，交易所就没有这种合约的买卖。合约持有者只有等到交割日用现货进行交割。

3）金融期货的风险与收益特征

期货市场上的交易者如果买进期货合约，该投资者被称为多头；反之，如果卖出期货合约，则该投资者被称为空头。

对于多头而言，如果预期标的物的未来期货价格将上涨，应买入期货合约，如果价格上涨，就可以获得买卖价差，否则将遭受损失。例如，一个交易者在期货市场以1 000美元的价格买进一份资产A的期货合约，如果未来A资产的期货价格上涨到1 100美元，就可以卖掉这份合约以赚取100美元的利润；而一旦价格下跌到900美元，将遭受100美元的损失。

对于空头而言，如果预期未来期货标的资产的价格将下跌，应卖出期货合约以便在未来可以以较低的价格买进标的物的期货合约进行对冲，将获得差价，但如果期货价格上涨，将遭受损失。例如，一个交易者在期货市场上以1 000美元的价格卖出一份资产A的期货合约，如果未来价格正如所料，标的物价格下跌到900美元，将获得100美元的收益，而如果价格上涨到1 100美元，将损失100美元。

9.2.2 金融期权交易

金融期权交易赋予期权购买者一种权利，而不是义务，从而保证其在交易活动中能做到风险有限而利润无限。

1）期权与期货交易的区别

期权交易与期货交易都是为了防止市场出现不利于交易者的逆转时提供最大的价格保护，但两者之间也有一定的差别。

（1）期权交易是单向合同，期权的买方在支付一定的权价之后取得一种权利，但是，它可在交易确定后的任何时间有权放弃合同，即不履行这种权利。而期货合约是双向合同，一旦自己的多头或空头地位确立以后，交易双方便承担起期货合同到期进行交割的义务。若不想交割，则必须在到期前对冲合约，了结其多头或空头地位。

（2）期权的权价是根据市场情况由买卖双方共同确定的，由买方支付给卖方，期权买方放弃权利的最大损失只是最初缴纳的权价。

（3）从风险上看，期权的买方风险仅限于事先决定的权价，而期货交易双方所面临的风险在事先是无法精确计算的。

2）金融期权的风险与收益特征

期权的风险和收益因金融期权的不同类型而定。这里举例说明买入看涨期权、卖出看涨期权、买入看跌期权和卖出看跌期权。我们假设每一期权头寸均持有至到期日，不提前执行；同时，为简便起见，这里忽略交易成本。

（1）买入看涨期权

买入看涨期权创造的金融头寸称为多头看涨头寸。例如，资产N的1个月到期的看涨期权，执行价格为1 000美元，购买期权合约的费用为30美元，资产N的现货价格为1 000美元。投资者购买这项看涨期权并持有至到期日的收益或损失将取决于到期日资产N的现货价格，可能有如下几种结果：

①如果在到期日资产N的现货价格低于或等于1 000美元，投资者将放弃期权合约。其损失为购买合约所支付的30美元的期权费用，不管资产N的价格跌得多么低，期权买方的最大损失只有30美元。

②如果在到期日资产N的现货价格大于1 000美元但低于1 030美元，期权买方应履行期权合约。期权买方以1 000美元的执行价格购买资产N，并在现货市场上以较高的价

格卖出。假设在到期日资产N的价格为1 020美元，执行期权后，期权买方可实现20美元的收益，购买这个看涨期权的成本是30美元，所以这个头寸的损失是10美元。若不执行期权，投资者会损失30美元而不是10美元。

③如果在到期日资产N的现货价格等于1 030美元，投资者应执行期权。在本例中，投资者盈亏平衡，实现的30美元收益抵消了30美元的期权成本。

④如果在到期日资产N的现货价格高于1 030美元，投资者应执行期权并获得收益。例如，资产的价格是1 130美元，执行期权可盈利130美元，扣除30美元的期权成本，投资者可获净利100美元。

（2）卖出看涨期权

看涨期权的卖方处于空头看涨期权的地位，看涨期权卖方的损益状况与看涨期权买方的损益状况正好相反。这就是说，在资产N的到期日价格保持一定的情况下，看涨期权卖方的收益等于看涨期权买方的损失。因而，空头看涨期权的最大收益就是期权费用，而最大损失是没有限制的，因为最大损失是到期日前或到期日时的最高价格减去期权费用，而这个价格可能无穷大。

（3）买入看跌期权

买入看跌期权创造的金融头寸称为空头看涨头寸。例如，资产N的1个月到期的看跌期权，执行价格是1 000美元，每份期权合约的购买费用是20美元，资产N的现货价格是1 000美元，该头寸在到期日的收益或损失取决于资产N的现货市场价格。其可能产生的结果如下：

①如果资产N的现货价格大于1 000美元，则看跌期权的买方不会执行期权合约，其最大损失为20美元的期权费用。如果在到期日资产N的价格等于1 000美元，期权也不会被执行。期权买方的损失等于20美元。

②当资产N的现货价格低于1 000美元高于980美元时，看跌期权的买方会形成损失，但执行期权使损失限制在20美元之内。例如，至到期日的现货价格是990美元，执行期权后，期权买方的损失是10美元，因为他可以在市场上以990美元买入资产N，然后以1 000美元卖给期权卖方，收益是10美元，减去20美元的期权费用，最后的损失是10美元。

③如果在到期日资产N的价格等于980美元，期权买方盈亏平衡，投资者可以1 000美元的价格将资产N卖给期权卖方，用实现的20美元收益抵消期权费用。

④如果在到期日资产N的价格低于980美元，看跌期权的买方会获利。假设价格跌至800美元，收益是执行看跌期权的200美元收益减去20美元的期权费用等于180美元。

（4）卖出看跌期权

卖出看跌期权创造的金融头寸称为空头看跌期权，其损益状态和多头看跌期权正好相反。这个头寸的最大利润是期权价格，如果现货资产的价格下降，在理论上最大损失可以非常巨大，如果价格一路下降到0美元，损失就是执行价格减去期权费用。

总之，如果现货资产的价格上涨，买入看涨期权和卖出看跌期权就会获利；如果现货资产的价格下跌，卖出看涨期权和买入看跌期权就会获利。

3）期权的价格

期权的价格，又称权价，是期权买方为了取得期权所赋予的权利，而支付给期权卖方的一笔期权费用。

（1）期权价格的构成要素

在一般情况下，期权的价格由内在价值和时间价值两部分组成。

内在价值是指在期权合同马上就要到期时，期权所具有的价值或可获得的总利润。买方期权的内在价值是资产现价与结算价之差。如果结算价高于或等于现价，就没有内在价值，或者说，其内在价值为0。对于卖方期权，期权内在价值等于现价低于结算价的部分。在卖方期权中，若结算价高于或等于现价，其内在价值就为0。

时间价值又称时间升水，是期权价格超过它的内在价值的部分。期权的购买者期望在到期日前，有关资产的市场价格有一定增加，并愿为此付出超过内在价值的升水。例如，如果有一买方期权的价格为9美元，结算价格为100美元，其市场价格为105美元，这个期权的时间溢价就是4美元。如果现价不是105美元，而是90美元，那么，这个期权的溢价就是9美元，因为此时的内在价值为0。

（2）影响期权价格的各种因素

影响期权价格的主要因素有以下几个方面：

①基础资产的现价。当基础资产价格变化时，期权价格相应发生变化。对于买方期权，资产价格上升时，其他条件不变的话，期权价格将上涨；对于卖方期权，情况正好相反。

②执行价格。执行价格在期权的整个有效期内是固定的，在其他条件不变的情况下，执行价格越低，买方期权价格越高，而卖方期权价格则越低。

③期权到期时间。期权到期时间越长，资产价格波动的可能性越大，利用期权获利的可能性越大，因此，期权价格越高；反之，期权的价格就越低。

④预期基础资产价格的波动性。在其他条件不变的情况下，基础资产在期权的整个有效期内由标准差或方差测度的预期价格的波动性越大，投资者愿为期权支付的价格就越高。因为价格波动性越大，价格朝有利于自己的方向变动的可能性越大。

典型案例9-1：

金融期权计算分析案例

某投资者在5月份以700点的权利金卖出一张9月到期、执行价格为9 900点的恒指看涨期权，同时，他又以300点的权利金卖出一张9月到期、执行价格为9 500点的恒指看跌期权。请问该投资者当恒指为多少时，能够获得200点的盈利？

分析：假设恒指为X时，可得200点盈利。

第一种情况：当$X<9\,500$，此时卖出的看涨期权不会被买方行权，而卖出的看跌期则会被行权。$700+300+X-9\,500=200$，从而得出$X=8\,700$。

第二种情况：当$X>9\,900$，此时卖出的看跌期权不会被行权，而卖出的看涨期权则会被行权。$700+300+9\,900-X=200$，从而得出$X=10\,700$。

9.2.3 金融互换交易

金融互换交易是指交易双方签订协议，约定双方在未来一段时间内互换金融资产或现金流量。金融互换主要有利率互换和货币互换。

1）利率互换

利率互换是双方同意就固定利率和浮动利率互相交换而达成的协议。互换后，双方分别为对方支付利息，其中为对方支付固定利率的一方为固定利率支付者，为对方支付浮动利率的一方为浮动利率支付者，两种利率的差额再在双方间清算。

例如，A公司有2 000万美元8%年利率的借款，5年到期，每半年付息一次。A公司认为市场利率有进一步下调的可能，如支付浮动利率则对公司有利。与此同时，B公司有同样期限和付息结构的4 000万美元债务，支付浮动利率，B公司担心利率升高将加大公司的利息负担，希望将其中的2 000万美元债务转换成固定利率，这样不管利率怎样变化，总是对其中的一半债务有利。经过投资银行的牵线，A、B两公司实现互换，A公司为B公司每半年支付一次本金2 000万美元的浮动利率利息，B公司则为A公司每半年支付一次本金2 000万美元的固定利率利息。假设市场的浮动利率为8.2%，则A公司向B公司支付82万美元利息，B公司向A公司支付80万美元利息，相抵后，A公司向B公司支付2万美元。

利率互换后，市场利率的走势对互换双方的影响各不相同，对浮动利率支付者而言，利率下降时受益，利率上升时受损；对固定利率支付者而言，利率下降时受损，利率上升时受益。

发挥互换双方的比较优势，降低筹资成本也是利率互换的主要目的。下面举例说明：

假设A、B两公司均希望得到一笔5年期500万美元的贷款，如果它们各自去固定利率和浮动利率资本市场上借款，需支付的年利率见表9-1。

表9-1 **A公司和B公司的筹资成本比较**

	固定利率市场	浮动利率市场
A公司	10%	6个月LIBOR+0.7%
B公司	11.4%	6个月LIBOR+1.3%
A、B公司同一市场利率差	1.4%	0.6%
比较优势	1.4%-0.6%=0.8%	

两公司相比较，由于A公司资信优于B公司，因此，无论是在固定利率市场，还是在浮动利率市场，A公司均能以比B公司低的成本进行融资，即A公司在两个市场上都拥有绝对优势，但是A公司对B公司的相对成本优势在两个市场上的大小并不一样，在固定利率市场上，A公司的筹资成本比B公司低1.4%，而在浮动利率市场上，A公司仅比B公司低0.6%，显然，A公司在固定利率市场上更具有优势，即存在相对比较优势，而B公司在浮动利率市场上具有比较优势，两公司的比较优势为0.8%。如果双方发挥各自的比较优势，在各自具有优势的市场上筹资并互换，则可以降低双方的利息负担，降幅之和正好为比较优势（假设不存在中介费用）。具体操作方法如下：

A公司在固定利率市场上以10%的利率筹资500万美元，B公司在浮动利率市场以LIBOR+1.3%（LIBOR是伦敦同业拆借利率，代表全球外币利率的整体水平）筹资500万美元，双方进行利率互换，A公司向B公司支付LIBOR+1.3%的浮动利率，B公司向A公司支付10%的固定利率。如此，各公司的实际利率支付水平为筹资成本加上向对方支付的利率并扣减从对方收到的利率。

A公司会有三项现金流：向外部债权人支付10%的固定利率；从B公司收取10%的固定利率；向B公司支付LIBOR+0.3%（按6个月期计算，每年应付2次，每6个月的该数字是不定的，但不影响我们的分析）的浮动利率，三项相加为：

A公司的实际利率支付水平：10%+LIBOR+0.3%−10%=LIBOR+0.3%<LIBOR+0.7%。

B公司也有三项现金流：向外部债务人支付LIBOR+1.3%的浮动利率（同样，每年应付2次）；向A公司支付10%的固定利率；从A公司收取LIBOR+0.3%的浮动利率（按6个月期计算，每年应付2次）。三项相加为：

B公司的实际利率支付水平：LIBOR+1.3%+10%−（LIBOR+0.3%）=11%<11.4%。

可见，互换后，A公司实际支付的浮动利率水平要比其在浮动利率市场上直接筹资低0.4%，B公司同样要比其直接从固定利率市场筹资低0.4%，两者之和等于比较优势0.8%。A公司和B公司的利率互换过程如图9-1所示。

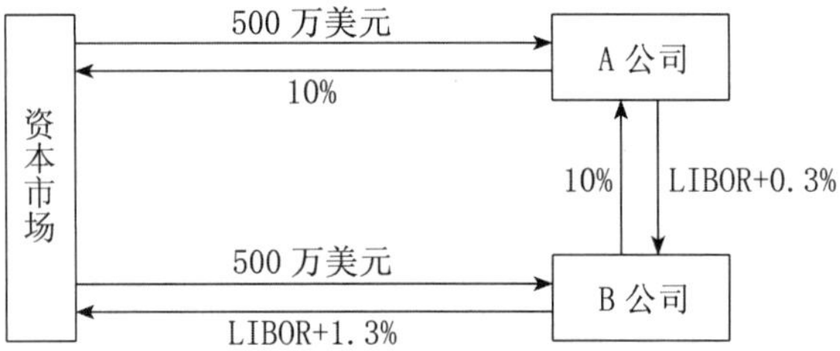

图9-1 A公司和B公司的利率互换过程

如果A、B公司的利率互换通过投资银行的中介来完成，甚至投资银行就是A、B公司的交易对手，A公司与投资银行以及投资银行与B公司分别进行利率互换，在这种情况下，A、B互换后的收益必然要下降，下降部分转移到投资银行手中（如图9-2所示）。

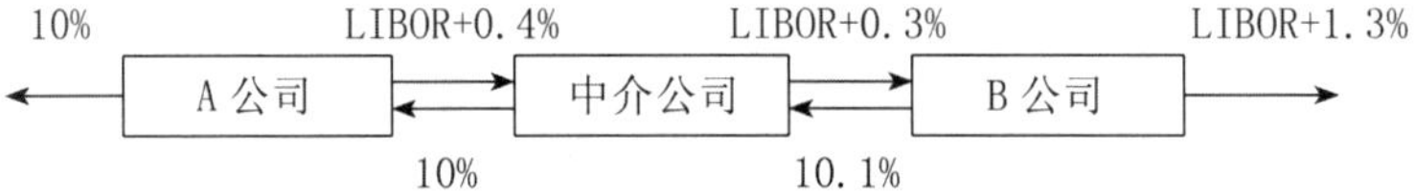

图9-2 中介机构参与下的利率互换过程

此时，A公司的实际利率支付水平为LIBOR+0.4%，B公司为11.1%，而中介公司获得0.2%的收益率，即投资银行加入前比较优势利益在A、B公司之间分配，投资银行加入后，利益在三者之间重新分配。

2）货币互换

货币互换是指两种货币之间的交换。一般是本金和利息同时交换，以此来避免因汇率不利变动而增加筹资成本。现举例说明货币互换过程：假设A、B公司可以按表9-2所示的成本进行美元或英镑的筹资。

表9-2 **A公司和B公司的筹资成本**

	美元	英镑	差值
A公司	10%	12.6%	—
B公司	12%	13%	—
利率差	2%	0.4%	1.6%

表9-2表示A公司的信用等级要比B公司高，因为在两个借贷市场，A公司所需要支付的利率都比B公司低。但相对于在美元借贷市场上的利率差来说，B公司在英镑借贷市场上与A公司的利率差要小得多。因而同样的，B公司在英镑借贷市场上具有比较优势，而A公司在美元市场上具有比较优势。如果这时A公司需要英镑贷款，而B公司需要美元贷款，那么进行货币互换对双方都是有利的。考虑互换中介参与的情况，A、B公司之间的货币互换可能有三种情况，如图9-3、图9-4和图9-5所示。

图9-3　货币互换一

图9-4　货币互换二

图9-5　货币互换三

从图9-3所表示的货币互换来看，对于A公司来说，它发生了三项现金流量：向外部债权人支付10%的美元利率，从互换中介收取10%的美元利率，向互换中介支付12%的英镑利率。这三项合计的结果是A公司实际支付了12%的英镑利率，这比它直接在英镑借贷市场上融资要节省0.6%。

对于B公司来说，它也发生了三项现金流量：向外部债权人支付13%的英镑利率，从互换中介收取13%的英镑利率，向互换中介支付11.4%的美元利率。这三项合计的结果是B公司实际支付了11.4%的美元利率，这比它直接在美元借贷市场上融资要节省0.6%。

而对于互换中介来说，它发生了四项现金流量：向A公司支付10%的美元利率，从B公司收取11.4%的美元利率；向B公司支付13%的英镑利率，从A公司收取12%的英镑利率。这四项合计的结果是互换中介净获得1.4%的美元利率，净支付1%的英镑利率。

这样，各个主体的总收益为1.6%，恰好等于表9-2中两个利率差的绝对值。对于其他的货币互换的方式，也可以进行类似的分析，其结果是一样的，都是1.6%的总收益在各个主体间的分配，只不过不同方式有不同的分配比例。

3）投资银行在互换中的作用

由于互换交易涉及资信等级较高或较低的客户，前者就会担心后者会违约。为了减小违约风险，早期的互换交易要求低信用等级的实体从高信用等级的金融机构获得担保。

随着交易规模和频率的增加，投资银行类中介机构的角色发生了变化，他们成为交易的主体，而不再是简单的经纪人。只要有一个客户愿意进入互换，中介就乐于做交易的另一方。因此，利率互换成为中介产品库存的一部分。由于数理技术和期货产品的发展，投资银行类中介机构可以对复合头寸如互换交易进行套期保值，进而使得保护大量的库存头寸成为可能。投资银行由于具有买卖和保值的业务专长，因而能够提供具有竞争性的价格。

投资银行还注重对互换当事人所承受的风险进行管理。市场风险主要来自价格风险和信用风险。控制互换价格风险的最佳办法是通过缔结一个对冲互换来化解风险。如果对冲互换的流入量和流出量相当，投资银行除了取得利差作为收入外，还可达到风险保值的目的。对付利率敞口风险的另一种做法就是让互换柜台从另一地区购买内部套期保值。这样，互换柜台的作用就是处理来自其他部门或经纪交易人机构的分支机构的互换要求。较为有效的信用风险控制办法在于限制对方预期的敞口风险，对每段时期实际发生的风险进行定期监督管理以及要求有某种可能提高信誉的方式（如信用证方式等），或取得对方的抵押品。

9.3 投资银行对金融衍生品的运用

9.3.1 证券发行中的运用

投资银行可以利用金融期货或期权，以规避由于这些新购进的证券价值变动所导致的价格风险。

在包销情况下，投资银行一般先以固定价格购买由发行人发行的证券，这样从购进到发行这段时间内，由于市场条件的变化而导致证券价格的变化会给投资银行带来相应的价格风险。因此，投资银行会降低它们的报价，但这会导致在承销条件竞争性投标中竞争地位的下降。这时，投资银行如果利用金融期货、期权交易可使风险降低。

1）期货的运用

使用某种金融期货工具可以降低投资银行在承销过程中的价格风险，即通过在股票或债券实际发行前卖出相应期货的方式，为购入的证券套期保值。

假设一家投资银行承销1 000万美元的某公司普通股，并以固定价格每股100美元购入。在投资银行购入该股当天，标准普尔500指数期货协定价为200点，每点代表500美元，即每份合约价值10万美元。投资银行希望通过出售100份标准普尔500指数期货合约来防止未售出股票部分的价格风险。在随后4天中，所有发行股票以每股90美元的平均价格售出，这样投资银行的价格风险损失就是100万美元，而此时标准普尔500指数期货的协定价也落至190点，即9.5万美元。投资银行通过买入合约平仓而在期货市场上获得50万美元（100×（100 000−95 000））的收益，使得投资银行将承销损失从100万美元降至50万美元。

拓展阅读9-2
国泰航空失算的套期保值

同样，在债券承销中也可以采用类似的方法对承销债券作相应的套期保值。

2）期权的运用

由于投资银行采用公开竞价方式报价，投资银行报出价格后，并不能肯定是否能承担证券销售工作，金融期货只能使投资银行降低价格风险，而没有考虑到承销过程中竞价的结果。这时投资银行购买一份看跌期权就可以满足在此情况下的风险管理需要。

如果争取到承销资格，这项看跌期权又可以帮助投资银行防范价格风险，因为一旦承销证券价格下跌，看跌期权合约允许投资银行以较高的价格卖出该证券。假设该证券价格上升，投资银行也可不执行该期权合约，虽然付出了一笔期权费，但在承销市场上却获得了收益。这样，投资银行便可一举两得。

如果承销资格在公开竞价后没有争取到，那么投资银行就选择不执行看跌期权合约，它的损失也仅限于购买这项看跌期权的价格。

可见，期货和期权的运用，使投资银行的价格风险至少消除了一半，这种技术对那些多样化经营的公司的证券尤其有效，因为这些证券的非系统性风险较低，套期保值有效性高。

9.3.2 证券交易中的运用

投资者买卖证券时，如果没有做市商的存在，会出现有人想买的时候却找不到卖方，而有人想卖却找不到买方的情况，为此，做市商就必须起到牵线搭桥的作用，先卖出再买进。这样，在某一时点或时段上，做市商的头寸就会发生变化，为这些净增加或净减少的头寸承担价格风险。投资银行可以利用金融期权期货市场的套期保值业务，来规避证券交易市场的证券价格风险。

例如：某做市商被迫隔夜持有大量敞口头寸，通过售出一份指数期货合约，做市商可以为其持有的敞口头寸非预期的价格下跌予以保值。一旦价格真的下跌，做市商就可以通过期货市场的收益抵补现货头寸的损失。有时做市商卖空某一证券，在该证券被买进之前，他可以通过买入指数期货合约来预防该证券价格的上涨。

对于系统性风险，做市商可以根据所做股票的贝塔系数来确定应该进行风险抵补的头寸金额，然后买卖相应数量的股指期货或期权予以冲抵。

对于非系统性风险的管理难度较大，因为做市商必须寻找个别证券的期货或期权来预防风险，目前在市场上还不多。非系统性风险还有一条途径可以防范，即自然对冲，依靠多种证券所形成的庞大投资组合使各个证券的非系统性风险互相抵消，这对充当做市商的投资银行的实力提出了更高的要求。

9.4 金融衍生品的风险及其管理

9.4.1 金融衍生品的风险

投资银行使用金融工程产品的重要目的之一是规避风险，但金融衍生品本身也具有风险，如果利用不当，造成的损失可能还会更大。巴塞尔银行监管委员会于1994年7月27日发布《衍生产品风险管理指南》，把衍生品的风险类型归为五类。

1）市场风险

市场风险又称价格风险，是指因标的资产（如利率、汇率、股票指数、商品等）市场价格波动而导致金融衍生工具价格变动的不确定性。这类风险若不能很好地控制，对于衍生品交易者而言，可能造成致命的风险。衍生品被用作对冲手段时，衍生品的价格变动可以抵消其基础金融工具的逆向价格变动，组合头寸两相抵消而不存在市场风险。但从实际交易看，完全的风险对冲是不大可能的，必须不断调整组合头寸，并对整个组合头寸的市场风险进行评估。对投机者而言，市场风险的影响则更大。

市场风险是金融衍生交易中经常面对的一种风险，也是风险管理中的重点内容。现在，人们越来越多地采用风险价值（value at risk，VAR）来度量市场风险的大小，由J.P.摩根公司创制的风险矩阵（risk metrics）是度量市场风险的另一种有效工具。另外，在衍生工具市场风险的日常管理中，一般采用逐日钉市程序来对未结清仓盘进行评估。

2）信用风险

信用风险又称违约风险，它是指衍生工具合约的一方违约所引起的风险，包括在贷款、掉期、期权交易及结算过程中，因交易对手不能或不愿履行合约承诺而遭受的潜在损失。场内交易的衍生品，其信用风险通常比场外交易小一些，因为交易对方是交易所，交易所通过结算所每日结算盈亏控制客户的保证金数量，交易所面临违约的可能性要大大低于单个交易对方。在具体操作中，交易所一般要求其会员缴纳一定的初始保证金，并逐日钉市，若初始保证金不足以履行合约义务，则需及时补足。而场外交易则不同，往往缺乏必要的法律手段保证交易双方合约的履行，签订协议的双方随时都有可能无法履约，从而产生信用风险。信用风险可以分为两类：一类是对手风险，指衍生合约交易的一方可能出现违约而给另一方造成损失的可能性；另一类是发行者风险，指标的资产的发行者出现违约而给另一方造成损失的可能性。一般说来，这两类风险中，前者比后者更严重。通过风险管理控制以及要求对手保持足够的抵押品、支付保证金和在合同中规定的净额结算条款等程序，可以最大限度降低和规避信用风险。

3）流动性风险

流动性风险是指衍生工具持有者不能以合理的价格迅速地卖出或将该工具转手而导致损失的可能性，包括不能对头寸进行冲抵或套期保值的风险。它包括两方面的内容：

（1）市场流动风险，指市场深度不够，市场业务量不足或无法获得市场价格，此时衍生品的使用者因不能轧平或冲销其头寸而面临无法平仓的风险。

（2）资金流动风险，即衍生品交易者流动资金不足，合约到期时无法执行支付义务或无法按合约要求追加保证金的风险。

一般说来，在价格不变或价位波动较小的情况下，以卖出或买入衍生工具的数量或金额来衡量流动性的大小。如果能够卖出或买入的数量或金额较大，则该衍生工具的流动性较好；反之，流动性则较差。

4）管理与营运风险

管理与营运风险是指在金融衍生交易和结算中，由于内部控制系统不完善或缺乏必要的后台技术支持而导致的风险。其具体包括两类：一是由于内部监管体系不完善、经营管理上出现漏洞、工作流程不合理等带来的风险；二是由于各种偶发性事故或自然灾害，如电脑系统故障、通信系统瘫痪、地震、火灾、工作人员差错等给衍生品交易者造成损失的可能性。决定营运风险的形成及大小的主要因素包括管理漏洞、内部控制失当、交易员操作不当以及会计处理偏差等。

5）法律风险

法律风险是指由于衍生合约在法律上无效、合约内容不符合法律的规定，或者由于税制、破产制度的改变等法律上的原因，给衍生工具交易者带来损失的可能性。法律风险主要来自两个方面：一是衍生合约的不可实施性，包括合约潜在的非法性，对手缺乏进行衍生交易的合法资格，以及现行的法律法规发生变更而使衍生合约失去法律效力等；二是交易对手因经营不善等原因失去清偿能力或不能依照法律规定对其为清偿合约进行净冲平仓。

小思考9-3：

金融衍生品交易的风险特点是什么？

提示：(1) 金融衍生品风险具有两重性。它是为适应风险管理的需要而产生的，但它本身又带来新的风险。(2) 金融衍生品风险具有杠杆性。其交易大多是保证金交易，这种交易方式具有杠杆作用，使得成交量的名义价值被成倍放大，市场风险也相应放大。(3) 金融衍生品风险具有一定的隐蔽性。金融衍生品风险在产生之初不易暴露，而风险一旦暴露又具有很大的“杀伤力”。(4) 金融衍生品风险具有突发性。金融衍生品风险不管是哪种因素引起的，风险的形成往往是一个逐渐积聚而又不容易引人注意的过程，风险聚集到一定程度就会突然爆发。

9.4.2 金融衍生品的风险管理

对于金融衍生品的风险控制可采取微观金融主体内部自我监督管理、交易所内部监管、政府部门的宏观调控与监管的三级风险管理模式。

1）微观金融主体内部自我监督管理

(1) 建立风险决策机制和内部监管制度

风险决策机制和内部监管制度包括限定交易的目的、对象、目标价格、合约类型、持仓数量、止损点位、交易流程以及不同部门的职责分配等。

(2) 加强内部控制，严格控制交易程序

加强内部控制，将操作权、结算权、监督权分开；严格控制交易程序，制定严格的层次分明的业务授权，加大对越权交易的处罚力度。

(3) 设立专门的风险管理部门

通过“风险价值法”(VAR) 和“压力试验法”对交易人员的交易进行记录、确认、市价计值，评价、度量和防范在金融衍生产品交易过程中面临的信用风险、市场风险、流动性风险、结算风险、操作风险等。

2）交易所内部监管

(1) 创建完备的金融衍生市场制度

金融衍生市场制度包括：严格的市场信息披露制度，增强透明度；大额报告制度；完善的市场准入制度，对衍生市场交易者的市场信用状况进行调查和评估，制定资本充足要求；以及其他场内和场外市场交易规则等。

(2) 建立衍生市场的担保制度

衍生市场的担保制度包括：合理制定并及时调整保证金比例，起到第一道防线的作用；持仓限额制度，发挥第二道防线的作用；日间保证金追加条款；逐日钉市制度或称按市价计值加强清算、结算和支付系统的管理；价格限额制度等。

(3) 加强财务监督

根据衍生产品的特点，规范会计记账方法和原则，制定统一的信息披露规则和程序，以便管理层和用户可以清晰明了地掌握风险敞口情况。

3）政府部门的宏观调控与监管

（1）完善立法

对金融衍生产品设立专门完备的法律，制定有关交易管理的统一标准，做到有法可依。

（2）加强对金融机构的监管

加强对从事金融衍生产品交易的金融机构的监管，规定从事交易的金融机构的最低资本额，确定风险承担限额，对金融机构进行定期与不定期的现场与非现场的检查，形成有效的控制与约束机制；负责审批衍生产品交易所的成立和交易所申请的衍生产品品种。

（3）控制金融机构业务交叉的程度

严格区分银行业务与非银行业务。中央银行在某个金融机构因突发事件发生危机时，应及时采取相应的挽救措施，迅速注入资金或进行暂时干预，以避免金融市场产生过度震荡。

（4）加强对金融衍生品的国际监管和国际合作

金融衍生产品交易在世界范围内超国界和超政府地蓬勃开展，单一国家和地区已无法对其风险进行全面的控制，因此，加强对金融衍生品的国际监管和国际合作，成为国际金融界和各国金融当局的共识。在巴林银行事件之后，国际清算银行已着手对衍生品交易进行全面的调查与监督，加强对银行表外业务资本充足性的监督。

本章要点

本章主要介绍了金融衍生品的含义、特点与类型，金融衍生品交易的方式，远期、期货、期权、互换等基本的金融衍生产品交易，投资银行对金融衍生品的运用，金融衍生交易的风险及其相应的风险管理。其中，重点是期货、期权、互换等基本的金融衍生产品交易，难点是金融衍生品特征、交易方式及风险管理。

问题讨论

1.讨论远期、期货与期权交易的联系与区别。

2.讨论利率互换与货币互换的异同。

3.结合本章所学知识，选择一种金融衍生工具，分析其主要特征和交易制度。

推荐阅读

1.《远期利率协议业务管理规定》，中国人民银行，2007年9月。

2.《关于开展人民币利率互换业务有关事宜的通知》，中国人民银行，2008年1月。

3.中国证券业协会. 证券投资基础［M］. 北京：中国金融出版社，2012.

4.《中国金融期货交易所交易规则》，中国金融期货交易所，2010年2月。

5.赫尔. 期权、期货及其他衍生产品［M］. 王勇，索吾林，译. 北京：机械工业出版社，2012.

思考与练习

1.单项选择题

（1）按衍生品自身交易方法及特点可分为远期合约、期货、期权、互换，其中，

（　　）是其他三种工具的始祖。

A.远期合约　　B.期货　　C.期权　　D.互换

（2）金融期权的买方和卖方的选择权情况为（　　）。

A.买方和卖方都有　　B.买方有，卖方没有

C.卖方有，买方没有　　D.买方和卖方都没有

（3）投资者买卖证券常常不能相互配合，比如有人想买的时候却找不到卖方，而另一时刻有人想卖却找不到买方，为此（　　）就必须起到牵线搭桥的作用。

A.经纪商　　B.承销商　　C.自营商　　D.做市商

2.多项选择题

（1）从风险产生的来源角度，金融衍生品的风险可分为（　　）。

A.市场风险　　B.信用风险　　C.流动性风险

D.运作风险　　E.法律风险

（2）金融衍生品既是投资银行为客户或自身进行套期保值的有效工具，也是投资银行获取收益的业务之一，通常可以采取以下（　　）形式。

A.作为金融衍生品的交易商，从中赚取买卖价差

B.通过对市场趋势的判断，保留金融衍生品一定的净头寸，从而获取潜在的投机收益

C.利用市场定价错误进行套利，通过发现和利用相同或相似金融产品在不同市场上的价格差异进行套利以获取收益

D.运用金融衍生品开展金融工程业务

3.判断题

（1）买空交易也称空头交易，或做空。（　　）

（2）期权交易最大的风险是期权费本身。（　　）

（3）为有效防范期货交易中的信用风险或违约风险，交易所均采用严格的保证金制度，同时与盯市制度结合起来，从而将违约风险降至最低程度。（　　）

4.简答题

（1）金融衍生品有哪些类型？

（2）金融衍生品有何特征和功能？

（3）什么是金融期货？金融期货市场的交易制度有哪些？

（4）什么是金融期权？举例说明其风险和收益特征。

（5）什么是金融互换？投资银行在互换中有什么作用？

（6）投资银行如何运用金融衍生品？

（7）简述金融衍生品的风险。

案例分析

案例一　　里森搞垮巴林银行

1）事件发生

1995年2月，具有230多年历史、在世界1 000家大银行中按核心资本排名第489位的英国巴林银行宣布倒闭，这一消息在国际金融界引起了强烈震动。

巴林银行的倒闭是由于该行在新加坡的期货公司交易形成巨额亏损引发的。1992年，巴林银行新加坡期货公司开始进行金融期货交易不久，前台首席交易员（而且是后台结算主管）里森即开立了“88888”账户。开户表格上注明此账户是“新加坡巴林期货公司的误差账户”，只能用于冲销错账，但这个账户却被用来进行交易，甚至成了里森赔钱的“隐藏所”。里森通过指使后台结算操作人员在每天交易结束后和第二天交易开始前，在“88888”账户与巴林银行的其他交易账户之间做假账进行调整。通过假账调整，里森反映在总行其他交易账户上的交易始终是盈利的，而把亏损掩盖在“88888”账户中。

2）股指期货等衍生品交易的亏损分析

巴林银行倒闭是由于其子公司——巴林银行新加坡期货公司，因持有大量未经保值的期货和选择权头寸而导致巨额亏损，经调查发现，巴林银行新加坡期货公司1995年交易的期货合约是日经225指数期货，日本政府债券期货和欧洲日元期货，实际上所有的亏损都是前两种合约引起的。

（1）来自日经225指数期货的亏损

自1994年下半年起，里森认为日经225指数将上涨，逐渐买入日经225指数期货，不料1995年1月17日关西大地震后，日本股市反复下跌，里森的投资损失惨重。里森当时认为股票市场对神户地震反应过激，股价将会回升，为弥补亏损，里森一再加大投资，在1月16日至26日再次大规模建多仓，以期翻本。其策略是继续买入日经225指数期货，其日经225指数期货头寸从1995年1月1日的1 080张9503合约多头增加到2月26日的61 039张多头（其中9503合约多头55 399张，9506合约多头5 640张）。据估计，其9503合约多头平均买入价为18 130点。2月23日，日经225指数急剧下挫，9503合约收盘价跌至17 473点以下，导致无法弥补损失，累计亏损达到了480亿日元。

（2）来自日本政府债券的空头期货合约的亏损

里森认为日本股票市场股价将会回升，而日本政府债券价格将会下跌，因此在1995年1月16日至24日大规模建日经225指数期货多仓的同时，又卖出大量日本政府债券期货。里森在“88888”账户中未套期保值合约数从1月16日的2 050手多头合约转为1月24日的26 079手空头合约，但1月17日关西大地震后，在日经225指数出现大跌的同时，日本政府债券价格出现了普遍上升，使里森日本政府债券的空头期货合约也出现了较大亏损，仅在1月1日到2月27日期间就亏损1.9亿英镑。

（3）来自股指期权的亏损

里森在进行以上期货交易时，还同时进行日经225指数期货期权交易，大量卖出鞍马式期权。鞍马式期权获利的机会是建立在日经225指数小幅波动上的，因此日经225指数出现大跌，里森作为鞍马式期权的卖方出现了严重亏损。到2月27日，期权头寸的累计账面亏损已经达到184亿日元。

截至1995年3月2日，巴林银行亏损额达9.16亿英镑，约合14亿美元。3月5日，国际荷兰集团与巴林银行达成协议，接管其全部资产与负债，将其更名为“巴林银行有限公司”。3月9日，此方案获英格兰银行及法院批准。至此，巴林银行230多年的历史画上了句号。

资料来源：佚名.股指期货风险案例：里森搞垮巴林银行［N］. 证券时报，2006-10-17.

问题：该案例给你什么样的启示？

分析提示：里森对金融衍生品市场的风险估计不足，导致操作失误；管理细节的忽略也是导致这家银行倒闭的主要原因。

案例二　　期市套期保值成动力煤贸易避险利器

“近年来，煤炭价格连续下跌，动力煤贸易利润率降低，较小的价格波动就很容易冲击贸易企业的利润。利用期货工具，在销售价格确定时，进行买入套期保值，可规避采购价格上涨风险；在采购价格确定时，进行卖出套期保值，可规避销售价格下跌风险。”对动力煤贸易商进行调研时，不少煤炭贸易企业表示，利用期货市场进行套期保值，已成为企业风险管理的重要方式。

作为一家煤炭年贸易量达2 000万吨的进出口贸易商，瑞茂通最开始做国际贸易时，主要在新加坡交易所参与动力煤期货的套期保值。自从2013年9月份郑州商品交易所上市动力煤后，该公司积极利用国内期货市场规避风险。“我们在国际市场上采购煤炭后，并不能及时在国内市场全部销售，而近两年煤炭行情处于下行趋势中，这意味着在做进口业务的过程中面临着较大的风险敞口，在期市上卖出套期保值能帮助企业规避价格风险。”瑞茂通运营风控中心总经理高伟刚表示。

在2014年2月初，瑞茂通有40万吨的进口煤现货库存，并有印尼煤的进口订单50万吨。由于担心未来国内煤炭销售价格下跌，公司在动力煤1409合约建立了2 000手的空头头寸。“随着2月末神华集团降价消息的传出，动力煤价格大幅下跌，我们的期货套期保值头寸开始盈利。当我们认为期货盈利能够弥补现货销售亏损时，便决定提前将套期保值的空头头寸了结，在期货上形成1 100万元左右的利润。同时，在现货市场上抓紧销售，实现两个市场的对冲。”高伟刚说。

类似瑞茂通进行卖出套期保值的动力煤贸易商并不少见，泰德煤网也有相关案例。据该公司期货业务负责人姚春光介绍，2015年3月份，市场上的动力煤现货价格是430元/吨，泰德煤网有机会以400元/吨的价格一次性买断某煤矿1个月的产能，即60万吨。但企业面临着两难选择：买，现货价格未来继续走低是大概率事件，较低的采购价格不一定能够弥补现货销售价格下跌产生的亏损；不买，这一现货采购价格远低于当前的市场价格，机会难得。“公司期货部门在比较现货采购价格和期货价格的价差后，认为可通过进行卖出套期保值来解决可能出现的经营风险，最终期货盈利弥补了现货亏损，完成套期保值目标。”姚春光说。

除了进行卖出套期保值外，泰德煤网还看准时机进行买入套期保值。2014年7月份，国内动力煤限产保价呼声强烈，短期形成上涨预期。由于泰德煤网在华能、华电等下游的电力企业已完成8月份的投标，销售价格已经锁定，如果现货采购期间价格大幅上涨，企业将面临亏损。为应对可能出现的采购价格上涨风险，泰德煤网在期货市场上进行买入套期保值，建立了40万吨的虚拟库存。

具体而言，2016年7月中旬，动力煤现货价格为502元/吨，由于预期后市上涨，泰德煤网在期货市场分批买入2 000手的动力煤1501合约，均价为482元/吨。到8月下旬，该公司以均价520元/吨左右的成本采购现货，交付给下游电厂，并以510元/吨左右的价格平仓了所持有的期货头寸。在期货市场盈利的1 120万元有效弥补了现货市场的720万元的亏损，还实现了整体盈利。

问题：该案例给你什么样的启示？

资料来源：何川. 期市套保成动力煤贸易避险利器［N/OL］. 经济日报，2016-08-05［2017-04-16］. http：//paper.ce.cn/jjrb/html/2016-08/05/content_308016.htm.

分析提示：金融衍生品的运用可以规避风险，但同时也应注意金融衍生品的风险。

实践训练

本章主要介绍了金融衍生品的交易方式。为了加深学生对该部分内容的理解，本章实践训练主要包括以下内容：

1. 实训项目：比较分析各国金融衍生品交易的现状。

实训目的：了解国内外金融衍生品市场。

实训步骤：

（1）搜集各国主要期货公司金融衍生品交易的品种。

（2）比较分析各国金融衍生品交易的现状。

2. 实训项目：实地进行期货公司调查研究。

实训目的：了解期货交易程序，并分析。

实训步骤：

（1）到附近的期货交易网点，认识我国期货交易市场交易的全过程。

（2）了解我国期货交易市场的现状，并提出发展我国期货市场的建议。

（3）比较分析不同国家期货交易所的基本内容。

第10章　投资银行的内部控制和外部监管

学习目标

知识目标：通过本章学习，了解投资银行内部控制的含义、原则与目标；掌握投资银行内部控制的基本内容；熟悉投资银行外部监管的目标、原则；了解投资银行外部监管体制；掌握投资银行外部监管的基本内容；了解我国投资银行的内部控制制度与外部监管制度。

技能目标：通过本章学习，具备运用投资银行内部控制和外部监管的基本知识处理实际投资银行实务的能力，能够胜任投资银行内部控制和外部监管的相关岗位工作。

知识结构图

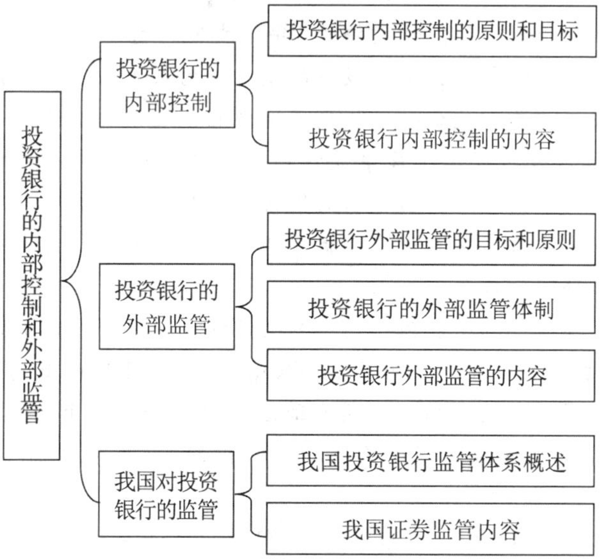

【导入案例】

贝尔斯登破产倒闭

北京时间2013年11月12日凌晨消息，媒体周一报道称，贝尔斯登名下的两个对冲基金在2007年的倒闭已经被看作在之后爆发的全球性金融危机的先兆之一，在事件过去6年之后，贝尔斯登的破产监管人还在继续就这两家基金的倒闭对三大评级机构提出欺诈指控，希望借此为投资者拿回更多赔偿。

报道指出，监管破产过程的清算人在纽约州法院对标准普尔、惠誉国际以及穆迪投资者服务这三家评级机构提出了欺诈指控，称这三家主要评级机构对在金融危机之前倒闭的两个贝尔斯登所属的基金所持有的抵押贷款担保证券给出了虚高的信用评价，这些债券在之后出现问题，导致了基金的破产，投资者蒙受超过10亿美元的损失。

长达141页的起诉书列出一组电子邮件，称包括之前案件中曾有部分披露的这些邮件往来内容显示，这些评级机构明知对这些抵押贷款担保债券给出高评级是一个骗局。起诉书内容指出，一名标准普尔的雇员在2007年的时候给同事发了一则短信，称“找一群奶牛来结构化这批债券，我们还是能给出评级。”另一名穆迪的雇员在内部文件中写道，“我们是为了一点钱把灵魂卖给魔鬼了。”在另一封电子邮件中，另一名标准普尔的雇员直接将自己所在企业的评级行为称作“一个骗局”。

破产监管人的代理律师，礼德律师事务所的合伙人詹姆斯·麦克考诺尔（James C. McCarroll）称，为这些高风险抵押贷款担保证券给出误导性评级的时候，这些评级机构获得了服务收费，但是造成了贝尔斯登名下对冲基金投资者的损失。他说，“现在是因为这些不当做法追究这些机构责任的时候了。”

负责监管贝尔斯登破产处理的杰夫·瓦尔加（Geoff Varga）和马克·隆巴顿（Mark Longbottom）在2013年7月批准了对三家评级机构的诉讼，在当时向法庭提交的4页传票和提诉通告避免了纽约州规定的欺诈案件的6年追溯期的到期截止。

标准普尔、惠誉国际和穆迪投资者服务的发言人均表示，这些指控是毫无根据的。

这不是三大评级机构首次就金融危机期间造成的损失被要求追究责任。美国司法部在2013年早些时候对标准普尔提出了民事欺诈指控，也是联邦执法机构首次对信用评级企业采取这样的行动。此外，还有多名各州的检察官对标准普尔就同一问题提出指控，案件将在联邦法院曼哈顿地方法庭排期审理。标准普尔否认有不当行为，惠誉国际和穆迪投资者服务没有被这些案件列为被告。

另外，这也不是围绕这两个在2007年7月破产的贝尔斯登名下基金的首个官司。联邦检察官曾对基金的管理人鲁道夫·西奥菲（Ralph R. Cioffi）以及马修·唐宁（Matthew M. Tanin）提出了刑事证券欺诈指控，两人随后应诉，并在庭审之后被陪审团认定无罪。两人随后又被联邦证券监管机构提出民事指控，相关诉讼在无需承认指控的情况下得到和解。

资料来源：付碧莲. 三大评级或遭秋后算账［N/OL］. 国际金融报，2013-11-13［2017-04-17］. http：//paper.people.com.cn/gjjrb/html/2013-11/13/content_1323812.htm.有改动。

该案例表明：贝尔斯登的破产倒闭既有外部监管问题，也有自身内部控制的原因。投资银行的外部监管和内部控制究竟应遵循哪些原则？具体应怎么做？立足于中国经济发展的具体情况，我国证券公司监管应采用什么样的外部监管和内部控制方案？这些将在本章重点讲解。

10.1　投资银行的内部控制

投资银行的内部控制是投资银行的一种自律行为，是投资银行为实现经营目标，根据经营环境变化，对投资银行经营与管理过程中的风险进行识别、评价和管理的制度安排、组织体系和控制措施。

10.1.1　投资银行内部控制的原则和目标

1）内部控制的原则

（1）健全性原则

健全性原则要求内部控制机制必须覆盖投资银行的各项业务、各个部门和各级人员，并渗透到决策、执行、监督、反馈等各个经营环节，同时内部控制还应当做到事前、事中、事后控制相互统一，从而确保投资银行内部控制不存在空白和漏洞。

（2）独立运作和相互制约原则

独立性原则要求投资银行必须在精简的基础上设立能充分满足投资银行经营运作需要的机构、部门和岗位，各机构、部门和岗位职能要保持相对独立性。此外， 相互制约原则要求内部部门和岗位的设置必须权责分明、相互牵制，并通过切实可行的相互制衡措施来消除内部控制中的盲点。

（3）防火墙原则

防火墙原则要求投资银行自营、经纪、资产管理、研究咨询等相关部门，应当在管理上和制度上适当隔离。对因业务需要知悉内幕信息的人员，应制定严格的批准程序和监督处罚措施。

（4）稳健原则

投资银行经营证券、信托、资本经营等业务，不仅要追求利益，更要顾及风险，在制定财务管理等内部控制制度的时候要持谨慎的态度。

（5）合理原则

投资银行内部控制应当符合国家有关法律法规及监管部门的有关规定，与投资银行经营规模、业务范围、风险状况及投资银行所处的外部环境相适应，以合理的成本实现内部控制目标。

小思考10-1：

什么是投资银行的风险管理？

提示：投资银行的风险管理就是指对投资银行内部固有的一些不确定因素将带来的风险进行识别、分析、规避、消除和控制。

2）内部控制的目标

投资银行内部控制的总体目标是建立一个决策科学、运营规范、管理高效和持续、稳定、健康发展的经营模式以保障业务活动的正常进行和有效地规避风险。具体来说，必须达到以下目标：

（1）投资银行要按照现代企业制度的要求，建立和完善法人治理结构，形成科学合理的决策机制、执行机制和监督机制，保证经营的合法合规及投资内部规章制度的贯彻执行。

（2）投资银行要遵守有关法律法规和行业监管规章，形成守法经营、规范运作的经营风格和经营理念，防范经营风险和道德风险。

（3）投资银行要不断提高经营管理的效率和效益，努力实现投资银行价值的最大化，圆满完成投资银行的经营目标和发展战略。

（4）投资银行要建立行之有效的风险控制系统，确保各项经营管理活动的健康运行与投资银行财产的安全完整。

10.1.2 投资银行内部控制的内容

1）组织结构控制

投资银行组织结构控制的主要内容包括：

（1）制定有效的信息资料流转通报制度，保证全体员工及时了解重要的法律法规和管理层的经营思想。

（2）制定投资银行各项规章制度，规范员工的行为，使员工忠于职守，勤勉尽责。

（3）建立科学的聘用、培训、轮岗、考评、晋升、淘汰等人事管理制度，严格制定单位业绩和个人工作表现挂钩的薪酬制度，确保投资银行职员具备和保持正直、诚实、公正、廉洁的品质与应有的专业胜任能力。对重要岗位，如证券营业部负责人、财务主管和电脑主管等，必须在回避的基础上实行委派制和定期轮换制。

知识链接10-1：

投资银行的人力资源管理

投资银行的人力资源管理是指对人才的取得、开发、保持和利用等方面所进行的规划、组织、指挥和控制的活动。它是研究组织中人与人关系的调整，人与事的配合，从而充分开发人力资源，挖掘人的潜力，调动人的积极性，提高工作效率，实现组织目标的理论、方法、工具和技术。

2）授权控制

投资银行董事会、监事会和高层管理者要充分认识自身对内部控制所承担的责任。

（1）董事会

董事会负责审批投资银行的总体经营战略和重大政策，确定投资银行可以接受的风险水平，批准各项业务的政策、制度和程序，任命高级管理层。董事会还要对内部控制的有效性进行监督，应当定期与管理层就内部控制的有效性问题进行讨论，及时审查管理层、审计机构和监管部门提供的内部控制评估报告，督促管理层落实整改措施。

（2）高级管理层

高级管理层负责执行董事会批准的各项战略、政策、制度和程序，负责建立授权和责任明确、报告关系清晰的组织结构。建立识别、计量和管理风险的程序，并建立和实施健全、有效的内部控制机制，采取措施纠正内部控制存在的问题。

（3）监事会

监事会负责对投资银行遵守法律规定的情况以及董事会、管理层履行职责的情况进行监督，并要求董事会、管理层纠正损害投资银行利益的行为。

投资银行各业务部门、各级分支机构在其规定的业务、财务等授权范围内行使相应的经营管理职能。各项经济业务和管理程序必须遵从管理层制定的操作规程，经办人员的每一项工作必须是在其业务授权范围内进行的。

投资银行授权要适当，对已获授权的部门和人员应建立有效的评价和反馈机制，对已不适用的授权应及时修改或取消。

3）业务控制

（1）对证券发行业务的控制

对证券发行业务的控制，要求投资银行做到以下几个方面：

①建立科学的发行人质量评价体系，在认真核查发行人文件的真实性、准确性和完整性的基础上，推荐优质企业发行上市。

②强化投资银行业务的风险责任制，在实施风险权限管理的基础上，明确各当事人在事前、事中、事后各自不同阶段的风险控制责任。

③建立严密的内核工作规则与程序，不断提高发行申报材料的编制质量。确保证券发行文件不存在严重误导、重大遗漏、虚假和欺诈。

（2）对证券经纪业务的控制

对证券经纪业务的控制，要求投资银行做到以下几个方面：

①制定统一的股东账户和资金账户管理制度，妥善保管客户开户资料，严格客户资金的存取程序和授权审批制度。

②严格遵守保密原则，如实记录证券交易情况，并妥善保存委托记录，无书面委托记录的，应当事先明确双方的权利与义务，坚决防范新的电子交易方式的各种风险。

③实行证券交易法人集中清算制度，严格资金的及时清算和股份的交割登记，及时有效地防止结算风险和法律纠纷。

④对客户委托的国债及其他上市流通的有价证券实行定期盘点制度，并按有关规定进行表外登记，不得将代保管的证券进行抵押、回购或卖空等。

（3）对证券自营业务的控制

对证券自营业务的控制，要求投资银行做到以下几个方面：

①建立恰当的责任分离制度，自营交易管理部门、操作部门、资金结算部门与会计核算部门相互分离、相互监督。

②严格控制自营业务的股东账户和专用席位。自营股东账户应由自营部门以外的部门统一管理，不得假借他人名义或席位从事自营业务。

③自营业务必须使用自有资金和依法筹集的资金，自营交易的资金必须履行严格的资金调度审批手续。

④严格制定自营业务的风险评估和控制制度，直接操作人员的业务活动必须严格限制在规定的风险权限额度之内，为防范和化解市场风险，管理层必须及时采取恰当的止损措施。

⑤全体员工必须严格执行投资银行的各项保密制度，不得利用职务便利为自己及他人买卖证券或提供咨询意见。

(4) 对资产管理业务的控制

对资产管理业务的控制，要求投资银行做到以下几个方面：

①在资产管理业务和自营、经纪、承销等其他业务以及资产管理业务各操作岗位之间应建立严格的“防火墙”制度。

②建立授权审批制度。每一笔资产管理业务都要按业务授权进行审核批准，受托资金的投资策略、投资品种等要严格按授权和合同规定办理。

③建立受托资金专户独立核算制度，不得与自有资金混同使用，也不得将不同客户的委托资金混同使用。

④随时评估和监控制度。可以有效避免各项受托资金的重大损失，杜绝资产管理业务的不道德行为。

4）资金管理控制

资金管理控制要求投资银行做到以下几个方面：

①强化资金的集中统一管理制度，各分支机构不得自行从事资金的拆借、借贷、抵押、担保等融资活动。

②严格制定资金业务的授权批准制度，强化重大资金投向的集体决策制度，凡对外开办的每一笔资金业务都要按业务授权进行审核批准，对特别授权的资金业务要经过特别批准。

③健全资金业务的风险评估和监测制度，日常头寸调度外的每笔资金业务在使用前都需进行严格的风险收益评估，各项资金比例严格控制在投资银行可承受风险的范围之内。

④建立科学的资金管理绩效评价制度，严格考核各责任单位资金循环的成本与效益，坚决贯彻奖勤罚懒和奖罚分明。

5）会计系统控制

会计系统控制要求投资银行做到以下几个方面：

①制定投资银行会计岗位工作手册，并针对各个风险控制点建立严密的会计控制系统。

②建立投资银行内各级机构会计部门的垂直领导和主管会计委派制度，在岗位分工的基础上明确各会计岗位职责，严禁需要相互监督的岗位由一人独自操作全过程。

③建立严格的成本控制和业绩考核制度，强化会计的事前、事中和事后监督，加强对重大表外项目的风险管理。

④严格制定财务收支审批制度和费用报销管理办法。

⑤制定完善的会计档案保管和财务交接制度，避免重大财务支出由一个部门、一个主管、一支笔全权决定。

⑥强化财产登记保管和实物资产盘点制度。

6）电子信息系统控制

对电子信息系统的控制要求投资银行做到以下几个方面：

①遵循安全性、实用性、可操作性原则，严格制定电子信息系统的管理规章、操作流程、岗位手册和风险控制制度。

②实施明确的责任管理，严格划分软件设计、业务操作和技术维护等方面的职责。

③强化电子信息系统的相互牵制制度，系统设计、软件开发等技术人员与实际业务操作人员必须相互独立，计算机系统的日常维护和管理人员必须独立于会计、交易等部门，

禁止同一人同时掌管操作系统口令和数据库管理系统口令。

④制定电子信息系统的安全和保密标准，保证电子信息数据的安全、真实和完整，并使之能及时、准确地传递到会计等各职能部门。

⑤建立电子信息数据的即时保存和备份制度，严格制定计算机交易数据的授权修改程序，并坚持电子信息数据的定期查验制度。

⑥电子信息管理部门应指定专人负责计算机病毒防范工作，定期进行病毒检测。

7）内部稽核控制

投资银行的内部稽核（审计）部门应独立于投资银行各业务部门和各分支机构之外，就内部控制制度的执行情况独立地履行检查、评价、报告、建议职能，并对董事会负责。内部稽核控制通过定期或不定期检查内部控制制度的执行情况，确保投资银行各项经营管理活动的有效运行。

10.2 投资银行的外部监管

10.2.1 投资银行外部监管的目标和原则

投资银行业是一个高风险行业，为保证一国金融安全，促进国民经济平稳发展，必须对其进行外部监管。

1）投资银行外部监管的目标

（1）保护投资者的合法权益

投资者是金融市场的参与者，是投资银行的服务对象。对投资银行依法进行监管，才能保护投资者的合法权益，引导社会资源向生产效率较高的经济部门和企业流动，促进国民经济的健康发展，避免公众利益受到损害而引起社会动荡。保护投资者的合法权益，实际上也是维护公众对投资银行业的信任和信心，是投资银行生存和发展的重要条件。

（2）维护整个金融体系的安全稳定

投资银行是高风险行业，存在"多米诺骨牌"效应，一家投资银行因经营管理不善而倒闭或违法违规经营时，将会影响到公众的信心，造成恐慌，危及证券市场的健康发展和投资银行业的安全与稳定，甚至会波及整个金融体系的安全稳定。因而，加强对投资银行市场准入的监管、业务活动内容的监管，促使投资银行依法稳健经营，防范和降低风险，从而保障投资银行乃至整个金融体系的安全稳定。

（3）保障公平竞争，提高金融服务效率

合理竞争、防止垄断是促使投资银行不断提高服务质量和服务效率的前提条件。通过对投资银行业的监管，创造一个公开、公平、公正及高效统一的市场环境，防止垄断，维护正常的金融秩序，使投资银行在公平竞争的基础上提供高效率、多样化的金融服务，最终促进资本形成和经济增长。

2）投资银行外部监管的原则

（1）依法监管原则

依法监管原则是投资银行业监管的前提。在对投资银行监管时，必须遵守相关的法律、法规。根据我国《证券法》的规定，在中国境内，股票、公司债券和国务院认定的其他证券的发行和交易，按照《证券法》的规定执行；《证券法》未规定的，必须按照《公司法》和其他法律、行政法规的规定执行。

（2）统一性原则

统一性原则具体表现为：第一，不同监管主体之间要有统一性。一方面，不同监管主体要有统一的监管标准和口径，明确合理划分职责范围，既不能相互冲突又不能留有监管的死角和空白；另一方面，不同监管主体在执法时要加强协调。第二，同一监管主体不同职能部门之间上下级机构之间职责划分要明确合理。第三，监管政策必须与宏观经济政策和产业政策统一。

（3）效率原则

投资银行业的监管必须在收益与成本之间进行权衡，以追求最大的净效益。效率原则不仅要求投资银行业对自身的监管要讲究效率，要尽可能地减少监管的成本，增加净效益，同时要求在对投资银行业进行监管时，要考虑到其他的金融机构，使投资银行与其他金融机构公平竞争，以达到整个金融体系效率的最优。

（4）适度监管原则

适度监管原则是监管时既要避免外部监管过严，造成金融高度垄断，使一国金融业失去活力和生机，致使市场竞争力减弱；又要避免外部监管不到位或过松，致使出现恶性竞争、过度竞争，引起投资银行业秩序混乱，金融风险加剧。

（5）监督与自我管理相结合的原则

监督与自我管理相结合的原则是指在加强政府、监管部门对投资银行进行监管的同时，也要加强投资银行的自我约束、自我管理。政府对投资银行的监管是投资银行业健康发展的保证，而投资银行的自我管理是投资银行正常经营的基础。国家监督与自我管理相结合的原则已成为世界各国共同奉行的原则。

10.2.2 投资银行的外部监管体制

根据对各国实践的考察，投资银行的外部监管体制主要有以下三种类型：

1）集中型监管体制

集中型监管体制是指国家通过制定专门的法律，设立全国性证券监管机构对投资银行业进行集中统一监管。这种监管体制以美国、日本、韩国等国为代表。中国目前投资银行业的监管体制也属于这种类型。

集中型监管体制有两个显著特点：一是集中立法，有一套投资银行业监管的专门性法律；二是设有全国性的管理机构负责证券市场的监管。

集中型监管体制又分为三种类型：第一，以独立监管机构为主体，这种类型的典型代表是美国，如美国的证券交易委员会（SEC）。第二，是以中央银行为主体，这种类型国家的证券监督机构就是该国中央银行体系的一部分，其代表国是巴西。巴西证券市场的监督机构是证券委员会，它根据巴西国家委员会（中央银行的最高决策机构）的决定，行使对证券市场的监管。第三，以财政部为主体，这种类型的管理体制是由财政部为监管主体或完全由财政部直接建立监管机关，其代表国家有日本、韩国等。

集中型监管体制具有如下优点：

（1）具有统一的证券法律和专门的法规，使证券行为和投资银行业务活动有法可依，提高监管的权威性。

（2）有一个统一的监管机构，能公平、公正、严格地发挥监管作用，并起到协调证券市场的作用，防范出现群龙无首、过度竞争的局面。

（3）监管者的地位超脱，有足够的权威来维护证券市场的正常运行，有利于保护投资者的利益。

（4）自律性作用得以发挥。

集中型监管体制的不足之处在于：证券市场的管理是一项艰巨而复杂的任务，涉及面广，单靠全国性的管理机构而没有证券交易所和证券商协会的配合很难胜任，难以实现既有效管理又不过多行政干预的目标。

2）自律型监管体制

自律型监管体制是指国家除了某些必要的立法之外，较少干预投资银行业的业务活动，主要通过投资银行业自律组织和投资银行自身进行自我监管。实行这种监管体制的国家或地区有英国、荷兰、爱尔兰、中国香港特别行政区等。

自律型监管体制具有如下特点：一是通常不制定专门规范投资银行业的法律法规，而是通过一些间接的法律法规来调整和制约证券市场的活动；二是没有建立全国性的证券监管机构，而是依靠证券市场及其参与者进行自我管理，如证券商协会、证券交易所等自律性组织进行监管。

自律型监管体制的优点主要有：

（1）保护投资、鼓励竞争。在保护投资者利益的同时，能发挥市场的创新和竞争意识，有利于活跃市场。

（2）允许投资银行参与制定证券市场监管规则，鼓励证券交易商规范地遵守管理条例，从而使市场管理更切合实际。

（3）由证券市场参与者制定和修订证券管理条例，比由议会制定证券法具有更大的灵活性和更高的效率。

（4）自律组织对现场发生的违规行为能做出迅速而有效的反应。

自律型监管体制的缺陷在于：

（1）自律型监管体制监管的重点通常放在保证市场的有效运转和保护自律性组织成员的利益下，对投资者提供的保障往往不充分。

（2）由于缺乏专门的监管立法，对违法行为的约束缺乏强有力的法律效力，影响了监管的权威性，监管手段较弱。

（3）没有统一的监管机构，难以实现全国证券市场的协调发展，容易造成混乱状况。

（4）监管者的非超脱性难以保证监管的公正。

3）中间型监管体制

中间型监管体制既设有专门性的立法和政府监管机构来进行集中监管，也强调自律性组织的自律监管。实行中间型监管体制类型的主要有德国、泰国等。

这种监管体制又称为分级监管体制，包括二级管理和三级管理两种模式。二级管理指的是政府监管机构与自律性组织互相结合的管理；三级管理指的是中央政府、地方政府和自律性组织三者相结合的管理。

鉴于集中型管理体制和自律型管理体制都存在不少缺点，目前世界各国都趋向于综合两者的优点，对集中型管理体制和自律型管理体制进行改进，逐渐向中间型过渡，使两种体制取长补短，发挥各自的优势。但由于各国国情不同，实行中间型监管体制的侧重点有所不同，有的国家侧重于立法管理，有的国家倾向于自律管理。

10.2.3 投资银行外部监管的内容

1）市场准入的监管

为了防范风险，维护金融体系的安全，世界上所有存在资本市场的国家都对投资银行的设立设定了最低资格要求，只有达到了这个要求，投资银行才能进入金融市场开展业务。综观世界各国情况，各国对市场准入的监管大致可以分为三种类型，即注册制、特许制及认可制。

（1）以美国为代表的注册制

在注册制条件下，投资银行只要符合法律规定的设立条件，在相应的证券监管部门和证券交易部门注册后便可以设立。目前实施注册制的国家以美国为代表。

美国《证券交易法》规定，投资银行必须取得证券交易委员会（SEC）的批准，并且成为证券交易所或全国证券业协会的会员，才能开展经营活动。实质上，美国投资银行的注册必须经过证券交易委员会和证券交易所两道程序才能完成。

①在证券交易委员会登记注册。其主要程序是：

首先，投资银行必须填写注册申请表，内容包括投资银行的注册资本及构成、经营活动区域、经营的业务种类、组织管理机构等。

其次，接到投资银行的注册申请后，证券交易委员会要对投资银行进行考察，主要有：投资银行的交易设施是否具备、自有资本是否充足、来源是否可靠；投资银行管理人员的资格是否具备，尤其是要考虑其是否曾违反证券法规和其他法律；投资银行是否具备从事其申请的业务能力。

最后，证券交易委员会将在45天内（必要时可延至90天）予以答复。同时，投资银行还要向证券交易委员会缴纳一定的注册费。

②在证券交易所登记注册。投资银行必须经过证券交易委员会的注册批准之后，才能在交易所注册。申请注册的程序与在证券交易委员会的注册程序类似。同时，交易所还要考察其是否能够遵守交易所的规章制度。投资银行被批准成为证券交易所的会员后，要按规定缴纳会员费。

实行注册制的前提是要有一个成熟、完善的市场。从美国的注册制中可以看出，注册制更多地强调的是市场机制的作用，通过市场机制和交易所席位的限额来控制投资银行的数量，如果市场机制不完善，或交易所限额失控，将会使进入金融市场的投资银行数量失控，造成金融体系的混乱。

（2）以日本为代表的特许制或许可制

在特许制条件下，投资银行在设立之前必须向有关监管机构提出申请，经监管机构核准之后才能设立；同时，监管机构还将根据市场竞争情况、证券业发展目标、该投资银行的实力等考虑批准经营何种业务。实行特许制的典型代表国家是日本。

日本在1999年以前实行的是特许制，1998年12月1日，日本通过新的《证券交易法》，改特许制为注册制。在日本，根据《证券交易法》的规定，任何从事证券业的投资银行在经营证券业之前，都必须向大藏省提出申请，大藏省在考察其资本金、业务水平、未来的盈利性以及市场竞争状况和证券业发展目标等因素之后，根据不同的业务种类发放不同的许可证。日本对投资银行的最低资格要求是必须有足够的资本金。

特许制还要求投资银行的管理人员要具有良好的信誉、良好的素质和证券业务水平；投资银行的业务人员也必须受到良好的教育，并且和管理人员一样必须具有相当的证券业务知识和经验。投资银行具有比较完备、良好的硬件设施。

大藏省根据现有的交易数量、证券公司的数目及申请者所在地的经济状况，发给不同的许可证，同时往往附加若干条件。

（3）以英国为代表的认可制

英国在颁发有关法律之前就成立了证券交易所，加之英国对证券业的监管以自律为主，因此，对投资银行（商人银行）等中介机构的设立实行认可制，经认可的证券机构在业务上完全自由。

2）投资银行业务范围的监管

对投资银行业务范围的监管主要有两种模式：

（1）以德国、日本为代表的全能银行模式

商业银行可以经营信贷、证券等多种业务，集商业银行与投资银行职能于一身。这种模式的优点是：首先，可以形成规模效应，有利于产生产业协同效应，使金融市场信息交流更充分，还可以降低交易成本，提高交易效率；其次，有利于分散风险，可以实现损益互补，稳定银行收入。这种模式的缺陷是：不利于公平竞争，可能存在潜在的利益冲突，如银行可能将未能销售出去的证券作为贷款条件要求借款人购买等。

拓展阅读10-1

德国交易所集团的监管结构

（2）以英国、美国为代表的分业管理模式

美国1933年颁布了《格拉斯-斯蒂格尔法》，实行证券业与银行业分业管理，《格拉斯-斯蒂格尔法》为银行业与证券业的业务范围划分了严格的界限。

这种模式的优点有：有利于降低整个金融体系的风险，通过业务范围的严格限制在一定程度上弱化了竞争，降低了金融机构被淘汰而退出市场的可能性，从而有利于金融体系的安全和稳定。这种模式的缺陷是：在一定程度上可能会制约本国银行的发展壮大。

为了加强本国银行的竞争力，适应金融业混业经营的趋势，美国于1999年通过了《金融服务现代化法案》，废除了《格拉斯-斯蒂格尔法》及其他一些法律中有关限制商业银行、投资银行和保险公司三者混合经营的条款，在法律上确立了金融混业经营的模式。标志着世界各国未来发展的趋势为金融业混业经营模式。

各国投资银行业的监管者要结合本国实际，在界定投资银行的业务范围时必须关注如何更好地发挥投资银行自身专业化的优势，同时又能适应时代的变化，满足金融领域出现的新业务的需求；如何达到金融体系的稳定性、有效性和公正性三性的最佳结合等问题。

3）投资银行业务的监管

（1）证券承销业务的监管

各国对投资银行的证券承销业务监管的具体内容主要包括以下几个方面：①禁止投资银行在承销中以任何形式进行欺诈、舞弊、操纵市场、内幕交易。此外，当投资银行与证券发行者有关联关系时，应当予以公布，以便投资者有充分的心理准备和正确的认识。②禁止投资银行在证券承销时过度投机和承销风险超过自身承受范围的证券。③禁止投资银行对发行企业征收过高的费用，从而造成企业的筹资成本过高，侵害发行者与投资者的利益，影响二级市场的运行。

（2）证券经纪业务的监管

投资银行作为经纪商是公众买卖股票的桥梁，法律对经纪商的限制较多，大致有以下几个方面：①投资银行在经营证券经纪业务时必须坚持诚信原则，禁止任何欺诈、违法、私自谋利的行为。在向投资者提供信息时，必须保证所提供信息的真实性和合法性，同时所提供的信息要语义清楚，不能含有让投资者混淆的内容。②在接受客户委托方面，有些国家禁止投资银行接受客户“全权委托”，防止投资银行侵犯客户的利益。有些国家虽然设置了“全权委托账户”，但是也作了一些限定，例如禁止投资银行做出不必要的买进卖出；未经委托，不能自作主张替客户买卖证券；接受委托，进行证券买卖之后，必须将交易记录交付委托人。③不得向客户提供证券价格即将上涨或下跌的肯定性意见；不得劝诱客户参与证券交易；不得利用其作为经纪商的优势地位，限制某客户的交易行为；不得从事其他对保护投资者利益和公平交易有害的活动或从事有损于证券业信誉的活动。④很多国家都对投资银行向客户收取佣金的比例作了规定，佣金费一般为其交易额的5%，投资银行不得自行决定收费标准和佣金比例。在一些没有规定佣金比例的国家，佣金比例由投资银行和客户协商决定，但必须遵循诚信原则，不得损害投资者的利益。⑤投资银行负有对客户的证券交易信息保密的义务，金融监管机构和国家执法机关调查的除外。

（3）证券自营业务的监管

自营业务以营利为目的，其动机和行为较为明显，对证券交易市场影响比较大，是各国政府的重点监管对象。具体内容包括：①要求投资银行在进行证券交易时按一定比例提取准备金；对外负债的总额不超过其资本净值的倍数；流动负债不得超过流动资产的一定比例，限制其通过借款买卖证券；严格限制投资银行购买“问题”证券，如遇到重大自然灾害或严重财务困难公司的股票等。②规定投资银行在从事自营业务时，在证券交易所卖出证券成交后，应逐笔将卖出的证券提交证券交易所办理交割，不得与当日买进的同类证券相抵消，不得买空卖空。③各国监管机构都限制投资银行大量的买进或卖出某一证券，往往规定一家投资银行所购买的某一种证券的数量，不得超过发行公司证券总量的一定百分比，或者是规定不能超过该公司资产总额的一定百分比。④这一规定是为了防止投资银行兼营自营业务和经纪业务时将风险转嫁给投资者，侵犯投资者的利益。很多国家都规定了实行委托优先和客户优先的原则，即当投资银行的买卖价格与客户的买卖价格相同时，即使投资银行叫价在先，也要优先以客户的委托成交；在同一时间，不得同时对一种证券既自行买卖又接受委托买卖。另外，规定投资银行必须实名经营。

（4）金融衍生产品业务的监管

各国监管机构都非常重视对投资银行从事金融衍生产品业务的监管。具体措施如下：①要求交易机构制定出一套完善的风险管理、咨询收集的制度，密切注意资本市场的变化，定期向监管机构和投资者公布信息。同时还规定投资银行公开的资料会计口径必须标准化，以便于评估市场风险。②证券（期货）交易所、票据交易所必须强化交易、清算以及交割的管理，将交易日到交割日的期限标准化，扩大使用交易当天便交割的制度，以增加市场的流动性。这一方面指的是大户投资者必须与投资银行合作，遵从相关的交易法令；另一方面指的是各投资银行之间要加强协调与合作，共同抵挡风险，以维护金融体系的安全。③重视对电子信息系统的安全性管理，要在技术上加强安全，以避免重大损失。

(5) 投资咨询业务的监管

大多数国家都对投资银行的投资咨询业务的监管作了法律上的规定。如我国在这方面监管的主要内容有：①投资银行从事证券、期货咨询业务必须取得证监会的许可，否则不得从事各种形式的证券、期货投资咨询业务。②申请从事证券、期货投资咨询的机构，必须在资本、设施及从业人员等方面符合法定的条件，由地方证券管理部门初审后报中国证监会审批，方可从业。证券、期货投资咨询人员必须就职于某个证券、期货投资咨询机构方可执业，且不得同时在两个以上的证券、期货投资咨询机构执业。③在业务管理下，投资银行从事咨询业务时，不得代理从事证券、期货的买卖，不得向投资人承诺投资收益，不得与他人合谋操纵市场或进行内幕交易。④向投资人提供的投资分析、预测和建议所应用的有关信息资料，应当是真实、合法的，且完整、客观和准确。⑤向投资人就同一问题提供的投资分析、预测和建议应当一致，不得对客户区别对待。

小思考10-2：

投资银行的范围超越法律的规定要承担哪些法律责任？

提示：《证券法》第一百九十七条规定："证券公司违反本法规定，未经批准经营非上市挂牌证券交易的，责令改正，没收违法所得，并处以违法所得1倍以上5倍以下的罚款。"投资银行超越依法核定的业务范围从事经营活动的，证券监督管理机构有权撤销其该项业务。

10.3 我国对投资银行的监管

10.3.1 我国投资银行监管体系概述

我国投资银行业监管经历了由地方监管到中央监管、由分散监管到集中监管的过程，形成了目前投资银行的监管体系。

1）中国证监会及其职责

中国证券监督管理委员会简称证监会，是依照法律法规对证券期货市场的具体活动进行监管的国务院直属单位。证监会设办公厅、发行监管部、市场监管部、上市公司监管部、非上市公众公司监管部、期货监管部、公司债券监管部、创新业务监管部、私募基金监管部、稽查局、法律部、会计部、投资者保护局、打击非法证券期货活动局、国际合作部、人事教育部、党委宣传部、监察局、机关党委等职能部门，分别具体行使证监会的各种职责权限。中国证监会还设有股票发行审核委员会，委员由中国证监会专业人员和所聘请的会外有关专家担任。

证监会的主要职责是：

(1) 研究和拟订证券期货市场的方针政策、发展规划；起草证券期货市场的有关法律、法规，提出制定和修改的建议；制定有关证券期货市场监管的规章、规则和办法。

(2) 垂直领导全国证券期货监管机构，对证券期货市场实行集中统一监管；管理有关证券公司的领导班子和领导成员。

(3) 监管股票、可转换债券、证券公司债券和国务院确定由证监会负责的债券及其他证券的发行、上市、交易、托管和结算；监管证券投资基金活动；批准企业债券的上市；监管上市国债和企业债券的交易活动。

（4）监管上市公司及其按法律法规必须履行有关义务的股东的证券市场行为。

（5）监管境内期货合约的上市、交易和结算；按规定监管境内机构从事境外期货业务。

（6）管理证券期货交易所；按规定管理证券期货交易所的高级管理人员；归口管理证券业、期货业协会。

（7）监管证券期货经营机构、证券投资基金管理公司、证券登记结算公司、期货结算机构、证券期货投资咨询机构、证券资信评级机构；审批基金托管机构的资格并监管其基金托管业务；制定有关机构高级管理人员任职资格的管理办法并组织实施；指导中国证券业、期货业协会开展证券期货从业人员资格管理工作。

（8）监管境内企业直接或间接到境外发行股票、上市以及在境外上市的公司到境外发行可转换债券；监管境内证券、期货经营机构到境外设立证券、期货机构；监管境外机构到境内设立证券、期货机构，从事证券、期货业务。

（9）监管证券期货信息传播活动，负责证券期货市场的统计与信息资源管理。

（10）会同有关部门审批会计师事务所、资产评估机构及其成员从事证券期货中介业务的资格，并监管律师事务所、律师及有资格的会计师事务所、资产评估机构及其成员从事证券期货相关业务的活动。

（11）依法对证券期货违法违规行为进行调查、处罚。

（12）归口管理证券期货行业的对外交往和国际合作事务。

（13）承办国务院交办的其他事项。

小实训10-1：

搜集最近三年中国证监会查处的重大违法违规事件，并简单进行分析。

2）证监会地方派出机构

为了加强管理力量，全国各地省一级政府和计划单列市政府相继成立了证券管理机构，即地方证券监管部门，它根据中国证券监督管理委员会以及当地政府的授权管理当地的证券事务。这些机构的成立，对中国证券监督管理委员会监管证券市场起到了有益的补充作用。至1997年年底，全国共有35家地方证券监管部门被中国证券监督管理委员会授权对证券市场行使部分监管职能。1998年，中国证监会将地方证券管理部门收归证监会直接管理，并将原来的35家机构缩减为9家大区派出机构。中国证监会在省、自治区、直辖市和计划单列市设立了36个证券监管局，以及上海、深圳证券监管专员办事处。

这些区域性派出机构的职能主要有：

（1）负责对设立在本区域内的证券经营机构、证券投资咨询机构、期货经纪公司、从事期货经纪业务的非期货经纪公司会员单位的业务活动进行日常监管；

（2）在中国证监会授权范围内，负责查处设立在本区域内的上述监管对象及其从业人员、证券或者期货市场投资者的违法违规行为；

（3）查处本区域内非法发行证券等其他破坏证券或期货市场秩序的行为；

（4）负责处理本区域内有关证券或者期货的信访投诉和举报，调解证券或者期货纠纷和争议。

此外，在北京和重庆等地还设立了直属派出机构。在大区派出机构下，分别设立了25家地方特派机构。这些地方特派机构的主要任务是协助证监会和大区派出机构进行监管。

《中国证监会派出机构监管职责规定》主要内容包括：

一是关于日常监管。派出机构负责根据法律、行政法规规定以及中国证监会的授权开展行政许可相关工作，对资本市场相关市场主体实施检查，并按照规定接收相关市场主体依法报送的业务、财务等备案、报告材料，进行审阅分析。派出机构实施检查或其他日常监管活动，发现有违反法律、行政法规和规章规定情形的，或者发现重大风险和问题的，应当依法采取相应的措施。

二是关于风险防范与处置。规定派出机构以风险和问题为导向开展信息的搜集和分析工作，加强对市场的动态监测监控，督促市场主体提高防范和化解风险的能力。同时，按照法律、行政法规以及国务院有关规定，明确派出机构对证券期货经营机构、上市公司、非上市公众公司、债券违约、区域性股权市场、非法证券期货活动等的风险防范和处置职责。

三是关于案件调查与行政处罚。扩展派出机构立案调查和协查工作职责，完善案件调查工作机制，明确派出机构负责管辖范围内案件的审理、听证工作等。案件调查过程中，依法采取冻结、查封等强制措施的，派出机构按照规定负责实施。对于达到刑事案件立案追诉标准的案件，派出机构将履行相应的移送程序。

四是关于投资者的教育与保护。规定派出机构负责督促证券期货经营机构落实投资者适当性管理制度，组织推动投资者教育相关工作，建立常态化的投资者意见征求机制，并按照规定开展辖区证券期货投资者调查和权益评估评价。同时，派出机构负责建立健全辖区中小投资者合法权益保障检查制度以及投诉处理登记备案管理制度，并按照中国证监会的统一部署，推动建立并完善多元化纠纷解决机制。

除上述职责外，派出机构还负责按照规定履行发展创新、统计调查、诚信建设、信访举报事项处理、信息公开、法律事务、舆情监测以及监管协助等职责。

3）证券业协会

中国证券业协会正式成立于1991年8月28日，是依法进行注册的、具有独立法人地位的、由经营证券业务的金融机构自愿组成的行业性自律组织。它的设立是为了加强证券业之间的联系、协调、合作和自我控制，以利于证券市场的健康发展。

中国证券业协会采取会员制的组织形式，凡依法设立并经批准可以从事证券业务经营和中介服务的金融机构，只要承认协会章程，遵守协会的各项规则，均可申请加入协会，成为协会会员。我国的所有证券公司都是证券业协会的会员。

中国证券业协会的职能是：

（1）根据国家有关政策、规划，拟定自律性管理规则；

（2）统一会员的交易行为，维护市场秩序，斡旋、调解会员间的纠纷，监督、审查会员的营业及财务状况，并对会员进行奖励和处罚；

（3）组织业务培训，提高从业人员的业务技能和管理水平，开展证券市场研究；

（4）提供国内外证券行业信息，进行综合分析并组织出版专业研究刊物，向会员和社会公众提供有关的咨询服务及国家间的交流与合作机会；

（5）接受主管机关和其他有关单位的委托事宜。

小思考10-3：

中国证券业协会的最高权力机构是什么？

提示：是由全体会员组成的会员大会，理事会为其执行机构。协会实行会长负责制，设专职会长1名，会长由中国证监会提名并由协会理事会选举产生。

4）证券交易所

证券交易所作为自律性的监管机构，其监管职能包括对证券交易活动进行监管、对会员进行监管以及对上市公司进行监管。

（1）证券交易所对证券交易活动的监管

监管的目的是保证不同市场参与者的需求能在公正、公平和公开的原则下得到适当的平衡，从而确保交易的公正性。证券交易所应保证其业务规则得到切实执行，对违反业务规则的行为要及时处理。对国家有关法律、法规、规章、政策中规定的有关证券交易的违法、违规行为，证券交易所负有发现、制止和上报的责任，并有权在职责范围内予以查处。

证券交易所有责任提高交易的透明度，保证投资者有平等机会获取证券市场的交易情况和其他公开披露的信息，并有平等的交易机会。证券交易所及其会员应当妥善保存证券交易中产生的委托资料、交易记录、清算文件等，并制定相应的查询和保密管理措施。

对于上市的证券，证券交易所有权依照有关规定，暂停或者恢复其交易。证监会也有权要求证券交易所暂停或者恢复上市证券的交易。证券交易所建立市场准入制度，并根据证券法规的规定或者证监会的要求，限制或者禁止特定证券投资者的证券交易行为。此外，证券交易所不得限制或者禁止证券投资者的证券买卖行为。

证券交易所必须建立符合证券市场监管和实时监控要求的计算机系统，并设立负责证券市场监管工作的专门机构。证监会可以要求证券交易所之间建立以市场监管为目的的信息交换制度和联合监管制度，共同监管跨市场的不正当交易行为，控制市场风险。

典型案例10-1：

沪港通跨境操纵市场案件

2017年3月，中国证监会与中国香港证监会密切合作，迅速查办了唐汉博跨境操纵“小商品城”案，以及唐汉博、唐园子等操纵市场案。

唐汉博跨境操纵“小商品城”案中，唐汉博及其操盘手王涛利用3个香港账户和1个内地账户，利用资金优势，通过虚假申报、盘中拉抬、对倒等手法，对“沪股通”标的股票“小商品城”实施了操纵行为，非法获利4 188万余元。唐汉博、唐园子等操纵市场案中，唐汉博及其操盘手袁海林、袁超、唐渊琦等操纵“同花顺”“杰赛科技”，唐园子操纵“广发证券”，唐汉博、唐园子等共同操纵“新希望”和“博云新材”，涉案操纵行为非法获利共计约为2.5亿元。中国证监会依法从重对涉案当事人做出了顶格行政处罚，两案罚没款合计逾12亿元。唐汉博跨境操纵“小商品城”案是“沪港通”开通两年来查处的首例跨境操纵市场案件，对打击各类跨境证券违法行为起到了重要的警示作用与示范效应。

资料来源：佚名. 中国证监会与中国香港证监会紧密合作，严惩首宗利用沪港通跨境操纵市场案件[EB/OL].（2017-03-10）.http：//www.csrc.gov.cn/pub/newsite/zjhxwfb/xwdd/201703/t20170310_313452.html.

请根据以上资料，分析唐汉博的行为属于哪种证券违法交易行为。

分析：属于操纵股价行为。操纵股价是指少数人以获取利益或者减少损失为目的，利用其资金、信息等优势或者滥用职权，影响证券市场价格，制造证券市场假象，诱导或者致使普通投资者在不了解事实真相的情况下做出证券投资决定，扰乱证券市场秩序。

（2）证券交易所对会员的监管

证券交易所有责任就取得会员资格的证券公司提出规范运作的要求，制定具体的会员管理规则，如会员的业务报告制度、会员所派出代表在交易场所内的行为规范、会员及其派出代表违法违规行为的处罚等事项。

证券交易所接纳的会员应当是经批准设立并具有法人地位的证券经营机构。下面两种情况下证券交易所应当事先报证监会批准：

①证券交易所决定接纳或者开除会员及正式会员以外的其他会员，应当事先在规定时间内报证监会备案；

②证券交易所必须限定交易席位数量，设立普通席位以外的席位应当报证监会批准，调整普通席位和普通席位以外的其他席位的数量，应当事先报证监会批准。

证券交易所必须对会员取得的交易席位实施严格管理，会员转让席位必须按照证券交易所的有关管理规定由交易所审批，严禁会员将全部或部分席位以出租或者承包等形式交由其他机构和个人使用。

证券交易所有责任对会员的证券自营业务实施监管，对会员代理客户买卖证券业务应在业务规则中做出详细规定并实施监管。证券交易所每年应当对会员的财务状况、内部风险控制制度及遵守国家有关法规和证券交易所业务规则等情况进行抽查或者全面检查，并将检查结果上报证监会，并可根据证券交易所章程和业务规则对会员的违规行为进行制裁。

小思考10-4：

我国对投资银行实行按业务分类管理，证券公司的业务范围有哪些？

提示：《证券法》第一百二十九条规定：“综合类证券公司可以经营下列证券业务：（1）证券经纪业务；（2）证券自营业务；（3）证券承销业务；（4）经国务院证券监督管理机构核定的其他证券业务。”对于经纪类证券公司的业务范围，《证券法》第一百三十条规定：“经纪类证券公司只允许专门从事证券经纪业务。”

10.3.2 我国证券监管的内容

1）市场准入的监管

我国证券公司的设立实行审批制，由中国证监会依法对证券公司的设立申请进行审查，决定是否批准设立。我国《证券法》第一百二十二条规定，设立证券公司必须经国务院证券监督管理机构审查批准，任何单位和个人未经国务院证券监督管理机构的审查批准，均不得经营证券业务。

（1）证券公司的设立条件

我国《证券法》要求，设立证券公司应当具备下列条件：

①有符合法律、行政法规规定的公司章程。

②主要股东具有持续盈利能力，信誉良好，最近3年无重大违法违规记录，净资产不低于人民币2亿元。

③有符合《证券法》规定的注册资本。

④董事、监事、高级管理人员具备任职资格，从业人员具有证券从业资格。

⑤有完善的风险管理与内部控制制度。

⑥有合格的经营场所和业务设施。

⑦法律、行政法规规定的和国务院批准的国务院证券监督管理机构规定的其他条件。

知识链接10-2：

我国证券公司注册资本要求

我国《证券法》将注册资本最低限额与证券公司从事的业务种类直接挂钩，分为5 000万元、1亿元和5亿元3个标准。

（1）证券公司经营证券经纪、证券投资咨询和与证券交易、证券投资活动有关的财务顾问业务中的一项和数项的，注册资本最低限额为人民币5 000万元。

（2）证券公司经营证券承销与保荐、证券自营、证券资产管理和其他证券业务中的任何一项的，注册资本最低限额为人民币1亿元。

（3）证券公司经营证券承销与保荐、证券自营、证券资产管理和其他证券业务中的任何两项以上的，注册资本最低限额为人民币5亿元。

证券公司的注册资本应当是实缴资本。证券监督管理机构根据审慎监管原则和各项业务的风险程度，可以调整注册资本最低限额，但不得低于上述限额。

资料来源：佚名. 中华人民共和国证券法［EB/OL］.［2017-04-20］. http：//www.sac.net.cn/flgz/flfg/201501/t20150107_115050.html.

（2）证券公司设立程序及重要事项的变更要求

我国《证券法》第一百二十八条规定了证券公司设立的行政许可程序，证券监管部门可以根据实际情况的变化，依照法定条件和法定程序，并根据审慎监管的原则对证券公司设立的条件做出补充规定。

证券监督管理机构应当自受理证券公司设立申请之日起6个月内，依照法定条件和法定程序并根据审慎监管原则进行审查，做出批准或不予批准的书面决定，并通知申请人，不予批准的，应当说明理由。

我国《证券法》第一百二十九条规定了证券公司重要事项变更审批要求。证券公司设立、收购或者撤销分支机构，变更业务范围或者注册资本，变更公司章程中的重要条款，变更持有5%以上股权的股东、实际控制人等，需要经证券监管部门批准。证券公司在境外设立、收购或者参股证券经营机构，也必须经证券监管部门批准。

2）投资银行的业务监管

我国证券市场在市场法规、市场结构等基础条件方面都还有待完善。因此，我国证监会对投资银行业务的监管制定有比较严格的措施。

（1）证监会对证券公司高级管理人员实行任职资格管理和谈话提醒制度。证券公司高级管理人员的任命须得到中国证监会的批准，如果某一证券公司的高级管理人员可能存在违规的现象，证监会就要与其进行谈话以提起警觉。

（2）证券公司必须建立内部控制机制和制度。内部控制机制是指公司的内部组织结构及其相互之间的运行制约关系；内部控制制度是指公司为防范金融风险，保护资产的安全与完整，促进各项经营活动的有效实施而制定的各种业务操作程序、管理方法与控制措施。证监会要求证券公司的内部控制机制必须健全、独立、相互制约，在相关业务部门之间设立“防火墙”，讲究成本效益。证券公司的内部控制制度必须全面、审慎、有效和适时。

（3）证券公司或证券公司子公司必须依照有关法律、法规建立健全内部财务与会计管理办法。证券公司或证券公司子公司税后利润在提取10%的一般风险准备金，用于弥补证券交易损失以后，才能用于股东分红。一般风险准备金余额累计达到注册资本50%的，可不再提取。

（4）公开发行股票的证券公司或证券公司子公司，应根据中国证监会规定的信息披露编报规则要求进行公开信息披露。

（5）证券公司或证券公司子公司必须按照法律法规和证券交易所的规定，制定安全保密措施，妥善保存客户开户记录、交易记录等资料，防止资料、数据丢失和泄密，严禁篡改资料和数据。

（6）证券公司须遵守有关的风险监管指标：

①证券公司经营证券经纪业务的，其净资本不得低于人民币2 000万元。

②证券公司经营证券承销与保荐、证券自营、证券资产管理、其他证券业务等业务之一的，其净资本不得低于人民币5 000万元。

③证券公司经营证券经纪业务，同时经营证券承销与保荐、证券自营、证券资产管理、其他证券业务等业务之一的，其净资本不得低于人民币1亿元。

④证券公司经营证券承销与保荐、证券自营、证券资产管理、其他证券业务中两项及两项以上的，其净资本不得低于人民币2亿元。

（7）中国证监会对各项风险控制指标设置预警标准，对于规定“不得低于”一定标准的风险控制指标，其预警标准是规定标准的120%；对于规定“不得超过”一定标准的风险控制指标，其预警标准是规定标准的80%。

（8）证券公司或证券公司子公司违反中国证监会颁布的有关规定，将视情节轻重，单处或者并处批评、通报批评、警告、没收非法所得、暂停部分证券业务、限制设立分支机构、取消高级管理人员的任职资格及相关人员证券从业资格；情节特别严重的，注销“经营证券业务许可证”或者“证券经营机构营业许可证”。

（9）证券公司及其分支机构违反规定，给投资者造成损失的，应依法承担民事赔偿责任；对证券公司及其分支机构违反规定负有直接领导责任者和直接责任人，应当视情节轻重，单处或者并处批评、通报批评、警告、暂停或者取消证券从业资格；构成犯罪的，由司法机关依法追究刑事责任。

（10）证券公司或证券公司子公司的股东有下列行为之一的，由中国证监会责令限期改正，或者限期转让或拍卖，并视情节轻重对证券公司或证券公司子公司及有关责任人给予相应处罚；构成以下犯罪行为的，由司法机关依法追究刑事责任：①虚假出资；②抽逃出资；③以其他欺骗手段取得股东资格；④有重大违法违规行为的；⑤中国证监会认定的其他不能履行股东职责的行为。

本章要点

本章主要介绍了投资银行内部控制的含义、原则与目标，投资银行内部控制的基本内容，投资银行外部监管的目标、原则，投资银行外部监管体制，投资银行外部监管的基本内容，我国投资银行外部监管。其中重点是投资银行内部控制与外部监管的原则与内容，难点是我国投资银行的外部监管。

问题讨论

1.讨论证券公司内部控制与外部监管之间的关系。

2.讨论证券公司完善内部控制应该遵循哪些原则。

推荐阅读

1.《中华人民共和国公司法》，2013年12月28日。

2.《中华人民共和国证券法》，2005年10月27日。

3.《中国证监会派出机构监管职责规定》，中国证券监督管理委员会，2015年10月29日。

4.《证券公司内部控制指引》，中国证券监督管理委员会，2003年12月15日。

5.中国证券业协会.证券投资基础知识［M］. 北京：中国金融出版社，2012.

思考与练习

1.单项选择题

（1）地方证券监管部门，是根据中国证券监督管理委员会以及当地人民政府的授权管理当地的证券事务，目前，中国证监会在省、自治区、直辖市和计划单列市设立（　　）证券监管局，以及上海、深圳证券监管专员办事处。

A.35家　　B.10家　　C.9家　　D.36家

（2）（　　），国务院决定撤销国务院证券委，其职能由中国证监会承担，并决定中国证监会对地方证券管理部门实行垂直领导。

A.1992年　　B.1984年　　C.1995年　　D.1998年

（3）美国于1999年通过了《金融服务现代化法案》，废除了（　　）及其他一些法律中有关限制商业银行、投资银行和保险公司三者混合经营的条款，在法律上确立了金融混业经营的模式。

A.《证券交易法》　　B.《格拉斯–斯蒂格尔法》

C.《证券交易法修正案》　　D.《玛隆尼法案》

2.多项选择题

（1）内部控制的原则有（　　）。

A.健全性原则　　B.独立性原则　　C.相互制约原则　　D.防火墙原则

E.成本效益原则

(2) 投资银行外部监管的目标是( )。

A.保护投资者的合法权益

B.维护投资银行业及整个金融体系的安全稳定

C.保障投资银行业的公平竞争，提高金融服务效率

D.投资银行的一种自律行为

(3) 集中统一监管体制具有的优点是( )。

A.具有统一的证券法律和专门的法规，使证券行为和投资银行业务活动有法可依，提高监管的权威性。

B.有一个统一的监管机构，能公平、公正、严格地发挥监管作用，防范市场失灵情况出现。

C.监管者超脱于市场，处于超脱地位，可进行多方面监管。

D.监管者的地位超脱，有足够的权威来维护证券市场的正常运行，有利于保护投资者的利益。

3.简答题

(1) 投资银行的内部控制的目标是什么?

(2) 投资银行业日常经营活动的监管内容是什么?

(3) 我国证券监管的内容有哪些?

案例分析

案例一　　雷曼案例给金融监管指明了方向

安东·沃卢克斯(Anton Valukas)曾受美国司法部下属机构“美国托管项目”委托，彻底调查雷曼在2008年9月倒闭的原因。沃卢克斯耗时一年，花费了3 800万美元研究经费，先后采访包括美国财长、美联储主席和前证交会主席等百余人，审查了逾1 000万份书面文件及2 000多万页雷曼的电子邮件记录，最终形成了长达2 200页的调查报告。报告近日公布后受到了金融市场的极大关注。

报告指出，雷曼兄弟为掩盖债务危机在倒闭前进行了一种名为“回购105”的交易。通过这种交易，雷曼从资产负债表中转移出约500亿美元，参与交易的银行有巴克莱、瑞银、瑞穗、三菱、苏格兰皇家银行和比利时联合银行等。

销售和回购协议是企业常用的短期融资手段。通常的做法是，企业把旗下资产转移给其他机构，从对方获取资金，约定晚些时候购回相应资产。在资产负债表内，这相当于贷款，体现为资产增加、负债增加。不过，如果所售资产估值不低于所获资金的105%，会计准则允许把这种情形记为“销售”。这意味着企业不再拥有这些资产，同时可用所获资金偿还部分债务。在资产负债表内体现为资产减少、负债减少。业内人士称这种做法为“回购105”。这其中，超额抵押的5美元相当于支付给交易对手的利息，即利率为5%。

调查发现，从2001年开始，雷曼多次采用“回购105”的手段来粉饰公司的账面、隐藏债务，进而达到降低账面财务杠杆比率、维持较高信用评级的目的。

雷曼这一“拆东墙补西墙”的做法无论在公司内部还是在市场竞争中都并非毫无察

觉，但都没有在危机发生前有效揭发。华盛顿邮报报道称，雷曼兄弟前副总裁LEE曾向管理层和安永会计师事务所提出关于公司进行不正当操作的质疑，却被公司以裁员为由解雇了。他是唯一一个对“回购105”提出异议的人，而最后安永却没有向董事会提起此事。据英国《金融时报》报道，前美林高管表示，美国证监会和纽约联储应该早在2008年3月雷曼当年首季发布流动性状况估算之后就得到有关雷曼在以不当方式计算一项财务健康的关键指标警告。当时雷曼向自己的交易对手方和投资者吹嘘计算结果，以此证明自己比某些竞争对手（包括美林）更加稳健。可见，联邦监管机构对雷曼的会计操作并非毫不知情，至少在危机前应该掌握一定的情况，但遗憾的是都没有采取措施。

美联储只对商业银行保持监管，对于金融创新引起危机的非银行金融机构的监管分化在美国证券交易委员会（SEC）等机构之下，监管重叠、存在盲点和标准不一为对雷曼事件监管不力埋下了隐患。

在美国金融市场，大规模使用回购的多是独立投资银行，现在完全独立的投资银行已较少见，其他银行表示未参与这种交易，前雷曼员工和其他接受调查者也相信，雷曼是唯一使用“回购105”交易的公司。雷曼采取的“回购105”操作与通常的回购并不相同，根本区别在于，这种回购并非资产的“真实卖出”而只是短期遮掩；尤其是支出方面，与常规回购操作大约2%的成本相比，“回购105”操作显得“非常昂贵”。

报告还指出，雷曼能在美国和欧洲找到交易对手，协助其捏造财务报表，虽然这些交易对手可能不知情，但从来不曾质问雷曼或怀疑和雷曼进行附买回交易时，为何能得到比传统更优惠的条件。原本看似有些蹊跷的交易并未被其他机构质疑，这也客观放纵了雷曼可以不停地使用过往惯用手法粉饰太平。

这一调查报告同时也引发了人们对现有美国银行业审计和信用评价机制的反思。互联网泡沫时期，当时“五大”会计师事务所之首安达信的倒闭悲剧仍令人记忆犹新，而本次调查报告又直指“四大”会计师事务所之一的安永。安永对于该报告的回应是，安永对雷曼兄弟的最后一期审计是截止到2007年11月，而雷曼兄弟的倒闭是在2008年9月，是由于金融危机中的种种事件导致的，不是因为“回购105”，安永对其审计的结果也是符合美国会计准则（USGAAP）的。从另一个侧面来看，审计机构当时本应预见到依靠“回购105”的后果，但考虑尚未超出准则范围，不公开披露便成了合情合理之事。由于审计机构的收入来自他们审查的对象，在有利益关联的前提下，审计的独立性难免遭到质疑。在未来的金融改革中，如何将利益与审计结论分开，进而达到完善独立公正的审计和信用评级体系将是改革成败的重点。

雷曼能够数年来多次通过回购方式降低自身财务杠杆，绝非朝夕之事。沃卢克斯的调查报告暴露出了雷曼倒闭的原因，主要包含公司管理内控、外部审计、监管等多方面的因素，为美国乃至全球各国金融市场监管体系构建提供了典型素材和依据。花费大量人力、财力形成详尽调查报告并予以披露，也初显美国金融改革的决心。在金融市场发展日新月异的今天，产品创新引发的风险防范问题将是永恒的话题。

资料来源：对冲. 雷曼案例给金融监管指明了方向［N］. 期货日报，2010-03-24.

问题：从雷曼倒闭的案例可以看出什么问题？

分析提示：从雷曼倒闭的案例可以看出，单纯通过业务监管难以彻底解决大型金融机构的风险，审计机构与金融机构的利益应有效剥离，提高信息透明度，预警非常规市场行为，将是健全金融市场监管体系亟待改善的重要环节。

案例二　　ST慧球将被送上退市“断头台”？

上市公司中曾经有挑战管理层权威的，但是三番五次不听教诲，最终将交易所、中证中小投资者服务中心和证监会都激怒的公司在我国资本市场的历史中极为罕见，而ST慧球就主演了这样一场“闹剧”。

持续的“闹剧”

ST慧球这家公司从上市后虽然名声不算太好，但是遭遇如此的“围观”还要从2016年年初说起。当时，由于ST慧球原董事长顾国平加杠杆失败，导致通过资管计划所持股份出现爆仓风险，公司股票紧急停牌，顾国平急忙去寻找援军。2016年4月，顾国平与上海躬盛签订一系列协议，约定顾国平将ST慧球经营权及他直接和间接持有的ST慧球6.66%的股权以7亿元的价格转让给上海躬盛，上海躬盛向顾国平提供1亿元的资金支持。在支付3亿元定金和1亿元借款后，2016年5月，ST慧球董事会中顾国平一方的董事将职位让给股权受让方。但世事难料，顾国平掌控的多个资管计划还是出现爆仓，到7月14日，顾国平对ST慧球的持股比例下降到了1.8%，无法按协议转让ST慧球6.66%的股权给上海躬盛。新老大股东交接出现问题的同时，瑞莱嘉誉在2016年7月21日至28日以2.99亿元购入ST慧球股票，持股比例达到4.999978%，随后又多次增持，目前已经接近11%，成为公司第一大股东。至此，瑞莱嘉誉与上海躬盛站在了对立面，违规持股诉讼、罢免董事长等一系列争斗由此拉开帷幕。而近期发生的“1001项奇葩议案”被分析人士认为是ST慧球现任董事会抛出的“毒丸”，意图要挟各方妥协。

在外界看来，ST慧球的异常行为，例如“1001项奇葩议案”、单独建立网站泄露公告等行为，都显然是当前董事会及其背后控制者精心策划的结果，目的是“挑衅”监管层。对于ST慧球为什么敢于一再挑战监管的底线，财经评论员皮海洲认为，归根到底，这是由股市制度的短板所决定的，即上市公司违规成本低。对于ST慧球这种违规行为，不论是上交所还是证监会都缺少有效的监管措施，除了约谈、限期整改之外，缺少严厉的惩处措施。将公司“ST”处理了，但有关当事人并没有损失，ST处理的结果是投资者受到连累。另外，当前资本市场仍然缺少有效的投资者保护措施。虽然ST慧球的做法在一定程度上损害了投资者的利益，但投资者却很难有效地保护自己的合法权益。虽然投服中心表示，将适时提起诉讼维权，但这将是一个漫长的过程。同时由于缺少集体诉讼制度，即便投服中心提起诉讼维权，最终也只能让极少数的投资者受益。

将至的处罚

对于ST慧球的“闹剧”，上交所和投服中心都连续发声，但基本无济于事，最终引来证监会2017年1月13号发出狠话——ST慧球的“闹剧”实质上是挑战监管权威、挑战党和政府权威的行为；把重大政治问题当成炒作的噱头，性质极为恶劣，社会影响极坏。

那么，严肃查处是指什么？不可否认，对于上市公司最严格的查处就是强制退市了。《关于改革完善并严格实施上市公司退市制度的若干意见》（以下简称《退市意见》）2014年11月16日开始实施。《退市意见》针对欺诈发行、重大信息披露违法这两类行为落实了关于重大违法暂停上市和终止上市的规定，明确上市公司这两类违法行为，被证监会依法做出行政处罚，或因涉嫌犯罪被证监会依法移送公安机关，在证监会做出行政处罚决定或者移送决定之日起一年内，证券交易所应当终止其股票上市交易。这是证监会第一次将重大违法纳入强制退市标准。

虽然证监会副主席姜洋2016年12月底对外公开表示，对于走不动、跟不上或者有重大违法的上市公司，要严格执行强制退市制度，实现优胜劣汰，增强市场活力。但ST慧球涉及的信息披露问题恐怕与《退市意见》中提及的重大信息披露违规还有一定差距。对于ST慧球这种大法不犯、小错不断的“熊孩子”，退市制度恐怕也是鞭长莫及。

皮海洲表示，ST慧球之举实际上也是向股市监管者敲响了警钟。因为近年来在加强上市公司监管方面，监管者一直强调以信息披露为中心，但面对ST慧球强调以信息披露为中心，无异于将监管的拳头打在了棉花上，很难起到大的作用。因此，要让以信息披露为中心的监管发挥作用，关键还是要有完善的制度相配套，尤其需要加大违法违规成本，让ST慧球这样的“熊孩子”为自己的违法违规行为付出代价。

资料来源：刘子安.ST慧球将被送上退市“断头台”？[N]. 新金融观察，2017-01-16.

问题：从该案例可以看出什么问题？

分析提示：ST慧球为什么敢于一再挑战监管的底线？这是因为上市公司违规成本低，且相关监管机构缺少有效的监管措施，中国金融市场监管体系亟待改善。

实践训练

本章主要讲授了投资银行的内部控制和外部监管。为了让学生加深对该部分内容的了解，本章实践训练主要包括以下内容。

1.实训项目：查找国内外投资银行内部控制的有关内容。

实训目的：了解国内外投资银行内部控制的基本内容。

实训步骤：

（1）查找国内外投资银行内部控制的有关内容。

（2）比较分析国内外投资银行内部控制的异同。

2.实训项目：查找国内外投资银行外部监管体制的有关内容。

实训目的：了解国内外投资银行外部监管体制的基本内容。

实训步骤：

（1）查找国内外投资银行外部监管体制的基本内容。

（2）比较分析国内外投资银行外部监管体制的异同。

3.实训项目：调查我国证券公司内部控制的效果。

实训目的：通过调查，能够分析问题并提出合理建议。

实训步骤：

（1）调查我国证券公司内部控制的效果。

（2）如果你认为效果不佳提出合理化建议。

主要参考资料

[1] 阮青松，余萍．投资银行学精讲［M］．大连：东北财经大学出版社，2013．

[2] 焦方义，祝洪章．投资银行学［M］．北京：中国金融出版社，2013．

[3] 俞姗．投资银行业务［M］．北京：北京大学出版社，2013．

[4] 黄勇．中国投资银行业务管制研究［M］．北京：经济科学出版社，2012．

[5] 中国证券业协会．金融市场基础知识［M］．北京：中国金融出版社，2017．

[6] 中国证券业协会．证券市场基本法律法规［M］．北京：中国金融出版社，2017．

[7] 中国证券投资基金业协会．证券投资基金基础知识［M］．北京：高等教育出版社，2015．

[8] 中国证券投资基金业协会．股权投资基金基础知识要点与法律法规汇编［M］．北京：中国金融出版社，2016．

[9] 栾华．投资银行业务［M］．北京：电子工业出版社，2012．

[10] 吴作斌．投资银行学［M］．北京：化学工业出版社，2012．

[11] 李凤云．投资银行理论与案例［M］．北京：清华大学出版社，2011．

[12] 马晓军．投资银行学理论与案例［M］．北京：机械工业出版社，2011．

[13] 何小锋，韩广智．新编投资银行学教程［M］．北京：北京师范大学出版社，2011．

[14] 窦尔翔，冯科．投资银行理论与实务［M］．北京：对外经济贸易大学出版社，2010．

[15] 戴天柱．投资银行运作理论与实务［M］．北京：经济管理出版社，2010．

[16] 张为群，益智．投资银行业务案例实操［M］．北京：北京交通大学出版社，2010．

[17] 夏红芳．投资银行学［M］．杭州：浙江大学出版社，2010．

[18] 金德环．投资银行学［M］．上海：格致出版社，2009．

[19] 任淮秀．投资银行业务与经营［M］．北京：中国人民大学出版社，2009．

[20] 黄嵩，李昕旸．兼并与收购［M］．北京：中国发展出版社，2008．

[21] 何小锋，黄嵩．投资银行学［M］．北京：中国发展出版社，2008．

[22] 阎敏．投资银行学［M］．北京：科学出版社，2008．

[23] 吉斯特．金融体系中的投资银行［M］．郭浩，译．北京：经济科学出版社，1998．

[24] 中国证券监督管理委员会网站，http：//www.csrc.gov.cn．

[25] 中国人民银行网站，http：//www.pbc.gov.cn．

[26] 投资银行大师网站，http：// www.ibmasters.com．

[27] 投资银行在线，http：//www.investbank.com.cn．

[28] 金融联考—考研网，http：//www.jrlk.net．